JN268062

中国の知識型経済
China & the Knowledge Economy
華人イノベーションのネットワーク

<ruby>蔡<rt>Cai</rt></ruby> <ruby>林<rt>Lin</rt></ruby><ruby>海<rt>hai</rt></ruby>

日本経済評論社

序

　これは序文であって，本書の中核をなす蔡林海博士の論説の紹介でも，まとめでもない。読む人をして思わずわが身を正し，今日の世界における日本の立場を虚心坦懐に正視することをせまる衝撃的な内容は「中国の知識型経済」と題された本書のなかに，豊富な裏づけ資料と共に読者に提供されている。蔡林海博士のスケールの大きな卓越した本書内容をここで要約することは非力の私に到底できることではない。

　しかし，私がかねてから注目していたと同じ論点が，いみじくも中国国籍で日本の筑波大学から社会科学での博士号をとり「中国とその他の国々と架け橋となる」ことを自ら標榜され，研鑽を積んでこられた新進気鋭の蔡林海博士が，極めて明快に説いておられる以下本文のなかに多く含まれている。そのこともあってここに敢えて序文の執筆を引き受けたのであるが，おのずと内容的には蔡林海博士を引用し，蔡林海博士の書かれていることとの重複を覚悟で自らの論旨を展開する部分のあることをお許しねがいたい。

　今日構造改革を必要としている国はわが国日本だけではない。内容にいろいろ議論のあるところではあるが，構造改革がまさしく21世紀の国際的な共通政策課題になった感がある。ただし，それぞれの国での取り組み姿勢にはその濃淡，強弱にかなり差があることは我々のまた共通認識とするところであろう。

　ここでなんと言っても最も長期的な視野に立ち，他に類を見ない規模で国の政治的，経済的，また社会的構造改革にエネルギッシュな取り組みをみせている国の1つが中国である。多くの異論があることを承知のうえで私は敢えて言いたい。中国の長い伝統と歴史をバックにここに開花した新しい中国人の頭脳が，21世紀の世界的構造改革の担い手として表舞台に踊り出した。それは米国の若い頭脳や欧州の鋭い知能と手を携え，「知的連帯」という骨組みの元，世界を変える原動力となろうとしている。あたかもわが国の手の届かない数万メートル上空で文字どおり大国の手が結ばれつつある様相を呈しているのが今日の現実である。

政治問題を論議する事は本書の目的ではない。したがって，いま，問題を経済問題に限定しても，わが国の中国に対する観方には幾つかの代表的意見があるようだ。巨大市場として中国を観る見方。中国の他国の追随を許さない経済発展の速さを脅威と感じる見方。いずれはわが国の先進的ノー・ハウを学びに来るだろう，したがって黙っていても中国側から手をさしのべてくるだろうとする見方。中国はいずれ既開発地区とそれ以外の地区とに内部分裂するだろうとする見方。日本は米中間の調整役として米中両国から期待されているのだから，したがって日本に不利になる様な環境は発生するはずがないとする見方。

私は日本に生を受けたが，極めて幼少にして中国東北部に移住，小学校は北京で上がるという過去をもっている。中国語は残念ながら全く記憶に残っていない。それでも社会人になってから仕事では中国各地を回った。本年年初からは縁あって山東省青島市にある国立青島大学の名誉教授に迎えられ，私の母国の半分は中国であるとの感をますます深めている。その私には，上に列記した中国に対する代表的な日本人の見方は全て半世紀前の古い中国人のイメージに立脚したものであり，現在の中国観としては正鵠を射ていないものとしか写らない。何故か。それは，多くの日本人の中国観が変わらないのではなくて，中国人観が変わっていないからである。失礼を省みず言うならば日本人の中国人観は，すくなくとも近代史のそれにおいては未だに低賃金を甘んじ，かつ教育水準も低くく，ただ最高に過密な人口密度のなかに生を受けた人々であった。これほど，第1に失礼な，第2に誤謬と偏見に満ちた，第3にこちらの無知ぶりをさらけ出した恥ずべき見方はない。中国にかぎらず，今や発展途上にあってそれぞれの国民生活の水準を高めるべく努力している国々について同様の見方しかできなくなったとすれば，その様な見方しかできなくなった国自体が知らず知らずの内に衰退の一途を辿りだしたことを自ら証明するもの以外の何者でも無い。少なくとも中国人に対しては上記の様な誤謬に満ちたイメージは今すぐ捨て去るべきである。

本書で蔡林海博士は中国人という言葉に代え，華人という言葉を使っておられる。この華人という概念は昔からあったものであるが，蔡林海博士のいう華人は明らかに新しい華人である。すなわち，新しい華人とは，中国国籍の有無にかかわらず，中国を母国と考える人々をさすが，元来備わった優れた頭脳を，特に中

国本国における開放政策の実施をきっかけに一斉に開花させ，しかもそういう頭脳が世界のなかで最も高い知的水準，かつ，豊富な実業の機会を備えた国で，さらに新たな知識を吸収し，かつ最も進んだ環境のなかで実際の仕事に従事し，その間に多くの中国人以外の知己を得れば古い国境の概念を超えて強い連帯感でお互いを結びつけ，なおかつそれぞれの国から，すなわち，母国中国はもちろんのこと，相手の国からも貴重な人的資産として大事に扱われるに至っている巨大な数の頭脳集団である。しかもその総人口たるや集団という単位を常に書き換えざるを得ないほどのスピードで膨張しさえしている人たちのことである。

　私はかねてより，これら華人と呼ばれる人々の，知的産業の分野における中国国外での活躍，すなわち，例えば米国カリフォルニア，シリコンバレーでの活躍に注目してきた。その頃から「自分たちのなすべき事は製造ではない，イノベーションだ」とハッキリ言い切った米国に住む若い中国人に随分出会ったものである。昨今かなりの頻度で中国を訪れる機会ができた。そこで，有識者との懇談，新しい都市建設の現場や開発地域の視察などを通じ，これらひと昔前に半ば驚きを抱きつつ受け取った彼らからの，当時すでに極めて新鮮であった印象を，さらに深めることになる次のような新たな事実を知ることとなった。いまや留学ないしは仕事のうえでの外国帰りの華人が，中国に帰国後，どんどん中国において自らベンチャー企業を起こしている。そこには米国のシリコンバレーで実際に仕事をした時の経験と，その時つくった多くの米国人知己の人脈が何かにつけ遺憾なく生かされ，しかも，中国政府はこれらの外国帰国組をあたかも金の宝物の様に大切に扱っている。そうかと思うと，華人のなかには依然として米国内に残り，有数の米国企業の経営者として重要な働きを続けている人も沢山いる。米国はこれらの華人頭脳を米国の大切な資産として温かく支援して止まない。いまや米国の有力企業で，我々は中国の安い労働力を求めているのではない，バイリンガルで，かつ米国での企業経営経験もあり，しかも彼らに本来備わり，かつ訓練により，より高度となった緻密な頭脳そのものを買っているのだ，と公言して憚らない企業が増えている。また，最近特に目立つ動きとして注目に値するのは，中国にしても米国にしても大学や研究機関と産業の協力関係，すなわち産学協力の分野でこの新しい華人，特に外国帰りの華人の活躍が顕著であるという事実である。

かかる現象は一米国のみにとどまらない。数こそまだ少ないがヨーロッパ各国でも，そこの言葉の学習に熱心な華人はそれぞれの社会への順応も早い。しかも受け入れる国々もこれらの華人の頭脳の優秀なことを知って大切に温存しようとしているのである。ヨーロッパ諸国でも現地の大学や研究機関で働く華人がじょじょに増えているのは理由の無いことではない。もう1つ忘れてはならない大事な事実がある。それは，ほとんど全世界に散らばった華人のフィナンシャル・ネットワークが多くの強力なベンチャー・キャピタルを結成していて，中国で活躍する華人，米国，その他で活躍する華人の事業にたいし資金的支援を惜しまないということである。もちろん，事は中国と米国ヨーロッパの間だけの連帯に止まらない。上に述べたような華人の活動のネットワークは現在世界的に拡大の一途を辿っているようである。

　私のこれまで中国で出会った留学経験者は，もちろん中国語と英語は母国語として話す。かつて存在したいわゆる中国流のやや杜撰の誹りを免れない商慣習は，急速に欧米風の商慣習に取って代わられつつある。むしろ，将来は中国の商慣習を国際規格として採用した方が良いという局面も出てきて不思議でもない。

　私はわが国日本が今こそ経済・金融にとどまらず，政治，社会，教育など，あらゆる分野で構造改革を進めるべき時期であると信じてやまない。ただ，構造改革には国によって異なったやり方があってしかるべきだとも思っている。以下蔡林海博士によって解き明かされる方法も，日本が真似たくても真似できない中国流のやり方かも知れない。しかし，私が危惧して止まないのは，前にも述べたが，日本の上空はるか数万メートルの上で，巨大な大国間の知的連帯，ネットワークが形勢されつつある，しかも，わが国にはそのようなネットワークに参加してゆく準備が言葉の問題1つとってもできていないという事実である。古く経済学では国際間での雁行性産業移行論というのが叫ばれた。1国はいつまでも同じ産業にとりついているのではなく，発展途上国の進出と共に，自らの国で競争力を失った産業はスムースにそれを発展途上国に移転し，自らは新しい産業を起こすなり，他から移転を受けるなりして，あたかも雁が連なって空を飛ぶように次々と自分の国の産業構造を変えてゆくことこそが，世界に平和な産業秩序を維持するうえで欠かせないとする理論である。その時代に考えられた国際分業論は今で

も変わらず正しいものと理解されるべきであろう。しかしながら，私にはこの古典的な国際分業論に，上に述べてきたような，例えば中国と米国との間の知的産業連帯の如き，新しい要素を加味した動的国際分業のメカニズムが解明を待っていると思われてならないのである。

　蛇足であるが，今日，成田空港では1日数千の若い人々が出国し，帰国して来るのを見かける。疲れ切って帰国するサラリーマンの姿もたえない。若しこれらの人々を日本で待っているのがリストラだけだとしたら，これは国家的な損失としか言いようがない。何故日本は外国での経験をもっと前向きに生かそうとしないのか。何故，これらの人々は再び「私はドメスチック・オンリーだ」と胸を張る上司に簡単に服属してしまうのであろうか。また，何故日本に滞在する有能な外国から来た知識人の多くが早々やと祖国に帰ろうとするのだろうか。

　ここまでは私の平素考えている事柄の列挙にすぎない。いよいよ本番はこれから蔡林海博士の手によって明らかにされる内容である。私はこの蔡林海博士の大著を読み，かつてカレル・ウォルフレンの著書（『日本権力構造の謎』1990年）を読んで受けた時以上の感銘を受けた。これは単に中国の知識型経済，中国と米国の経済的結びつきの一面を解明した書物ではない。現代に生きる日本人への貴重な教訓に満ち溢れた歴史に残る書物であると考える。

2002年1月

磯部　朝彦
元日本政府金融再生委員会委員
現・同金融庁顧問，株式会社日立製作所顧問，
中国青島大学名誉教授

目 次

序……………………………………………………磯部　朝彦　i

はじめに　中国の台頭と日本のチャレンジ ………………………… 1
　1．「メイド・イン・チャイナ」の真価 ………………………… 1
　2．知識型経済と中国の新しい挑戦 ……………………………… 6
　3．人材・知識資源を開拓するネットワーク …………………… 8
　4．「生産シフト」から「R&Dシフト」へ：日中間の知識
　　　生産における競争と協力 …………………………………… 11
　5．本書の視点 …………………………………………………… 14

第1章　21世紀，中国の知識型経済へのチャレンジ …………… 23
　1．中国経済：持続的成長の構図 ………………………………… 23
　2．西部大開発：経済大国を目指す重要な一歩 ………………… 29
　3．WTOへの加盟：グローバル経済への融合 ………………… 34
　4．「デジタル中国」：知識型経済の基盤づくり ………………… 39
　5．中国の情報化と米国ハイテク企業のグローバル戦略 ……… 51

第2章　知的連帯：シリコンバレーの華人ネットワーク ……… 57
　1．ハイテク人材として登場する米国華人とその社会的
　　　基盤 …………………………………………………………… 57
　2．シリコンバレーの華人：技術移民からベンチャー
　　　企業の創業者へ ……………………………………………… 66
　3．民族と宗教の絆：シリコンバレーの華人ネットワーク … 76

第3章　人材・知識資源を開拓するネットワーク ……………… 87
　1．知識人材をめぐるグローバル大競争 ………………………… 87
　2．インテル：華人技術専門家に支えられているコアビ
　　　ジネスと研究開発 …………………………………………… 101

3．マイクロソフト：13億人から選んだ100人の最聡明の学生 …………………………………………………… *106*
　　4．ベル研究所：通信分野におけるイノベーションの重鎮とその中国への展開 ………………………… *112*
　　5．モトローラ：移動通信の雄と中国におけるイノベーション ………………………………………… *115*
　　6．IBM：中国のIT教育事業への投資と電子商取引戦略 …… *118*

第4章　ブレーン・パワーと中国のイノベーション体系 ……… *123*
　　1．「頭脳の流出」から「頭脳の還流」へ：知識人材のグローバル移動とその原動力 …………… *123*
　　2．中国のイノベーション体系と「華人頭脳」 ………… *133*
　　3．華人ネットワークと中国のベンチャービジネス ……… *148*

第5章　知識型経済時代の地域間競争 ……………………… *161*
　　1．中国の人材資源とその構造 ………………………… *161*
　　2．知識型経済と華人ハイテクコミュニティ ………… *169*
　　3．「中国のシリコンバレー」の争い：北京 vs 上海 ……… *178*
　　4．中国半導体産業の台頭とIC（華人資源の統合） ……… *182*

第6章　世界一の通信市場と欧・米・中の大競争 ……………… *187*
　　1．「デジタル北京」とその経済成長のエンジン …………… *187*
　　2．通信インフラ投資の急増とキャリアの大競争 ………… *191*
　　3．移動体通信の「大衆消費者」の登場 …………………… *194*
　　4．中国通信市場をめぐるグローバル大競争 ……………… *203*
　　5．グローバル市場の制覇は中国で決まる ………………… *210*

第7章　知識生産の競争：米国の知的財産権 vs 中国の国際標準規格　*223*
　　1．電気通信市場の「政治経済学」 ……………………………… *223*

2．アメリカン・スタンダードのグローバル市場に
　　　　おける「最初の失敗」 ………………………………… *227*
　　3．市場再分割の契機と「巨・大・中・華」からの挑戦 … *234*
　　4．中国初の国際標準規格と第3世代移動体通信市場の
　　　　主導権争い ……………………………………………… *240*

第8章　中国の国際競争力：製造力からイノベーション力へ ………… *251*
　　1．巨大市場に牽引される世界3位の情報通信産業 ………… *251*
　　2．米国市場における中国IT製品の競争力 …………………… *256*
　　3．「メイド・イン・チャイナ」と米国グローバル
　　　　企業の戦略 ……………………………………………… *260*
　　4．太平洋地域の産業地図を塗り替える ……………………… *268*

第9章　伝統とイノベーション：アジア華人ネットワークの新しい
　　　　チャレンジ ……………………………………………………… *271*
　　1．イノベーションに投資するアジアの華人ネットワーク … *271*
　　2．伝統的な国際金融・貿易センターから中華経済圏の
　　　　電子商取引ハブへ ……………………………………… *273*
　　3．伝統からイノベーションへ：電子商取引にチャレン
　　　　ジするアジアの華人企業 ……………………………… *278*
　　4．「アジアのシリコンバレー」構想と知識人材の競争策 … *288*

参考文献 ……………………………………………………………………… *290*

はじめに：中国の台頭と日本のチャレンジ

　今後10年，日本は中国と製造業だけではなく，知識集約型産業の分野でも大競争になる。グローバル企業の対中投資は「生産シフト」の段階から「R&Dシフト」の段階に入っている。

　中国の「世界工場」としての台頭は「安い人件費」を武器に外国直接投資を吸収した結果だけではなく，中国のイノベーションによるものも多い。また中国のイノベーションを支えているのは数千万人の人材資源である。さらにシリコンバレーの華人専門家とそのネットワークが中国の全世界的に知識を開拓するチャネルとなっている。「産業空洞化」の対応策を模索している日本の産業界は製造業だけではなく，知識集約型産業における日本と中国の大競争にそなえながら，全世界的に知識を開拓する視点から中国と新しい知識を共同で創造する仕組みを考える時期がきている。以上は本書の主な内容である。

1.「メイド・イン・チャイナ」の真価

　今後50年のアジア経済勢力地図はこれから10年の日本と中国の協調あるいは競争の結果によって決まる。そして日本にとって，今後10年の最大のチャレンジは中国の台頭にどう対応するかである。

　周知のように，中国の「世界工場」としての台頭と，日本国内の産業環境の悪化により，日本経済はかつて経験したことがない勢いで産業の空洞化に直面している。「産業空洞化」は日本経済を展望する重要なキーワードの1つになった。日本経済に関する構造分析から，「産業空洞化」のもたらす日本の将来に対する強い不安はよく理解できる。経済協力開発機構（OECD）が全要素生産性（TFP）に基づき日本の産業競争力を分析した結果によると，日本では，電気機械・自動車を柱とする製造業の生産性は高いのに対し，サービス産業の生産性は低い。日本経済の構造は，その強い輸出型製造業が非効率なサービス業を含めたそれ以外

の産業を支えている構図となっている。しかし，人件費，電力代，輸送費や税金が高いなど，日本国内の経営環境の悪条件と生産・調達の中国シフトにより，日本輸出型製造業の競争力も低下し始め，日本の貿易黒字は3年連続減少している（図1）。産業の空洞化がこれ以上に進行すると，貿易黒字がさらに縮小し，やがて貿易収支と経常収支が赤字に転落し，国内経済規模がじわじわと縮小していく連鎖反応を呼び起し，しかも対応が遅れると，日本経済が悪循環に陥る可能性もある。

中国の台頭は産業再生策を模索している日本産業界にとって，つねに意識しなければならない問題となった。しかも，日本企業が中国抜きに経営戦略を立てることができない時代は必ずやってくる。トヨタ自動車の奥田会長は「今後の中国がどうなるかを考えないと，日本がのみ込まれる可能性もある」と，危機感を表した。要するに，「中国がどうなるか」は日本の進路に影響をあたえる無視できない要素となっている。

「人件費が安い」ことは中国の「世界工場」として台頭する主な原因であると一般的に思われている。しかし，世界のなかには，人件費が中国よりさらに安いところがまたたくさんあるので，「低コスト」だけでは中国の台頭の原因を究明

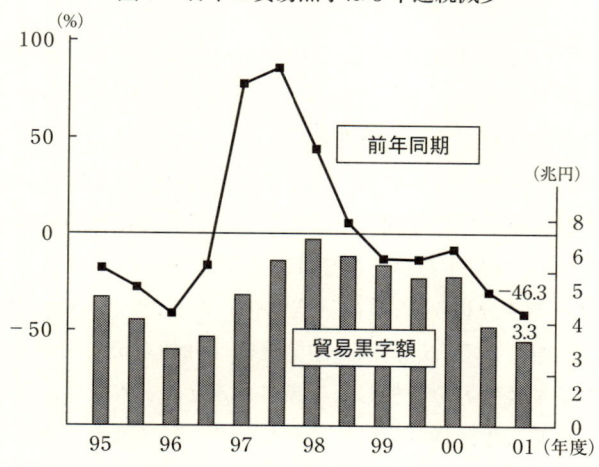

図1　日本の貿易黒字は3年連続減少

資料：『日本経済新聞』2001年12月関連記事より．

することは無理がある。それでは，中国が「世界工場」として台頭する要因はいったい何であろうか。ここで，3つの要因を取り上げて分析してみる。

第1の要因はやはりコスト競争力である。この20年間に，アジア地域における1人当たり賃金をとってみると，中国は先進国の日本，NIESのシンガポール，ASEANのマレーシアよりははるかに低い水準で推移している。また，アジア地域の「製造業1人当たりの月間人件費」では，中国は131ドルで，日本の3,288ドルの25分の1にすぎない。この安い人件費を武器として，中国は繊維といった労働集約産業，機械といった中位技術産業でのコスト競争力を着々と向上させている。特に1990年代において，東アジアの機械産業の国際競争力を分析すると，日本の低下と中国の急上昇が目立つ（図2）。

次に，第2の要因は世界から生産・調達の中国シフトである。巨大市場への進出あるいは低コストの活用などの目的で，世界から中国への「工場大移転」が行われている。上海で数十億ドルの大型投資をしているドイツBASFシュトルーベ社長は「欧米では工場を相次ぎ閉鎖，縮小しているが，対中投資は拡大路線を続けている」と述べた。日本の場合，1980年代に繊維産業から始まった生産の中国へのシフトは電機などが続き，近年，自動車とその部品産業にまで及んでいる。2001年，世界同時不況のなか，主要国・地域の対中直接投資は実施ベースで25％以上の伸び率で行われていた（図3）。

「中国はお金も，技術もない。あるのは安い人件費だけである。安い人件費を武器として外資を呼んで，世界の生産拠点として成長してきた」という分析もあ

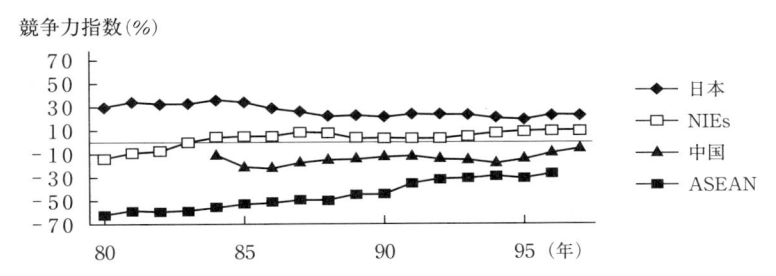

図2　東アジアの機械産業の競争力

資料：国際連合工業開発機関，アジア経済研究所より．

図3　主要国・地域の対中直接投資は急増中（2001年1月～10月）

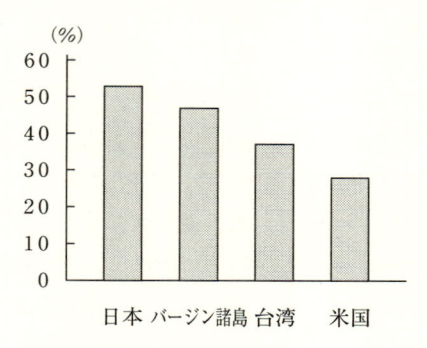

（日本、バージン諸島、台湾、米国）

資料：中国対外経済貿易協力省統計より．

るが，これは中国の著しい技術進歩を無視した論議にすぎない。中国の台頭は決して安い人件費と外国の直接投資だけによるものではない。

　ここで特に強調したいのは中国台頭の第3の要因である。それは「中国の技術進歩」である。日本社会経済生産性本部が2001年11月に発表した報告書「労働生産性の国際比較」は，世界銀行データによる労働生産性の国際比較の結果に基づいて，1990年から98年にかけての52の国・地域の9年間の年平均の実質GPD労働生産性上昇率を分析し，年率平均で労働生産性の改善率が最も高かったのは中国の8.1％であったことを指摘している。

　中国は製造業の国際競争力を向上させるため，「国債資金技術改造事業（国債発行による特別資金を利用した企業の技術革新プロジェクト）」を実施している。同事業は過去3年間に，520の国家重点企業，120の企業グループを対象として累計265億人民元の技術革新の資金を投入した。2001年からさらに435億人民元を投入している。また，産官学の形で製造業の競争力を支えるため，全国で84の「国家工程研究センター」，6つの重点大学を中心とする「国家技術移転センター」を通じて企業の研究開発能力，生産能力を向上させている（図4）。さらに，中国は「製造業の情報化工程（情報技術の導入による製造業の国際競争力を向上させるプロジェクト）」を実施しており，科学技術省の主導で，全国2,000社の製造業重点企業でCAD（コンピュータによる設計）やCIMS（コンピュータ統合生産シ

図4 技術進歩は中国台頭のもう1つの要因

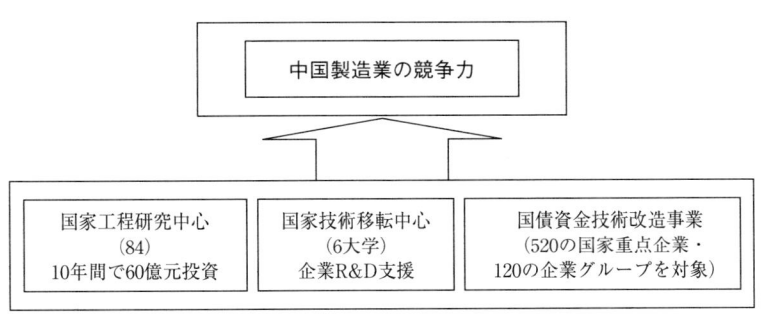

```
           中国製造業の競争力
                 ↑
┌──────────┬──────────┬──────────┐
│国家工程研究中心│国家技術移転中心│国債資金技術改造事業│
│   (84)    │  (6大学)  │(520の国家重点企業・│
│10年間で60億元投資│企業R&D支援│120の企業グループを対象)│
└──────────┴──────────┴──────────┘
```

資料：筆者作成．

ステム）を導入するモデル事業が展開されている。

　国有企業自身も研究開発への投資を強化している。中国がWTOに正式に加盟した2001年12月に，中国企業家調査系統は全国500社の大手国有企業の経営者を対象に，WTO加盟にもたらすグローバル大競争にどう対応するかを調査した。その結果によると，上位2位の回答は，①人材の導入と人材の育成を加速する（47%），②研究開発への投資を増加する（41%）となっている。

　技術進歩により，中国はすでに米国，日本に次ぐ世界3位のITハードウェア生産国に成長し，中国のIT製品の米国市場に占めるシェアは10%に到達しようとしている。日中貿易の場合も同様，2000年から，「コンピュータ・同周辺機器」と「事務用機器向け部品」は日本の中国からの輸入急増品目となっている。

　技術進歩が国際競争力の向上を促す。その結果，製造業分野では，中国と日本との競合している分野が急増している（表1）。自動車や精密機械といった産業では，日本の中国に対する技術優位性が10年保てるかどうかと，トヨタ自動車の奥田会長は懸念している。2001年10月，筆者は国有企業の経営者を対象とした経営セミナーの講師として「日本と中国の国際競争力の比較」を題として講演し，58名の参加者に対して，製造業では今後，日本の中国に対する技術優位性の変化をどう予測するかを聞いたところ，参加者の7割が今後10年間，日本と中国の技術優位性が逆転すると答えた。

　さらに指摘したいことは今後10年間で日本と中国との競争はモノづくりの分

表1　日本企業と中国製品との業種別競合状況

No.	業　種	競合している	競合していない
1.	アパレル	81.8	9.1
1.	家具	81.8	15.2
3.	非鉄金属	80.0	20.0
4.	電子部品	67.4	28.3
5.	繊維・紡績	65.4	34.6
6.	鉄鋼	64.3	35.7
7.	パルプ・紙	62.5	31.3
8.	金属製品	59.2	38.0
9.	電気・電子	56.0	44.0
10	一般機械	55.9	42.4
11	ゴム製品	55.6	38.9

資料：JETRO.

野から知識生産の分野へ拡大していくことである。

2.　知識型経済と中国の新しい挑戦

　今後10年間の中国を展望するキーワードは「知識型経済」である。
　中国は今日までの10年間，改革・開放を継続的に実施しながら，工業化のプロセスを加速し，遂に「世界工場」として台頭して日本をはじめとするアジア諸国に衝撃をもたらした。しかし，中国はこれに満足せず，知識型経済の発展にチャレンジしようとしている。工業化社会から知識型社会への移行を図っているのは先進国だけではなく，工業化がまだ完全に実現していない中国も知識型社会に入ろうとしている。世界銀行は中国の依頼によって，2001年10月に作成した「China and the Knowledge Economy：Seizing the 21st century（中国と知識型経済：21世紀をつかむ）」を題とする戦略提案書を2002年1月に公表した。
　21世紀のグローバル大競争のカギは知識型経済である。OECDの分析によれば，知識型経済には以下の4つの要素がある。すなわち，
　① 新しい知識の創造と既存の知識の活用を奨励する制度と環境
　② 新しい知識の創造と既存の知識の活用が可能な人材
　③ ダイナミックな情報インフラ

はじめに：中国の台頭と日本のチャレンジ

④ イノベーション体系と全世界的に知識を開拓する能力。

世界銀行の提言に基づいて，中国は次の6つの方面から知識型経済戦略を展開している。すなわち，① イノベーションの制度・環境づくり，②「科教興国（科学と教育による国づくり）戦略の実施，③「デジタル中国戦略」（国家情報化プロジェクト）の推進，④ 研究開発投資の拡大，⑤ 知識の応用による製造業・サービス業の生産性の向上，⑥全世界的に知識資源の開拓である。

中国の知識型経済戦略のコアは「863計画」と呼ばれる「中国ハイテク発展計画」である。1986年3月，鄧小平の大号令に従い，スタートされた「863計画」は「情報技術」，「バイオ」，「新材料」，「エネルギー技術」，「自動化・製造業の情報化」，「海洋技術」など8つの分野，20のテーマ，50の重大プロジェクトから構成され，全国100の大学，250の研究機関，数百社の企業，合わせて4万人の科学技術者によって推進されている。しかも同計画を主導している専門家委員会のメンバーの7割は海外から帰国した先端分野の一流のハイテク専門家である。10数年間の努力を経て「863計画」は国産のスーパーコン「曙光シリーズ」，国産のハイエンドサーバー，国産CPU「龍チップ」，HDTV技術と標準規格，カーボンナノチューブの量産技術，電気自動車技術など，中国の独自の知識財産権を有する数多くの成果を上げた。

2000年には，「863計画」はもう1つの重要な成果を出した。それは電気通信分野における中国初の国際標準規格TD-SCDMA方式の開発である。2000年6月，国際電気通信連合（ITU）は中国が知識財産権を有するTD-SCDMA方式を第3世代移動体通信の3つの国際標準規格の1つと認めた（表2）。周知のように，電気通信分野の国際標準規格は従来，欧米に制覇されていた「聖域」であり，この分野で中国の登場はその意義が実に大きい。要するに，中国が製造業だけではなく，

表2 第3世代移動体通信の3つの国際標準規格

国際標準規格の名称	開発者（機関）	主な支持者
①WCDMA ②cdma 2000 ③TD-SCDMA	欧州電信研究所 米クアルコム社 中国電信科学技術研究院 （863計画産業化基地）	欧州と日本ベンダー 北米，韓国，日本ベンダー シーメンス

資料：筆者作成．

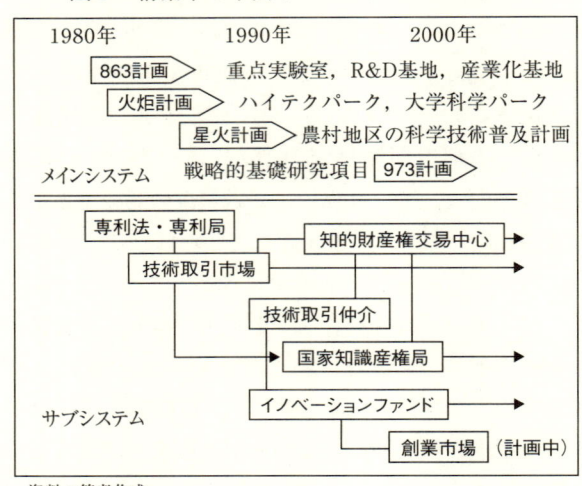

図5　構築中の中国イノベーションシステム

```
1980年        1990年        2000年
 863計画     重点実験室，R&D基地，産業化基地
 火炬計画    ハイテクパーク，大学科学パーク
            星火計画    農村地区の科学技術普及計画
メインシステム  戦略的基礎研究項目  973計画
─────────────────────────────────────
         専利法・専利局
                        知的財産権交易中心
         技術取引市場
              技術取引仲介
                  国家知識産権局
                  イノベーションファンド
サブシステム         創業市場（計画中）
```

資料：筆者作成.

グローバル・スタンダード競争という知識生産の分野にも台頭しているということである。

中国では，「863計画」を柱とするイノベーション体系が構築されている。同体系には次の2つの部分から構成されている。すなわち，① 新しい知識の創造，既存の知識の活用を目的とする「863計画」，「火炬計画（ハイテク産業発展計画）」，「973計画（戦略的基礎研究計画）」などからなる「メイン・システム」と，② 知識の生産と活用のための制度や環境として整備されている「サブ・システム」である（図5）。

3. 人材・知識資源を開拓するネットワーク

中国が米国，日本などの先進国と同じスタートラインに立って知識型経済へチャレンジすることはできるのか。その答えは可能である。中国は，① 人材資源と ② 全世界的に知識を開拓するネットワークという2つの方面で，日本に対する優位性をもっているからである。

まず，人材資源をとってみよう。人口1万人に研究開発に従事する科学技術者

数という指標からみると，日本は世界1位の41人であるのに対し，中国は世界19位でわずか3人にすぎない（1992年の統計データ）。しかし，人材資源の絶対数からみると，中国が世界上位3位に入る。例えば，2000年に理工学専門の在学生数では，中国が200万人強を数え，世界第3位に入っている。毎年卒業する理工学の学生数をとってみると中国は日本の7倍である。

中国の人材資源は以下の3つの部分から構成されている（図6）。すなわち，① **既存の人材資源**　これは研究機関，大学，企業，およびグローバル企業の中国研究開発センターで働いている科学技術者を指し，その人数は2,000万人を超えている。

② **潜在的人材資源**　これは大学で育成しているもので，学部生，大学院生，社会人大学生を合計すると800万人弱である。世界銀行の分析によると，大学への進学率では，日本が約40％に達しているのに対し，中国はわずか数％にとどまっている。また，大学の入学者数を志願者数で割った合格率では，日本の場合，2000年に80％を超えたのに対し，中国は約10％である。言い換えれば，中国の数百万人の大学生は大変厳しい大学入試競争を勝ち抜いた超エリート的な存在であり，中国の大学教育は日本のような「大衆教育」ではなく，実に「エリート教育」である。中国は現在「211工程」と呼ばれる「21世紀に100の世界一流水準の大学をつくる計画」を実施し，独創的な発想をもち，新しいものを創造できる人材を育てようとしている。

③ **海外に預けている人材資源**　これは欧米・日本など先進諸国にいる留学生と，留学先で就職している人員からなる35万人にのぼる人材を指している。先進諸国で先端技術とグローバル経営の手法を身に付けているこれらの人材は中国の最大の財産であるとシンガポール上級相リークアンユーは指摘している。

21世紀，知識型経済のグローバル大競争の本質は人材競争である。数千万人に上る人材資源は知識型経済戦略の実施において，中国に他国よりよい基礎条件を提供しているともいえよう。日本産業競争力会議のメンバー，伊藤忠商事丹羽宇一郎社長は，日本経済にとって，空洞化以上に怖いのは人材の問題であると指摘している。人材の面では，日本はすでに中国に負けているとの見方もある。

次に，全世界的に知識を開拓するネットワークを考えみよう。前述のように，

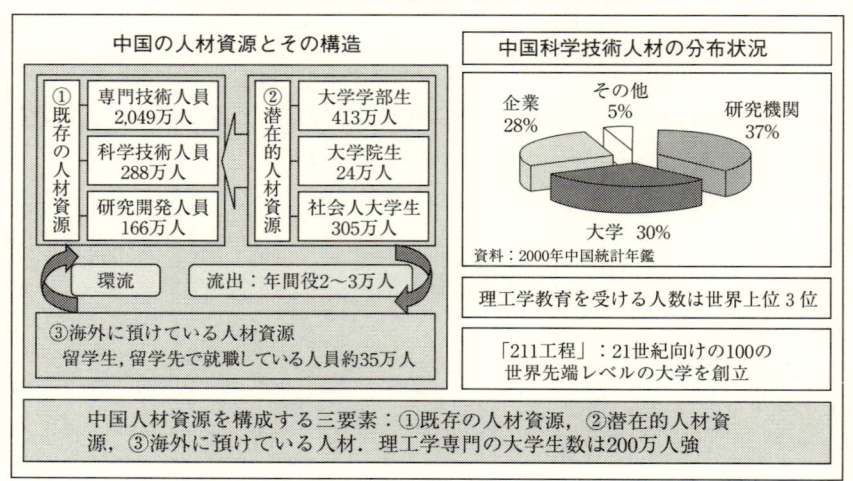

図6 中国の人材資源：構造と分布状況

中国の人材資源とその構造

① 既存の人材資源
- 専門技術人員 2,049万人
- 科学技術人員 288万人
- 研究開発人員 166万人

② 潜在的人材資源
- 大学学部生 413万人
- 大学院生 24万人
- 社会人大学生 305万人

環流　流出：年間役2～3万人

③ 海外に預けている人材資源
留学生，留学先で就職している人員約35万人

中国科学技術人材の分布状況

- 企業 28%
- その他 5%
- 研究機関 37%
- 大学 30%

資料：2000年中国統計年鑑

理工学教育を受ける人数は世界上位3位

「211工程」：21世紀向けの100の世界先端レベルの大学を創立

中国人材資源を構成する三要素：①既存の人材資源，②潜在的人材資源，③海外に預けている人材．理工学専門の大学生数は200万人強

資料：筆者作成．

全世界的に知識を開拓する能力は知識型経済を実現する要素の1つである。米国が知識型経済の発展において世界をリードできるのは，全世界的に知識を開拓するパワーをもっているからである。中国は海外に預けている人材とそのネットワークを通じて全世界的に知識を開拓する能力をもつことが可能となっている。この面では，中国の日本に対する優位性が目立つともいえよう。

「海外に預けている人材」は米国にいるハイテク人材をコアとするものである。米国2000年センサスによると，2000年に米国の華人人口は243万人で，これは米国のアジア系人口の第1位（24%）となっている。1990年から2倍増となった米国の華人人口のうち，ハイレベルの専門人材は多い。例えば，米国でノーベル賞を受賞した華人科学者が6人に達し，マイクロソフト，インテル，HP，モトローラ，ルーセント・テクノロジなど米大手ハイテク企業で副社長を担当している華人経営者も近年，増えている。90年代以来，米大学で理工学博士号を取得した中国大陸系の華人が急増し，その大半は米国で就職している。米カリフォルニア州立大学の調査によると，シリコンバレーにあるハイテク企業7,000社の研究開発者のうち，10%が華人である。また，2001年6月現在，シリコンバレー

はじめに:中国の台頭と日本のチャレンジ　　　　　11

図7　シリコンバレーの華人ネットワーク

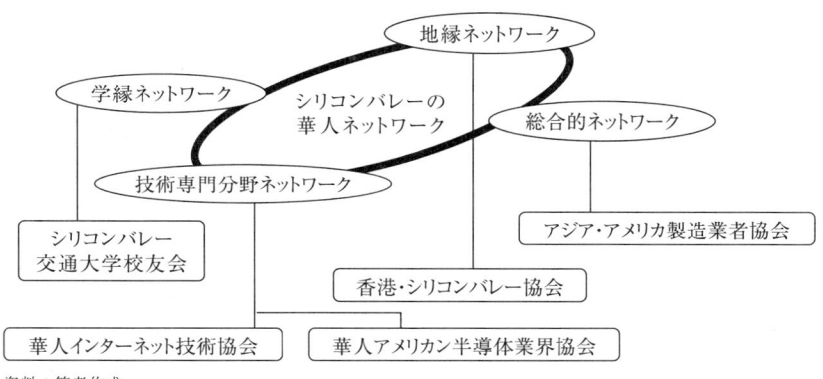

```
                       ┌─地縁ネットワーク─┐
      学縁ネットワーク    シリコンバレーの
                         華人ネットワーク    総合的ネットワーク
              技術専門分野ネットワーク
         │              │                    │
   シリコンバレー                          アジア・アメリカ製造業者協会
   交通大学校友会
                    香港・シリコンバレー協会
   華人インターネット技術協会    華人アメリカン半導体業界協会
```

資料:筆者作成.

には中国大陸系の華人技術専門家,ハイテク企業経営者,ベンチャー投資家は3万人を数え,かれらの平均教育レベルは白人よりも高い。

シリコンバレーの華人専門家は技術専門分野,地縁,学縁に従ってネットワークを結成し,米国と中国との科学技術交流の「架橋」を形成している(図7)。彼らに共通のスローガンは「米国の先端技術を祖国にもち帰る」である。したがって,中国にとって,シリコンバレーの華人ネットワークは事実上,全世界的に知識を開拓する知識型経済のチャンネルでもある。

4.　「生産シフト」から「R&Dシフト」へ:日中間の知識生産における競争と協力

中国はモノづくりの分野で競争力がもつようになったが,「R&Dでは,まだ力不足である。ですから日本が中国にはできないことを目指すなら,次から次にやれることは多いはず」と,日本の産業界にはこのような見方をもつ方が多い。確かに,R&D支出というデータをとってみると,2000年に,R&D支出の「対国民所得比」と「全世界比」では,日本がそれぞれ2.7%と20.0%に達しているのに対し,中国がいずれも0.7%しかない。しかし,7%の経済成長率を維持して

いる中国は経済成長率の2倍以上の伸び率でR&Dへの投資を拡大することを計画している。中国は今後5年間，年平均18%の伸び率で研究開発の投資を拡大し，2005年に研究開発投資のGDP比を2000年の0.7から1.5%にすると計画している。また，独自の知的財産権を有する科学技術を開発するため，今後5年間に150億人民元を投資して，電気自動車，VLSI，バイオチップなど10の重大プロジェクトの実施を推し進める。しかも，前述したように，「863計画」を柱とする中国イノベーション体系の構築，この体系を支える豊富な人材資源，および知識型経済の華人ネットワークがもたらす全世界的に知識を開拓する能力といった要素を考えると，今後10年間，R&D分野で日本の中国に対する優位性がどこまで維持できるのかという問題が出てくる。日中間の競争はモノづくりの分野から知識生産の分野へと拡大してくるのは，もはや時間の問題である。

　ここで，特に指摘すべきことはグローバル企業の対中投資はすでに「生産シフト」の段階から「R&Dシフト」の段階に入っているという事実である。

　近年，米国企業にリードされている「R&D中国シフト」は豊富な人材資源の活用と巨大市場の開拓を目的とするものが多い。米国政府は，中国を含む世界中の人材・知識資源を最大限に開拓，活用することで，米国企業のR&Dのグローバル的展開を支援する政策を打ち出している。現在，米国企業のR&D中国シフトは基礎研究と応用開発の2つの次元から展開されている。マイクロソフトの例をとってみよう。マイクロソフトのR&Dグローバルネットワークは基礎研究を行う4つ「マイクロソフト研究所」と応用開発を行う8つ「マイクロソフトR&Dセンター」から構成されている（図8）。中国はマイクロソフトが海外で，基礎研究を行う研究所と応用開発を行うR&Dセンターを同時に設立している唯一の国である。1998年に設立された「マイクロソフト研究所（北京）」は2000年までの2年間に，マイクロソフト米本社に12の研究成果を移転し，米国で70の特許を申請し，90の学術論文を発表したという。

　「生産シフト」に伴い，モノづくりのノウハウが移転されるのに対し，「R&Dシフト」はイノベーション能力の移転という効果をもたらす。今後，さらに加速される「R&Dの中国シフト」は知識生産の分野における中国の国際競争力を大きく向上させる要因の1つとなることは間違いない。

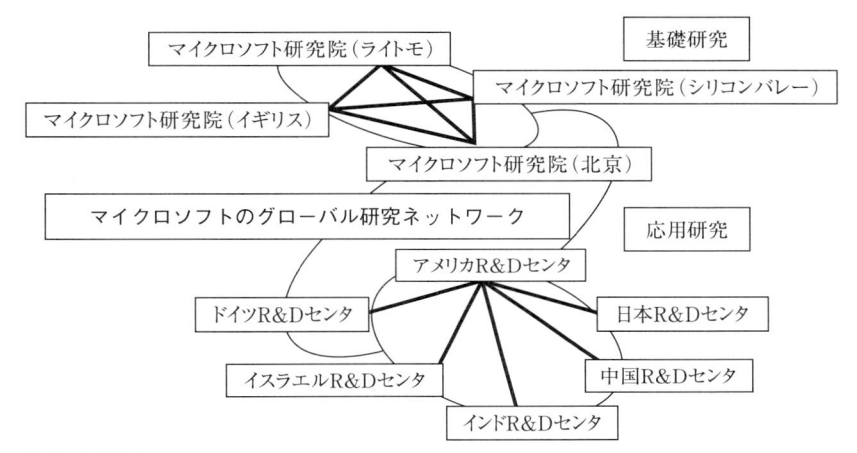

図8　マイクロソフトのR&Dネットワークとその構造

```
                                          基礎研究
   マイクロソフト研究院(ライトモ)
                              マイクロソフト研究院(シリコンバレー)
 マイクロソフト研究院(イギリス)
                    マイクロソフト研究院(北京)
   マイクロソフトのグローバル研究ネットワーク
                                          応用研究
                       アメリカR&Dセンタ
      ドイツR&Dセンタ                    日本R&Dセンタ
             イスラエルR&Dセンタ       中国R&Dセンタ
                    インドR&Dセンタ
```

資料：筆者作成．

　現在，「産業空洞化」に対応するため，日本はさまざまな対応策が論議されている。そのなか，1つの代表的な論議は「低コストを武器とする中国に対抗するため，日本は知識集約型産業を発展すべきだ」というものである。日本産業界にとって，製品とサービスの知識集約度を上げ，付加価値を高めることは確かに非常に重要である。しかし，これに関連して3つの問題を提起したい。

　まず1つは前述したように，中国も知識型経済の発展戦略を打出し，知識生産の国際競争力を身につけようとしている。次の問題は，知識の生産あるいは知識集約型産業はそのグローバル的な性格がものづくりの製造業よりはるかに強いことである。1国内にこもって知識集約型産業を発展して国内で成果が上がっても，海外に展開できないと，到底，グローバル大競争に勝てない。移動体通信のビジネスモデルや標準規格はその代表的な例である。そして最後の問題は全世界的に知識を開拓する能力である。前述したように，知識型経済の最も重要な要素は全世界的に知識を開拓する能力をもつことである。この能力をもってはじめて自国の知識集約産業の国際競争力を高いスピードで向上させることができる。要するに，知識集約型産業を発展するには，グローバル的な視点は必要となる。

　また，この3つの問題提起から日本産業界は次の2つの可能性を考えなければ

ならないと指摘したい。すなわち，第1は今後10年，日本と中国は製造業だけではなく，知識集約型産業でも競争になる可能性である。第2は全世界的に知識を開拓する視点から，日本と中国は知識集約型産業の発展において，協力して新しい知識を共同で創造する可能性である。

世界的な21世紀型の構造変化のなか，日本は新しい視点，新しい発想で中国に向かい合うべきである。本書は「イノベーション」，「人材資源」，「知識型経済のネットワーク」という3つのキーワードで今後10年，中国経済の変革を予測し，新しい視点で中国を考察し，新しい発想で中国に向かい合うためにさまざまな分析を行っているものである。

5. 本書の視点

中国経済の高成長は20数年間にわたる市場化改革の成果である。この20数年間に，中国はアジア太平洋地域における経済構造の地殻変動から2つの歴史的なチャンスをつかみ，成長のための堅実な基盤を築き上げることができた。

まず1つは対外開放の初期段階（1978～97年）で，日本を牽引車とするアジアのいわゆる「雁行型発展パターン」から工業化の波及効果を受け取り，経済を発展させるチャンスである。中国は「雁行型発展パターン」がもたらしたチャンスをつかみ，自国の工業化を加速させ，今日の経済・産業基盤を創り出した。

もう1つは米国主導のグローバル規模の情報化がもたらした知識型経済を発展させるチャンスである。アジア通貨危機以降の1998年から01年までの3年間に，中国経済は情報革命の波に乗ってジャンプ式の発展状態に入っている。そして2001年からは，中国は「西部大開発」，「WTO加盟」，「情報化」を3つの強力なエンジンとして，経済の安定かつ持続的成長を継続させようとしている。

西部大開発は地域開発と貧富の格差の縮小により，国内のインフラ整備市場，個人消費市場の潜在的かつ巨大な需要を喚起し，内需拡大の効果を引き出し，「内的」要因を最大限に生かして経済の持続的成長を支えていく。一方，WTO加盟は関税の引下げや非関税障壁の撤廃により，市場開放を敢行すると同時に，金融分野と国有企業の改革を刺激して大きく加速させる。またWTOルールの国内

各分野への浸透を通じて経済のグローバル化に対応できるように体質を改善し，「外的」要因を活用して持続的成長に有利な環境をつくりだそうとしている。そして情報化は中国経済の知識型経済への転換のために堅実な基礎を構築する。中国で「情報化」とは，① 情報通信産業の発展，② 情報技術の導入による工業化の加速，③ 国民経済と社会の情報化という3つの内容から構成された知識型経済の発展プロセスを指している。国民経済と社会の情報化に関しては，「政府オンライン」，「企業オンライン」，「家庭オンライン」，「校校通（全国70万校の小中学校オンライン計画）」などの国家レベルの情報化プロジェクトがある。こうしたプロジェクトの実施は知識型経済の基盤づくりで重大な意味をもつだけではなく，情報化投資への巨大な市場需要を喚起する面でも，米国IT不況であえぐハイテク企業に明るいメッセージを伝えている。「**21世紀，中国の知識型経済へのチャレンジ**」（第1章）では，中国が情報革命の波に乗って独自の経済発展モデルを模索している様相を描いている。

知識型経済の中核を構成しているのは「イノベーション」とそれを生み出す「人的資源」である。ここでいう「人的資源」は安価かつ豊富な労働力を指すものではなく，イノベーションの担い手となる専門的知識をもつ人材，あるいは「頭脳」を指している。「イノベーション」と「人的資源」こそは中国経済と産業の質的な変化を引き起こしている主な要因であり，本書の2つのキーワードでもある。

イノベーションを中国経済の質的変化を理解するためのキーワードとすると，中国のイノベーションとその実態を解明する必要がまず出てくる。また，イノベーションの勝負を決めるのは人的資源であるので，中国の人的資源とその構成を分析しなければならない。筆者は「現有の人的資源」，「潜在的人的資源」，「海外に預けている人材」という3つの部分から中国の人的資源の構造を分析している。2001年6月現在，中国の「海外に預けている人材」は35万人を数えている。これらの人材は西側先進諸国の先端の科学技術，企業経営の手法を習得し，イノベーションの能力を有している。また，かれらはアメリカのシリコンバレーを中心に集積し，「知識型経済の華人ネットワーク」を形成し，現在でも，中国のイノベーションを支える主力としてそのパワーを発揮している。

中国のイノベーションと知識型経済の華人ネットワークの両者とも，米国ハイテク企業のグローバル戦略とその中国への展開と密接に結びついている。したがって，本書は「中国のイノベーション」，「知識型経済の華人ネットワーク」，「米国ハイテク企業のグローバル戦略」という3つの視点から，中国経済と産業の質的な変化を考察，分析している。

1　視点の1：中国のイノベーション

中国は1980年代初期から，イノベーションを通じて経済発展の質的変化と国際競争力の向上をはかることを重視し始めた。1986年3月，鄧小平の大号令に基づいて推進された「中国ハイテク研究発展計画」（略称「863計画」）が実施され，これを契機に，中国のイノベーション体系の構築がスタートした。

「ブレーン・パワーと中国のイノベーション体系」（第4章）では，中国のイノベーション体系の全貌，およびこの体系の構築において先端の科学技術とイノベーション能力を有する華人頭脳の果たす役割を，大学科学技術パーク，留学生創業パークなどの事例を通じて詳細に考察している。

人的資源は国家間，あるいは地域間のイノベーション競争を左右する一大要素である。一方，イノベーション競争が激化しているなかで，国家，あるいは地域がさまざまな政策ツールを工夫して人材の誘致合戦を引き起こし，これにより人材の国際移動が加速されている。他方，国家と地域の景気動向，政府の政策ツールの運用などにより，中国のような発展途上国にとって，「人材の流出」が「人材の還流」のプロセスに取って代わることは現実となっている。「知識型経済時代の地域間競争」（第5章）では，中国の人的資源について構造的な分析を行っている。そして米国のシリコンバレー，台湾の新竹科学園区，北京の中関村科学技術園区という3つのハイテクコミュニティの間で，中国の人的資源のダイナミックな流動と華人資源の統合が加速されていること，およびこれらの「人的つながり」によるイノベーション力の移転についても具体的に考察している。

中国では，イノベーション体系の構築がまだ完成していないにもかかわらず，イノベーションへの投資効果はすでに知識型経済の基盤づくりや国際競争力の向上などの面で現れている。「知識生産の競争：米国の知的財産権VS中国の国際標準

規格」(第7章) では,中国が情報通信産業をリーディング産業として育成,発展する戦略,中国が電気通信の国際標準規格づくりの分野で,欧米と肩を並べ,独自の知的財産権を有する第3世代移動体通信の国際標準規格「TDS-CDMA方式」を創り出している原動力などを具体的に分析している。「**中国の国際競争力：製造力からイノベーション力へ**」(第8章) では,IT製品といった技術集約型製品が繊維,玩具,靴といった労働集約型製品に取って代わり,中国の最大の輸出製品となっている事実に注目し,競争が最も厳しいと言われている米国のIT市場で,メイド・イン・チャイナの製品の競争力が著しく上昇している傾向を考察すると同時に,米国グローバル企業の中国戦略を分析している。

2　視点の2：人材資源と知識型経済の華人ネットワーク

中国のイノベーションとその効果を理解するためには,「華人ネットワーク」が鍵となる。換言すれば,シリコンバレーに集積している華人技術専門家や華人ハイテク企業の経営者とそのネットワーク抜きでは,中国のイノベーション体系が成り立たなくなってくる。「知識型経済の華人ネットワーク」こそが本書の主軸である。

本書では,華人ネットワークを伝統的ネットワーク (例えば,香港と東南アジアの華人ネットワーク) と知識型ネットワーク (例えば,シリコンバレー華人ネットワーク) の2種類に大きく分けている。両者とも言語と文化,民族と宗教を基盤として結成されたものであるが,前者は血縁 (あるいは同姓),地縁,業縁を結びつきの要件としているのに対し,後者は教育背景,専門的技術と知識,特定の技術専門職の経験などをその結びつきの要件としている。「伝統的華人ネットワーク」のイノベーションへのチャレンジ,「知識型華人ネットワーク」の伝統の価値に対する追求は知識型経済の時代における華人資源の統合を促す原動力となっている。そして,中国のイノベーションはグローバル規模で行われている華人資源の融合のために最適な「場」を提供している。換言すれば,イノベーションにチャレンジする「伝統的華人ネットワーク」と伝統の価値を追及する「知識型華人ネットワーク」は,経済が安定成長している中国で相互に融合するプロセスをたどっているともいえる。

「知的連帯：シリコンバレーの華人ネットワーク」（第2章）では，米国の華人人口とその増加傾向，米国の経済・産業・科学技術などの分野に進出している華人エリートとその成功を紹介したうえで，シリコンバレーにおける華人の技術移民からハイテク企業の創業者に至る歴史的な過程を分析し，シリコンバレーの華人コミュニティとその構造を考察している。そしてこれを基礎として，「地縁的（中国大陸系か台湾系か）」，「学縁的（出身大学別）」，「技術専門分野別（ソフトウェアか半導体か）」，「総合的（地縁，学縁，技術専門分野を横断するもの）といった結びつきの種類からシリコンバレー華人ネットワークの構造とその機能を総合的に解明している。また，シリコンバレーと中華経済圏の華人ハイテクコミュニティ（例えば，北京・中関村科学技術園区）との間で，シリコンバレー華人ネットワークが果たしている「架け橋」の役割を特に強調している。

「伝統とイノベーション：アジア華人ネットワークの新しいチャレンジ」（第9章）では，考察の焦点をアジアの華人ネットワークとそのイノベーションへのチャレンジに置いている。ここで考察しているアジアの華人ネットワークのイノベーションとは，以下の3点を含んでいる。第1にシリコンバレー華人ネットワークとの融合をはかることであり，第2に金融・不動産・商業といった伝統的な産業基盤を維持しながら，イノベーションに投資し，情報技術産業・市場へと事業を拡大していくことである。そして第3に急速に成長している中国の情報通信市場，特に電子商取引市場に参入することである。中国の労働集約型産業の育成と発展において重要な役割を果たしたアジアの華人マネーは現在，中国の大学科学技術パークや留学生パークからイノベーションに投資するチャンスを求めている。これは中国のイノベーションとその潜在的可能性を理解するキーポイントといってもよい。

3　視点の3：米国ハイテク企業のグローバル戦略

本書は中国の情報化を促している一因として米国ハイテク企業のグローバル戦略を重視している。すでに指摘したように，1998年から2001年までの3年間に，中国は米国主導のグローバル規模な情報化がもたらした知識型経済を発展させるチャンスをつかみ，情報革命の波に乗ってジャンプ式の発展状態に入っている。

そして米国主導の情報化は主に米国ハイテク企業のグローバル戦略とその展開を通じて中国に波及している。したがって，デジタル時代の中国経済の本質を理解するためには，中国のイノベーション・知識型経済の華人ネットワーク・米国ハイテク企業のグローバル戦略のトライアングルを考察する必要がある。このトライアングルの中で，知識型経済の華人ネットワークは中国のイノベーションと米国ハイテク企業のグローバル戦略との「架け橋」の役割を果たしている。しかも知識型経済の華人ネットワークは同時に中国のイノベーション体系と米国ハイテク企業に浸透している。知識型経済の華人ネットワーク抜きでは，米国ハイテク企業のグローバル戦略の中国展開は成り立たなくなってくるし，中国が最先端の科学技術知識と人材の国際移動に伴うイノベーション能力の移転を絶えず獲得することも相当に難しくなる。では，米国ハイテク企業のグローバル戦略は中国のイノベーションと知識型経済の華人ネットワークの間で，どういう役割を果たしているのか。

　知識型経済を発展させるための国家間，あるいは地域間の競争はまず人材をめぐる競争からはじまる。「人材・知識資源を開拓するネットワーク」（第3章）では，人材のグローバル競争は国家・地域と企業という2つの次元で行われることを指摘したうえで，企業の次元における人材のグローバル競争に分析の焦点を置いている。米国政府は米国企業の国内外における先端的なイノベーション活動を支援し，世界的知識資源から最大の利益を米国企業に獲得させようとしている。これを背景に，米国ハイテク企業のグローバルR&Dネットワークが人的資源をねらって中国へと展開している。もちろん，この展開自体は中国に「頭脳の還流」とそれに伴うイノベーション能力の移転という付随効果をもたらしている。ここでは，インテル，マイクロソフト，ベル研究所，モトローラ，IBMなど米国ハイテク企業のR&Dネットワークの中国進出の実態と，その運営の仕組みが詳細に分析され，これらのR&Dネットワークにおける華人技術専門家のイノベーション活動も考察されている。

　情報通信市場は，知的財産権を武器に競争をする「場」である。技術標準規格を制すると，市場の主導権を手にすることができる。世界一の市場に成長してきた中国の移動体通信市場では，欧米ベンダーと国有企業軍団とのグローバル大競

争は技術標準規格に左右されているといってもよい。「世界一の通信市場と欧・米・中の大競争」（第6章）では，まず中国の移動体通信市場が世界一の市場に成長してきた原動力はどこにあるかを検討し，中国政府の競争促進策，大衆消費者の登場とその実像，中国市場をめぐって政治の次元とビジネスの次元で展開されていた欧米中の対抗と「合従連衡」の実態を詳細に考察している。また，中国の移動体通信市場における競争モデルとその構成要素を分析し，さらに具体的な事例としてノキア，エリクソン，モトローラといった「ビッグ3」を取り上げ，3社の対中戦略と経営パフォーマンスを比較したうえで，イノベーションと人的資源への投資こそが情報通信市場での勝負を決める要因であることを改めて指摘している。

知的財産権を武器に市場の優位を確立することは米国ハイテク企業の基本戦略の1つである。情報革命以来，グローバル市場における米国ハイテク企業の優位はアメリカンスタンダードの「不敗神話」によるものであるといわれている。しかし，中国の移動体通信市場では，アメリカンスタンダードが最初の失敗に遭遇した。中国の移動体通信市場が欧州のスタンダードGSM方式に制覇され，1億人の携帯電話ユーザのうち，アメリカンスタンダードCDMA方式の携帯電話を利用しているものはわずか0.1％である。そして，移動体通信が第2世代から第3世代へ進化している時期に，中国が独自の知的財産権を有する技術標準規格TDS-CDMAを創り出し，欧州のWCDMA方式，米国のcdma2000方式と肩を並べ，第3世代移動体通信の国際標準規格ファミリの一員となっている。これはグローバル市場を制覇しようとするアメリカスダンダートへの挑戦であるといってもよい。「知識生産の競争：米国の知的財産権VS中国の国際標準規格」（第7章）では，中国の移動体通信市場における欧・米・中の知的財産権の競争実態を考察し，特にCDMA方式の知的財産権を有する米クアルコム社が欧州方式に制覇されている中国市場で，CDMAのビジネスを開拓するため，国際政治の次元とビジネスの次元から中国戦略を展開している実態を分析している。

中国が知識型経済を発展させるチャンスをつかみ，情報革命の波に乗ってジャンプ式の発展状態に入っていると前述した。これに関して，具体的に言えば，中国は米国ハイテク企業のグローバル戦略の中国展開から2つの「恩恵」を受け

取っている。まず1つは，米国ハイテク企業のグローバルR&Dネットワークが中国に展開していることによって，中国の技術イノベーション能力が向上しているという「恩恵」である。もう1つは，米国ハイテク企業主導の「オープンで・競争的なサプライチェーン」が中国に拡大することによって，情報通信産業の集積が加速されているという「恩恵」である。要するに，米国主導のR&Dネットワークとオープンで・競争的なサプライチェーンの中国展開は，メイド・イン・チャイナの国際競争力とイノベーション力を向上させる条件をもたらしたということである。「**中国の国際競争力：製造力からイノベーション力へ**」（第8章）では，米国のIT市場でメイド・イン・チャイナの製品が市場シェアを拡大している実態をまず考察し，次に「メイド・イン・チャイナと米国」の視点から，米国ハイテク企業のR&Dネットワークとオープンで・競争的なサプライチェーンの中国展開は，製造能力の移転からイノベーション能力の移転までの「派生的な」効果を中国にもたらしていると分析している。最後に，台湾の対中投資と米国ハイテク企業の戦略との相関性から米国主導のオープンで・競争的なサプライチェーンと華人ネットワークとの関係を考察している。

　企業経営者，ビジネスマン，研究者，学生など多方面で活躍される方々が，知識型経済，中国経済，国際貿易，経営のグローバル化の将来を考える際，本書がその一助となれば，幸いである。

＊　　　　　　　　　　＊

　本書の執筆は筆者の勤務する日立総合計画研究所（日立総研）の重要な研究課題である「21世紀の知識型経済とグローバル競争」の一環として行われたものである。この研究課題では，日立総研の椋木圀光副社長兼所長，白井均主管研究員からのご指導をいただいた。本書は，磯部朝彦日立総研元社長・現日立製作所顧問，前田正博日立製作所上席常務・中国専任統括，八丁地隆日立製作所ビジネスソリューション事業部長，山口光雄日立製作所情報通信グループ経営企画本部長，池田整日立（中国）有限公司研究開発センター長の激励と支援を受け，出版ができた。また，八木敬之日立総研主任研究員からは原稿の修正，文章校正などの面で本書の完成に大きな支援をいただいた。さらに，本書は常深康裕日立総研主管研究員，松本洋人主任研究員，松本健太郎氏など，たくさんの同僚の支援に

支えられ書き上げたものである。

　また，この機会を借りて，筆者の研究活動を応援していただいた谷口実元㈱日立埠頭相談役，小林哲雄元日立（中国）有限公司元董事長兼総経理・現㈱日立情報システムズ社長，友人の竹本英世氏（日立総研での元上司・現日立アメリカ Vice President & General Manager），陳楊秋氏（日立中国有限公司研究開発センターマネージャー）にもあらためて謝意を表したい。

　2年間という長い期間でこの本を完成させることは家族の支援がなければ不可能だったともいえる。したがって，ここで，筆者の父母である蔡振揚・林蘭，妻の松原香理，長男の元実，次男の龍志にも謝意を表したい。

　最後に出版にあたって大変お世話になった日本経済評論社の宮野芳一氏にこの場を借りてお礼を申し上げたい。

　　　　2002年1月21日

　　　　　　　　　　　　　　　　　　　　　　　　　　　　蔡　林海

第1章　21世紀，中国の知識型経済へのチャレンジ

　情報革命は初めて地理と時間の限界を打破し，経済の発展段階および政治体制が異なる国々にデジタル経済を発展させる同じチャンスをつくりだし，中国のような発展途上国に先進諸国を追いかける絶好の機会を提供している。これは工業革命になかった特徴である。

ノキアのCEO ジョルマ・オリラー

1.　中国経済：持続的成長の構図

(1)　2010年，中国は世界の第4位の経済国

　「グローバル経済の環境が悪化しているにもかかわらず，中国の経済成長は依然として力強い。……専門家たちはこの成長が中国経済の持続的改革の成果であり，熟練したマクロ経済の運営と構造改革に支えられているものであるとしている」。01年8月24日，国際通貨基金（IMF）は中国経済に関する年次審査報告「IMF Concludes 2001 Article IV Consultation with the People's Republic of China」を発表し，中国の01年のGDP成長率は7.5%（実質7.3%）で，引き続き高成長を遂げるとの見通しを示したうえで，さらにこう指摘している。「ここ20年の市場化改革は中国に著しい成功と経済の質的変革をもたらした。中国の進歩は1人当たり国民所得の向上，貧困の減少，非国有部門（民間セクター）の活力の上昇，およびグローバル経済への融合に伴う成長をすべて含んでいる」。

　「これからの20年間，世界経済の主要な発展はアジア地域にある。そしてアジア経済の将来は今後10年間における中国の経済発展に左右される。……中国は

すでに日本に取って代わり，新世紀におけるアジア経済の牽引車となった」と，2001年5月8日，香港で開催された「フォーチュン・グローバルフォーラム2001」の全体会議は主張した。

　では，中国経済の安定的，持続的な成長の本質は何であろうか。これに関しては主に2つの見方がある。

　まず1つは中国の安価な労働力とそれの活用により生産コスト減を実現しようとする外国投資の急増に注目し，外国投資の取りこみが高成長の原因であるとするものである。要するに，一般的に中国経済の高成長は，安価かつ豊富な労働力を武器に「世界の工場」として外国からの直接投資を呼び込んだ結果である，との理解である。

　もう1つは中国の改革とそのプロセスに注目し，中国経済のパフォーマンスが「経済の持続的改革の成果であり，熟練したマクロ経済の運営と構造改革に支えられているものである」とするものである。前述したように，IMFは中国経済に関する分析で，この持論を展開している。「中国の経済的成功はアジア諸国の政府が自国の改革にもっと努力するように拍車をかけている。……アジア金融危機以降，アジア諸国の多くが金融システムの改革とコーポレート・ガバナンスの目標を放棄した。一方，中国は多くの分野で変革を推し進めていた」と，*FAR EASTERN ECONOMIC REVIEW* 誌の論評「アジア成長のパワーアップ」は分析している。同評論はさらに，今日のアジア経済と中国経済が対照的なパフォーマンスを示す原因はそれぞれの改革への取り組み姿勢にあると指摘している。米国ブッシュ政権のオニール財務長官もこの観点を支持している。2001年9月10日，中国を訪問中のオニール長官は北京の対外経済貿易大学で講演し，中国経済は「世界経済の減速にほとんど影響を受けず，力強く成長している」との認識を示し，経済改革と市場開放がその成長の支えになっていると指摘している。

　『フォーチュン』誌（2001年5月21日号）は「China on the Move（中国は躍進中）」をタイトルとする論評で，「なぜ中国が非常に重要となっているかを説明するのは簡単である。現在，中国はこの地球上，恐らく歴史上，変化が最も速いところであるからだ」と簡潔に述べている。この論評の分析によれば，イギリスが1人当たりの所得を2.5倍増加させるためには，ほぼ19世紀の100年間を費し

第1章　21世紀，中国の知識型経済へのチャレンジ

表1　主要各国の1人当たり所得の増加と必要とした年数

国家名	1人当たり所得の増加	必要とした年数
イギリス	2.5倍	約100年間（19世紀）
アメリカ	3.5倍	60年間（1870〜1930年）
日　本	6倍	25年間（1951〜1975年）
中　国	7倍	21年間（1979〜2000年）

資料：『FORTUNE』May 14, 2001 より．

た。米国が所得を3.5倍増加させるためには，1870〜1930年までの60年間を要した。そして日本が所得を6倍増加させるための期間は，1951〜75年までの25年間であった。中国における所得の増加はこの3つの国よりはるかに速いペースである。1979年から実施された経済改革と対外開放は中国人の所得を21年間で7倍に増加させてきた（表1）。

「中国は経済成長とグローバルマーケットへの融合を原動力として新しい革命を経験している。これは世界にとって何を意味するのか。……過去20年間，中国では生産性が年間5％の伸び率で向上してきた。この伸び率が続くと，2030年には，中国の経済は欧州あるいは米国と同じ規模となるであろう。……グローバル企業は中国への進出を加速している。一方，中国も海外で自らのプレゼンスを高めている」と，『フォーチュン』誌は分析している。

米国は2000年末ごろから景気が後退しはじめ，01年5月，すなわち「フォーチュン・グローバルフォーラム2001」が香港で開催された時期にしても，IT不況により経済は下降局面を続け，その影響を受けて世界経済も減速している。一方，01年に中国の経済成長率は7.3％を記録した。対米依存度が高い東アジア経済にとって，中国経済の安定かつ持続的成長は意義が非常に大きいわけである。中国経済の安定成長は主に内需拡大によってもたらされたものである。例えば，中国は1998年から3年連続の「積極的な財政政策」によって内需拡大による経済成長を実現し，「積極的な財政政策」のこの3年間の経済成長への寄与度はそれぞれ1.5，2.0，1.7ポイントに達した。2001年に中国のGDPは総額9兆人民元を突破した。設備投資総額が前年比10％増と，この高成長の主要因となっている。

中国政府は経済の安定成長を維持するため，積極的な財政政策によって引き続

図1　中国GDPの成長とその倍増計画

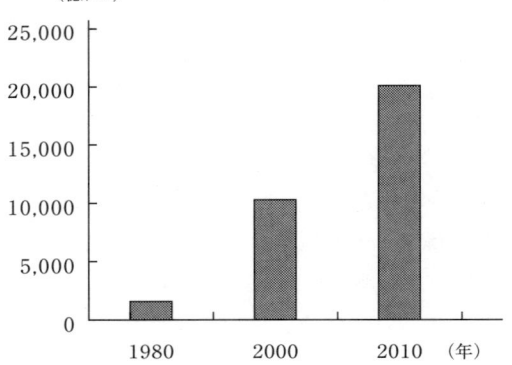

(億ドル)

資料：中国政府公表資料，世界銀行資料より作成．

き内需を拡大しようとしている。そのため，2001年からスタートする「第10次5ヵ年計画（10・5計画，2001～05年）」では，西部大開発をはじめとする内需拡大策を打ち出し，西部大開発の看板プロジェクトといわれる「西気東輸」，「西電東送」，「南水北調」，「北京—上海高速鉄道計画」，「青海—チベット高原鉄道建設」などをスタートさせている。しかもこれらのプロジェクトの投資は中央予算に計上されており，01年にはまた，「建設国債」1,000億人民元，「特別国債」500億人民元をそれぞれ発行し，西部大開発戦略の実施を財政の面から支援している。中国にとって，「10・5計画」期間は経済の安定かつ持続的成長を維持する重要な時期であり，10年のGDPを2000年より倍増させるいわゆる「GDP倍増計画」を実現させるための基盤づくりの時期でもある（図1）。

中国の経済発展戦略が目標どおり推進されているかぎり，世界経済における中国のポジションがいっそう高まることは間違いないであろう。2001年には，GDP規模で中国が世界第6位の国となった。米国ソロモンスミスバニー社は「中国：のぼっている新しいITスター」という報告書で，10年に，中国が世界第4位の国になると予測している。

(2) イノベーションと「ワン・ストップ式」発展

では，世界は中国の驚異的な成長とそのアジア経済への影響をどう受け止めているのか。

ノキアのCEOジョルマ・オリラーは「情報革命は初めて地理と時間の限界を打破し，経済の発展段階および政治体制が異なる国々にデジタル経済を発展させる同じチャンスをつくりだし，中国のような発展途上国に先進諸国を追いかける絶好の機会を提供している。これはかつての工業革命にはなかった特徴である」と指摘している。確かに，グローバル規模で進んでいる情報革命は工業化がいまだ完全に実現させていない中国に新しい発展のチャンスをもたらしている。すなわち，従来の常識を捨て，いくつかの発展段階を飛び越えてジャンプして発展してゆくチャンスである。例えば，中国は，固定電話がまだ普及していないうちに携帯電話の普及を促し，インターネットの普及率がわずか5%のうちにブロードバンドを大きく発展させている。中国はこれを「一歩到位（発展の初期段階から最高の段階へ一気にジャンプするワン・ストップ（One-stop）式発展）」という言葉で表現している。情報革命は世界中のすべての国々に，共通のプラットフォームを提供し，情報革命がもたらすチャンスをつかむ者は，ワン・ストップ式の発展を実現することが可能となる。

アメリカ経済学者J. E. スティグリッツ教授は，中国では1978～92年に，1人当たりGDPの平均年間伸び率が7.9%に達し，世界最高の水準を記録したことを分析し，世界経済における中国経済のもつ重要な意義を特に強調している。この78年から92年までの14年間は中国が改革・開放政策を実施しはじめた最初の時期であり，アジア経済の視点から見れば，日本を先導とするいわゆる「雁行型発展パターン」が最盛期を迎えた時期でもあった。中国はこの「雁行型発展パターン」の末端に位置し，日本からNIESへ，NIESからASEANへ，ASEANから中国へという順で淘汰されつつあるローレベルの労働集約型産業の移転を受けていた。その時期は，鄧小平は「863計画」と呼ばれる「中国ハイテク発展計画」を自ら推進し，中国の技術イノベーションの基盤づくりに力を入れ，今日の

ワン・ストップ式の発展のため着実な準備を行っていた。

「863 計画」がスタートしてから 15 年目を迎えた 2000 年，すなわち「雁行型発展パターン」が崩壊してしまったこの時期には，中国のイノベーション体系がすでに形成され，また，GDP 1 兆ドル，外貨準備高 1,700 億ドル，住民貯蓄残高 7 兆元（1 元＝15 円），国民の外貨貯蓄残高 700 億ドル，世界第 2 位の電気通信ネットワーク規模，世界第 2 位の直接投資吸収国，世界第 3 位の情報通信産業規模，世界第 6 位の貿易国などの「総合的国力」をもつに至る。鄧小平の大号令でスタートした「863 計画」は「ポスト 863 計画」の時代を迎え，2001 年からは中国政府が今後 5 年間に 150 億人民元を投資して技術イノベーションを加速することを計画している。要するに，今後 5 年間における中国政府によるイノベーションへの投資額が過去 15 年間の投資額の 3 倍となるということである。中国の知識型経済への転換の基礎条件はすでに整った。

アジア太平洋地域経済の視点から中国経済とその発展モデルを分析すると，中国の工業化と情報化はアジア太平洋地域内の 2 つの歴史的なチャンスから恩恵を受け取ったと考えられる。まず 1 つは日本を牽引車とするアジアの「雁行型発展パターン」から工業化の波及効果を受け取り，対外開放を通じて経済を発展させるチャンスである。中国は改革開放政策を実施しはじめた 1978 年からアジア通貨危機が発生した 97 年までの約 20 年間で，「雁行型発展パターン」がもたらした工業化を加速させる歴史的チャンスに恵まれ，今日の経済・産業基盤を築き上げることができた。もう 1 つはその後の米国主導のグローバル規模の情報化がもたらした知識型経済を発展させるチャンスである。アジア通貨危機以降の 1998 年から 2001 年までの 3 年間に，中国経済・産業における質の変化が目立ちはじめ，情報革命の波に乗ってワン・ストップ式の発展状態に入っている。

そして 2001 年からは，中国は「西部大開発」，「情報化」，「WTO 加盟」を 3 つの強力なエンジンとして経済の安定かつ持続的成長を実現しようとしている（図 2）。

西部大開発と情報化は国内のインフラ整備市場，個人消費市場の潜在的かつ巨大な需要を喚起し，内需拡大の効果を引き出し，「内的」要因を最大限に生かして安定かつ持続的な成長を支えていく。一方，WTO 加盟は関税の引下げや非関

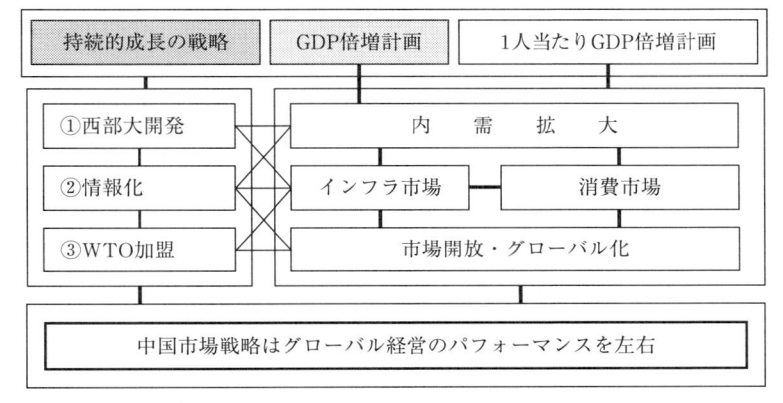

第1章 21世紀，中国の知識型経済へのチャレンジ

図2 中国経済の持続的成長システム（2001～10年）

```
┌─────────────┐ ┌─────────────┐ ┌─────────────────┐
│持続的成長の戦略│ │GDP倍増計画  │ │1人当たりGDP倍増計画│
└─────────────┘ └─────────────┘ └─────────────────┘
┌─────────┐   ┌─────────────────────────────┐
│①西部大開発│   │       内  需  拡  大        │
├─────────┤╳  ├───────────────┬─────────────┤
│②情報化  │╳  │ インフラ市場   │  消費市場   │
├─────────┤╳  ├───────────────┴─────────────┤
│③WTO加盟 │   │     市場開放・グローバル化   │
└─────────┘   └─────────────────────────────┘
┌─────────────────────────────────────────────┐
│ 中国市場戦略はグローバル経営のパフォーマンスを左右 │
└─────────────────────────────────────────────┘
```

資料：筆者作成．

税障壁の撤廃により，市場開放を敢行すると同時に，国有企業の改革を大きく加速させる。またWTOルールの国内各分野への浸透を通じて経済のグローバル化に対応できるように体質を改善し，安定かつ持続的な経済成長に有利な環境をつくりだそうとしている。以下では，中国経済の持続的成長を有力に推進していく3つのエンジンについて詳細に分析してみよう。

2. 西部大開発：経済大国を目指す重要な一歩

(1) 西部地域：新世紀，アジア大陸における地域大開発の舞台

　中国の西部地域は西北の5省・自治区（西省，甘粛省，青海省，寧夏自治区，新疆自治区）と西南5省・自治区・1直轄市（四川省，貴州省，雲南省，広西自治区，チベット自治区，重慶市）および内モンゴル自治区から構成される内陸地域を指している（図3）。西部地域の土地面積は689.8平方km^2で，これは中国全土の約70％，日本国土の約18倍に相当している。2000年に，西部地域の人口は3億6,000万人で，これは中国人口の約30％，日本人口の約3倍である。中国には

図3　中国の西部地域とその概要

地域構成
西北5省・区，西南5省・区と1直轄市，東北1区（5の少数民族自治区）

土地面積
689.8km²，全国国土の70%
（日本国土の18倍に相当）

人　　口
3億6,000万人，全国人口の30%
（日本の人口の3倍に相当）

民　　族
38の少数民族（全国56）
30の少数民族が国境を越え居住

国境線と国境に接する国・地域
国境線：16,573.45km，シルクロードの地　ロシア，中央アジア5ヵ国，モンゴル，パキスタン，インド，東南アジア3ヵ国と国境を接する．

資料：日立総研．

56の少数民族がいるが，そのうち38の少数民族が西部地域に居住し，しかも国境を超えて居住しているものが多い。歴史上のシルクロードの地でもある西部地域はロシア，中央アジア5ヵ国，モンゴル，パキスタン，インド，東南アジア3ヵ国と国境を接し，国境線が16,573キロにも及んでいる。

　地域開発と経済発展の関係からみると，西部の内陸地域は東部の沿海地域と比べて相当な遅れをみせているが，天然資源の保有量からみると，西部地域の優位性が目立つ。例えば，西部地域は希土類資源の保有量が全国の80%，世界の75%にも達し，石油と天然ガスの保有量は全国の50%と80%にそれぞれ達している。中国の天然資源総量ランキングには，西部地域の10省・自治区が上位12位に入っている。西部大開発の1つの重要なミッションは，これらの豊富な資源を開発，利用し，21世紀の新しいエネルギー・環境戦略を展開することである。

(2)　大開発の戦略目標：10数億人規模の統一大市場の形成

　西部大開発の戦略目標は2001年から30年間にかけての3つの段階に分かれる。

図4　大西部開発の戦略目標と戦略方針

戦略目標	2001年から，30年間をかけて3つの段階で西部開発を推進
	第1段階（2001〜2005年）：インフラ整備を中心，基盤づくり 第2段階（2006〜2015年）：都市化，産業の高度化を推進 第3段階（2016〜2030年）：東西経済格差の縮小，グローバル化

戦略方針	1つの橋，1つの大河，1つの出海口に沿って開発を推進
	1つの橋：アジア欧州大陸橋，シルクロードの現代版 1つの大河：長江「黄金水道」，中国の経済中心地上海に繋ぐ 1つの出海口：広西自治区の北海港，西南地域の海への通路

西北部の西安，蘭州，ウルムチ，西南地域の重慶，成都，昆明の6つの中心都市を開発の重点に，周辺地域へと波及していく

資料：筆者作成．

　第1段階（2001〜05年）では，西部地域のインフラ整備を中心に，社会と経済発展の基盤をまずつくる。第2段階（2006〜15年）では，西部地域の都市化と産業の高度化を推し進める。そして第3段階（2016〜30年）では西部地域と東部地域との経済格差を縮小し，西部地域経済のグローバル化を大きく前進させる。

　この3段階の戦略目標を実現するため，中国は「1つの橋」，「1つの大河」，「1つの出海口」といった交通動脈に沿って大開発を推進していく戦略方針を打ち出している。ここで，「1つの橋」とは「シルクロードの現代版」といわれるアジア欧州大陸橋を指し，「1つの大河」とは西部地域と中国の経済中心地である上海を繋ぐ「黄金水道」である長江を指し，また「1つの出海口」とは西部地域の唯一の海への通路である広西自治区の北海港を指している。開発の最初の段階では，この3つの交通動脈に沿って，西北の西安，蘭州，ウルムチ，西南地域の重慶，成都，昆明の6つの中心都市を重点として開発を推進し，その効果を周辺地域へと波及させていく。これはいわゆる「線」に沿った「点」から「面」へ拡大していく開発方針である（図4）。

　西部大開発の戦略目標が計画どおり実現されるならば，その戦略的意義は非常に大きい。一般的に西部大開発は内陸地域の西部と沿海地域の東部と経済格差是

正を目的とした地域開発と理解されているが，実際には，これは西部大開発の狙いの1つにすぎない．中国は西部大開発を通じて経済発展が進んでいる東部地域と開発が遅れている西部地域との経済・産業における補完関係を形成し，これによって国内の「内的循環」を作り出すことも目的としている。またアジア欧州大陸橋に沿った地域開発により，中国経済が中央アジア，中近東地域へと「西進」することが期待される。そしてさらには，広西自治区の北海港という出海口の活用により，西部地域の経済発展が東南アジアと連動する「南下」の可能性も期待される。したがって，21世紀の経済大国を目指す中国にとって，西部大開発は国内における東西地域間の補完関係の形成と，世界経済における戦略ポジションの向上という両面でその戦略的意義が非常に大きいわけである。

　すでに述べたように，西部大開発は中国の内需拡大による経済の安定かつ持続的な成長の重要な一環として位置づけられるが，では，西部大開発により，どのような内需拡大の効果が期待できるのであろうか。ここでは，インフラ整備市場と国内の統一大市場の形成という2点から考えてみよう。まず，前述したように，大開発の第1段階には西部地域におけるインフラの整備，経済発展の基盤づくりが主な内容となる。中国政府系シンクタンクの推測によると，西部地域のインフラ整備の市場規模は1兆人民元にも及ぶ。西部大開発の看板プロジェクトといわれる「西電東送」（図5），「西気東輸」（図6）はそれぞれ1,000億人民元の投資規模となる。

　次に，国内統一大市場の形成について考察する（図7）。地域発展の不均衡により，現在の中国市場は進んでいる東部地域市場と遅れている西部地域市場の2つに分断されている。1980年代初頭からの沿海地域開発戦略により，「インフラ・ブーム」（80年代から），「家電ブーム」（90年代前半），「ITブーム」（90年代後半から）が沿海地域の東部に巻きおこった。現在では，「マイホームブーム」，「マイカーブーム」が北京，上海，広州などの東部地域の大都市で始まっているところである。これらのブームは今日の中国市場の需要を支えると同時に，中国市場を従来の「売り手市場」から現在の「買い手市場」へとを変えた。一方，21世紀初頭から実施される西部大開発は内陸地域の西部でも「インフラ・ブーム」，「家電ブーム」，「ITブーム」を喚起し，インフラ整備市場と個人消費市場からなる

図5　西部大開発と「西電東送」プロジェクト

- 市場規模：1,000億人民元
- 「西電東送」は「北線」，「中線」，「南線」3つの部分から構成される
- 「西電東送」に市場原理を導入．国家投資以外，BOT方式，利用者投資，売電の入札制も導入
- 西南地域の水利資源が豊富で，潜在発電容量は12,255万kwと推定されている．現在の利用率はわずか10%
- 西電東送は沿海地域の環境保護にも大きく貢献できる

資料：日立総研．

図6　西部大開発と「西気東輸」プロジェクト

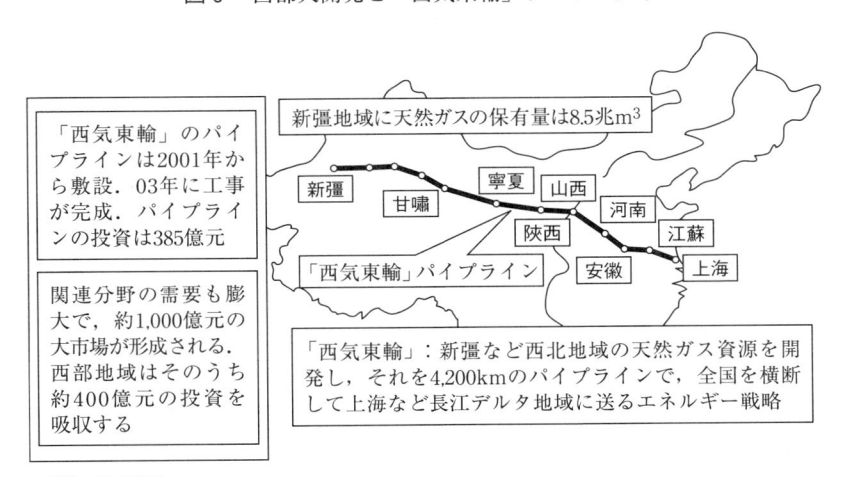

- 「西気東輸」のパイプラインは2001年から敷設．03年に工事が完成．パイプラインの投資は385億元
- 関連分野の需要も膨大で，約1,000億元の大市場が形成される．西部地域はそのうち約400億元の投資を吸収する
- 新疆地域に天然ガスの保有量は8.5兆m³
- 「西気東輸」：新疆など西北地域の天然ガス資源を開発し，それを4,200kmのパイプラインで，全国を横断して上海など長江デルタ地域に送るエネルギー戦略

資料：日立総研．

内需を拡大すると同時に，西部地域市場と東部地域市場の統合を推し進め，真の10数億人規模の統一大市場が形成される．こうして，西部大開発は巨大な市場需要を喚起し，世界経済における中国のポジションをいっそう高めることになる．

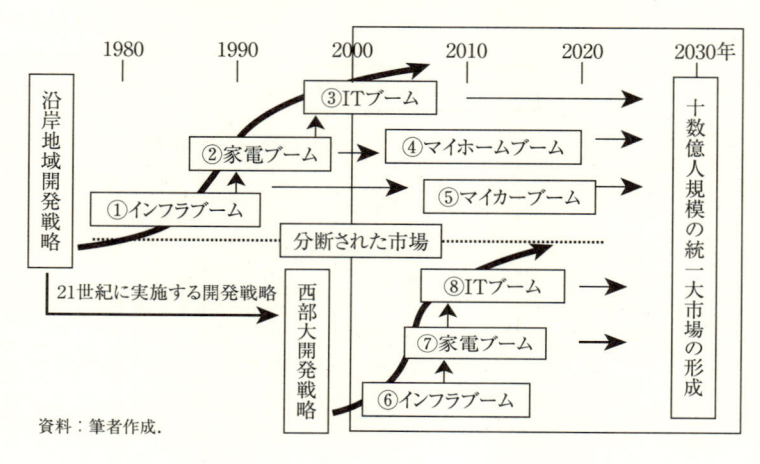

図7　西部大開発と10数億人規模の統一大市場の形成

沿海地域開発戦略・西部大開発戦略と巨大市場の形成

```
                1980    1990    2000    2010    2020    2030年
 沿                              ③ITブーム
 岸                     ②家電ブーム        ④マイホームブーム              十
 地                                                              数
 域        ①インフラブーム              ⑤マイカーブーム              億
 開                                                              人
 発                    分断された市場                                規
 戦                                                              模
 略                                                              の
                                                                 統
        21世紀に実施する開発戦略     ⑧ITブーム                       一
                            西                                    大
                            部    ⑦家電ブーム                      市
                            大                                    場
                            開    ⑥インフラブーム                    の
                            発                                    形
                            戦                                    成
                            略
```

資料：筆者作成．

3. WTOへの加盟：グローバル経済への融合

(1) WTO加盟：中国はグローバル市場で頭角を現す契機

　西部大開発が内需拡大，地域間経済格差の是正，国内統一大市場の形成など「内的活性化」あるいは「内的循環」を通じて中国経済の安定かつ持続的成長を支えていくのに対し，WTO加盟は「外的圧力」あるいは「外的チャンス」を巧妙に活用し，中国経済の市場化とグローバル化を加速させるプロセスである。中国のWTO加盟は2000年の米中合意，EU―中国合意を契機に2ヵ国間の交渉が妥結し，01年に，WTO加盟の条件に関する法律文書を作成する多国間交渉も完成し，01年11月に，カタールでのWTO閣僚会議で中国の加盟が承認され，12月11日，中国はWTOに正式加盟することになった。これにより，中国は経済，産業，貿易，外国からの直接投資，労働・雇用，台湾問題，対米関係などの分野で，多くのメリットを享受できると同時に，さまざまなデメリット，あるいは加

盟ショックを受けることも予想される。

　中国にとって，WTO 加盟の最大のメリットは貿易と外国からの直接投資という2つの分野で現れる。中国政府系シンクタンクの予測によると，WTO に加盟すると，中国の製品とサービスは WTO 加盟の 135 ヵ国・地域から安定的に最恵国待遇を享受することができ，先進諸国から工業製品と半製品に対する普遍優遇待遇（GSP）を享受することもできる。これにより，中国の輸出がさらに拡大され，中国の貿易額が 1998 年の 3,240 億ドルから 2005 年の 6,000 億ドルまでに増加することになる。また，WTO 加盟に伴う市場開放，西部大開発にもたらす内需市場の拡大は外国からの直接投資の増加を導き，対中国の直接投資は 1998 年の 450 億ドルから 2005 年 1,000 億ドルに増加すると予測されている。一方，WTO 加盟のデメリット，すなわち WTO 加盟ショックも大きいと指摘されている。特に競争力の弱い自動車産業，医療産業，金融・銀行・保険などのサービス産業においては，市場開放に伴う欧米企業の進出により，従来の国有企業の独占体制が解体されると同時に，業界の再編や市場の再分割により，3分の1の国有企業が倒産し，約 1,000 万人の失業者が出ると予想されている。しかし，一般的には初期のデメリットは大きいが，中長期的に見れば，やはりメリットの方が大きいと言われている。中国経済の安定かつ持続的成長にとって，WTO 加盟が西部大開発と相乗する効果をもたらすことは間違いないであろう。

(2)　「モノの貿易」と「サービスの貿易」：市場開放のインパクト

　中国は WTO のメンバーとなり，世界貿易体制の中の一員として権利を享受すると同時に，義務を果たさなければならない。関税の引下げ，非関税障壁の撤廃，サービス市場の開放などに加え，知的所有権保護の強化，外国企業に対する内国民待遇の実施，貿易に関連する行政の透明化なども果たすべき義務となる。これらの義務が課されることによって，投資環境が改善され，外資による直接投資増加の好循環が形成されると考えられる。

　では，WTO 加盟に伴う中国の市場開放がどのようなプロセスで行われるのか。ここでは，「モノの貿易」と「サービス貿易」という2つの側面から検証してみ

よう。

　まず，「モノの貿易」について，「関税の引下げ」と「非関税障壁の撤廃」という2つのプロセスを分析してみる。「関税の引下げ」では，中国が工業製品の平均関税率を2000年の15%から05年の10%に引下げるとされるが，品目によって引下げの幅が異なる。例えば，半導体，コンピュータ，通信設備などIT製品の関税率はその大半が2000年の13%から03の0%になり，残った部分が05年に0%に引下げられる。自動車の関税率は3段階に分けて引下げられ，現行の80～100%以上から06年7月1日に25%までに引下げられる。化学工業製品の平均関税率は現行の約11%から段階的に引下げられ，08年に7%になるとされている。次に「非関税障壁の撤廃」であるが，現在，中国は385品目に数える製品の輸入に対して輸入数量の割当て制度，輸入許可証制度と特定の入札制度を実施している。これらの非関税障壁はWTOに加盟した以降，5年間の猶予期間で段階に撤廃されることが決まっている（図8）。

　次に，「サービス貿易」での市場開放について，「情報通信」，「金融」，「物流」の3つの分野から検証してみよう。サービス市場の開放は「外資規制緩和」と

図8　モノの貿易と中国市場開放の時間表

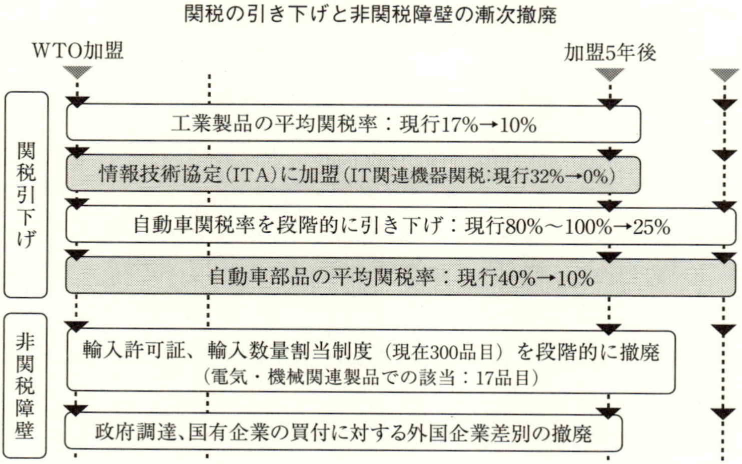

関税の引き下げと非関税障壁の漸次撤廃

関税引下げ	工業製品の平均関税率：現行17%→10%
	情報技術協定(ITA)に加盟(IT関連機器関税：現行32%→0%)
	自動車関税率を段階的に引き下げ：現行80%～100%→25%
	自動車部品の平均関税率：現行40%→10%
非関税障壁	輸入許可証、輸入数量割当制度（現在300品目）を段階的に撤廃（電気・機械関連製品での該当：17品目）
	政府調達、国有企業の買付に対する外国企業差別の撤廃

資料：日立総研．

「地域制限撤廃」という2つのプロセスにより進められる。ここでいう「外資規制」とは主に事業分野，業務範囲，出資比率の面から外資の参入を規制することを指し，「地域制限」とは進出地域の面から外資の活動を制限することを指している。WTO加盟により，中国はこれらの外資規制を大幅に緩和し，地域制限も段階的に撤廃すると約束している。例えば，情報通信分野について，中国WTO加盟交渉に関する「米中合意」によれば，「規制緩和」により，WTOに加盟すると同時に，インターネット業務が外資に開放される。また，加盟してから1～5年間に，外資による情報通信分野への出資比率がいくつかの段階に分けて従来の0％から50％までに緩和されることになる。そして「地域制限」の撤廃としては，WTOに加盟すると同時に，外資の北京，上海，広州3地域の付加価値通信・基本通信事業への市場参入が許可され，また加盟の2年後，付加価値通信業務の外資に対する進出地域の制限が撤廃され，さらに加盟5～6年後には，基本通信業務の外資に対する進出地域の制限が撤廃されるとされている（図9）。一方，中国WTO加盟交渉に関する「EU―中国合意」では，情報通信市場の開放における「外資規制緩和」と「地域制限撤廃」といったプロセスが「米中合意」より

図9　サービス貿易：情報通信市場開放の時間表（米中合意による）

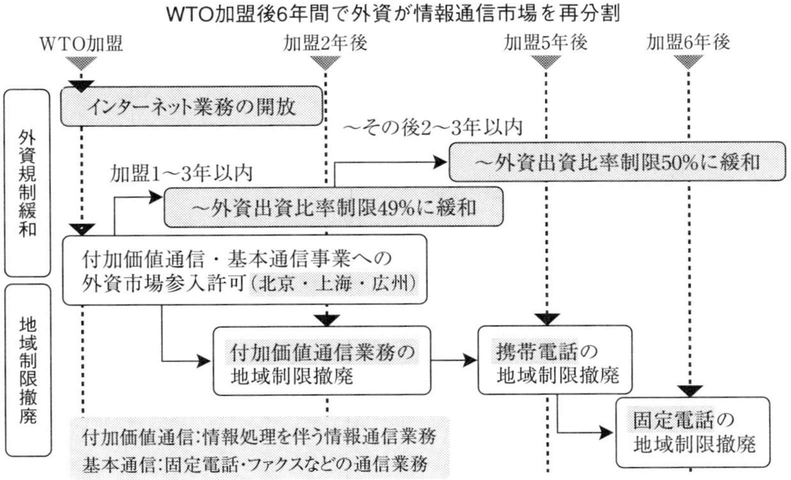

WTO加盟後6年間で外資が情報通信市場を再分割

	WTO加盟	加盟2年後	加盟5年後	加盟6年後
外資規制緩和	インターネット業務の開放	加盟1～3年以内 ～外資出資比率制限49％に緩和	～その後2～3年以内 ～外資出資比率制限50％に緩和	
地域制限撤廃	付加価値通信・基本通信事業への外資市場参入許可（北京・上海・広州）	付加価値通信業務の地域制限撤廃	携帯電話の地域制限撤廃	固定電話の地域制限撤廃

付加価値通信：情報処理を伴う情報通信業務
基本通信：固定電話・ファクスなどの通信業務

資料：日立総研．

さらに加速されることになっている。例えば，EU は中国の移動体通信市場で 80% のシェアをもつ欧州企業の利益を守るため，移動体通信やデータ通信などの基本通信市場の開放で，WTO 加盟の3年後には，外資出資比率に関する規制緩和，進出地域に関する制限の全面的撤廃といった譲歩を中国から引き出した。

サービス貿易においては，銀行，証券，保険など金融分野の市場開放および，流通，専門サービス分野の市場開放も「規制緩和」と「地域制限撤廃」といった同様のプロセスによって行われる（図10）。従来，国有企業に独占されていた分野および，厳しい外資規制や地域制限により保護された市場は WTO 加盟に伴って開放され，これから数年の間で，グローバル大競争が中国市場の勢力地図を一気に変えるであろう。

図10　サービス貿易：金融分野の市場開放とその時間表

金融分野：外資参入規制緩和を段階的に推進

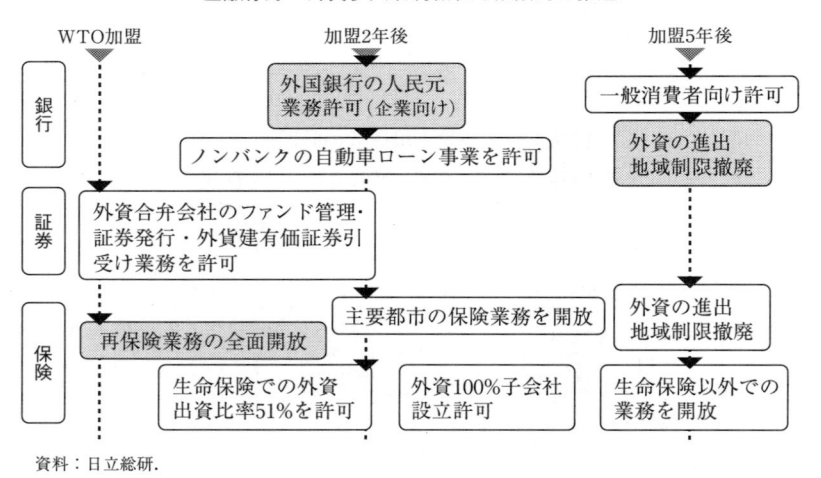

資料：日立総研．

4. 「デジタル中国」：知識型経済の基盤づくり

(1) 情報通信大国のシナリオ

　情報化は中国経済の安定かつ持続的な成長を推し進めるもう1つの有力なエンジンとなっている。実際には，中国の情報化はグローバル範囲で広がる情報革命との連動，知識型経済の発展という2つの面で重要な意義をもっている。

　中国の情報化は次の3つの内容で推進されている。第1に情報通信産業の発展，第2に情報技術による工業化の加速，そして第3に国民経済と社会の情報化の実現である。情報通信産業の発展については，本書の第6章と第7章で分析しているので，ここでは，中国の国民経済と社会の情報化とその全体像について考察してみよう。「デジタル中国」は中国の国民経済と社会の情報化を実現する1つの目標である。具体的に言えば，「政府上網（政府オンライン）」，「企業上網（企業オンライン）」，「家庭上網（家庭オンライン）」をはじめとする国家情報化プロジェクトの推進を通じて国民経済と社会全体の情報化レベルを高め，中国と先進諸国との間の「情報化格差」を縮小することであるといえる（図11）。

　中国は1990年代初期から情報通信インフラの整備に力を注いで，「三金工程」と呼ばれる金融情報化，税関情報化，税務情報化の国家情報化プロジェクトをスタートさせた。さらに，1998年を「電子商取引元年」として，政府と企業間の電子商取引（G2B），企業間電子商取引（B2B）を重点的に展開し始めた。翌年，99年を「政府上網年（政府オンライン元年）」と指定し，中央政府各省庁，地方政府の情報化をスタートした。そして2000年を「企業上網年」，つまり「企業オンライン元年」として，数十万社の中小企業を対象とする企業の情報化を軌道に乗せた。また「家庭上網（家庭オンライン）」が目指す家庭の情報化，「校校通（小中学校すべてオンライン）」が目指す全国70万校の小中学校の情報化，「三網合一（ケーブルテレビネットワーク，電信ネットワーク，インターネットの統合）」が目指す地域の情報化は2000年に一気に推し進められることになった。個人の情報化

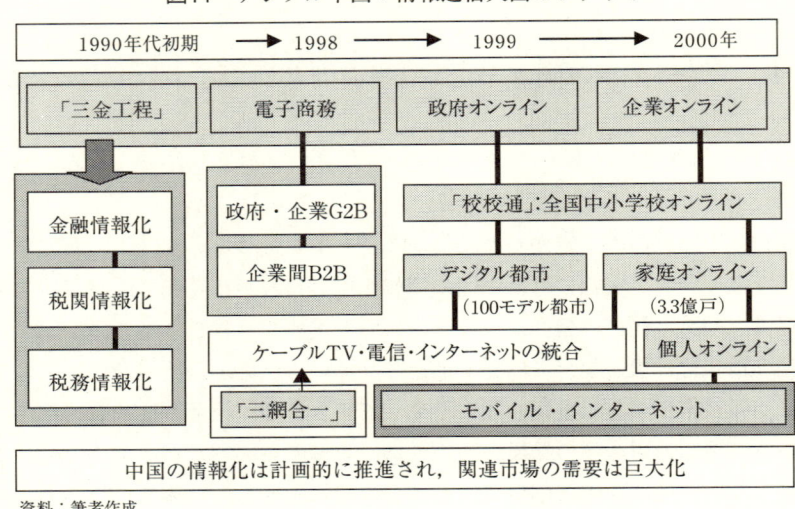

図11 デジタル中国：情報通信大国のシナリオ

```
1990年代初期 → 1998 → 1999 → 2000年
```

| 「三金工程」 | 電子商務 | 政府オンライン | 企業オンライン |

- 金融情報化
- 税関情報化
- 税務情報化

- 政府・企業G2B
- 企業間B2B

- 「校校通」：全国中小学校オンライン
- デジタル都市（100モデル都市）
- 家庭オンライン（3.3億戸）
- 個人オンライン

ケーブルTV・電信・インターネットの統合
「三網合一」
モバイル・インターネット

中国の情報化は計画的に推進され，関連市場の需要は巨大化

資料：筆者作成．

の象徴的な出来事として，2001年3月，中国の携帯電話ユーザー数が1億人を突破し，「移動互聯（モバイルインターネット）」の時代に入った。

　中国の情報化は膨大な需要を喚起し，内需拡大による経済成長を支える1つの柱となっている。例えば，情報通信インフラ市場，コンピュータ市場，電子商取引市場，携帯電話市場は「政府オンライン」，「企業オンライン」，「家庭オンライン」，「校校通」の小中学校オンライン，個人の情報化など一連のプロジェクトの実施により，急速に拡大している。1996～2000年までの5年間に，中国の情報通信への累計投資総額が8,000億人民元を超え，中国の電気通信ネットワーク規模はアメリカに次いで世界第2位にのし上った。国民経済と社会の情報化のためのインフラ基盤は一定の水準に達したともいえる。

　中国は今後5～10年間の情報化に関して次の5つの重点事業を全力で推し進めようとしている。すなわち，① 情報インフラ整備：最新世代の高速情報伝送幹線ネットワークとブロードバンドインターネット網の建設，② 電子政府：政府ネットワークのプラットフォームの構築，中央と地方との政府間業務用情報ネットワークの建設，③ 電子商取引の枠組み構築：金融支払・決済システムと全国

の物流配送システムの建設，④ 都市情報化：ブロードバンド技術の導入による「三網合一」の推進，⑤ 移動通信：第3世代移動体通信（3G）の研究開発と産業化の実現である。

上述した情報化重点事業の実施により，2005年には，中国は世界最大の通信市場となる。特に移動体通信ネットワーク規模が世界一となり，携帯電話ユーザー数も世界一で約3億人に達すると予測されている。また中国のインターネット市場規模は世界3位になり，ネットワークに接続するコンピュータ数が4,000万台，インターネットユーザー数が1.5億戸を超え，しかもそのうちの20％がブロードバンド・ユーザーであると予測されている。

(2) 中国の電子政府とそのモデル事業

中国は1999年から「政府上網（政府オンライン）」と呼ばれる電子政府プロジェクトをスタートし，1年後の2000年末，中央政府では80％の省庁がオンライン化を実現している。また全国各地方では「100都市電子政府評価モデル計画」が推進され，地方政府のオンライン化も進展を見せている。地方行政の電子化はまずインターネットによる情報公開からスタートし，政府機関内の業務電子化を経て，市民サービスの電子化へと発展していく。

「10・5計画」期間中の目標は，2005年に政府行政（G2G）の60％以上，政府による公共サービス（G2BとG2C）の30％以上をネット上で行うことであり，これによって行政改革，政府の役割の変革を促そうとしている（図12）。ここで，中国電子政府のいくつかのモデル事業を取り上げてその進展状況を考察してみる。

① 中国の社会保障ICカードシステムプロジェクト

これは政府の労働・社会保障など関連行政の電子化，企業や市民向けの労働・社会保障など公共サービスのオンライン化を実現するプロジェクトである。中国は1999年に「社会保障ICカードアプリケーションシステム建設総体構想」を策定し，「全国統一計画・地方実施」の方針で同事業を推進しはじめた。現在，北京，上海，武漢などの大都市が「労働と社会保障省」に指定された試行都市とし

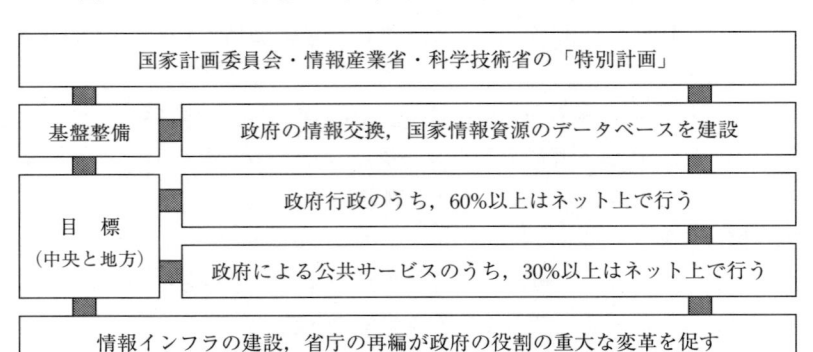

図12 「10・5計画」期間中，中国の電子政府発展の方針と目標

国家計画委員会・情報産業省・科学技術省の「特別計画」

基盤整備	政府の情報交換，国家情報資源のデータベースを建設
目　標 (中央と地方)	政府行政のうち，60％以上はネット上で行う
	政府による公共サービスのうち，30％以上はネット上で行う

情報インフラの建設，省庁の再編が政府の役割の重大な変革を促す

資料：筆者作成．

て労働・社会保障行政の電子化を試行している。2001年12月に，上海と武漢がそれぞれ650万枚と320万枚の「社会保障（個人）ICカード」を発行し，関連システムの試験を行っている（図13）。

② 対外経済貿易行政の電子化と「電子口岸（電子通関）」の実現

中国の対外経済貿易協力省は電子政府を実施する先進省庁である。同省の主導で，国際貿易関連の行政が電子化し，政府による企業への公共サービスもオンライン化を実現している。同省は「中国国際電子商取引推進計画」を策定し，2005年には輸出入ビジネスを行う企業の70％が電子商取引を利用できるように環境を整備している。現在，同省の「中国国際電子商務ネットワーク」を通じて，「全国輸出入割当て額許可証照合管理」，「全国ネット上電子入札」，「全国輸出入許可証オンライン申請・受領」，「全国輸出入統計情報ネットワークサービス」，「全国加工貿易オンライン許認可」，「全国原産地証明書オンライン申請・受領」など貿易行政の電子化サービスがすでに実用化されている。そのうち，「全国ネット上電子入札」は1999年1月，まず紡績製品輸出割当て額電子入札の実施からスタートし，現在，対外経済貿易省で扱われている輸出入商品に関する入札業務がすべて電子入札で行われている。2000年10月まで，合計94回の電子入札が実施され，ネット上で入札に参加した企業は2万社を超え，ネットワークを

第1章　21世紀，中国の知識型経済へのチャレンジ

図13　電子政府モデル事業：中国の社会保障ICカードシステムプロジェクト

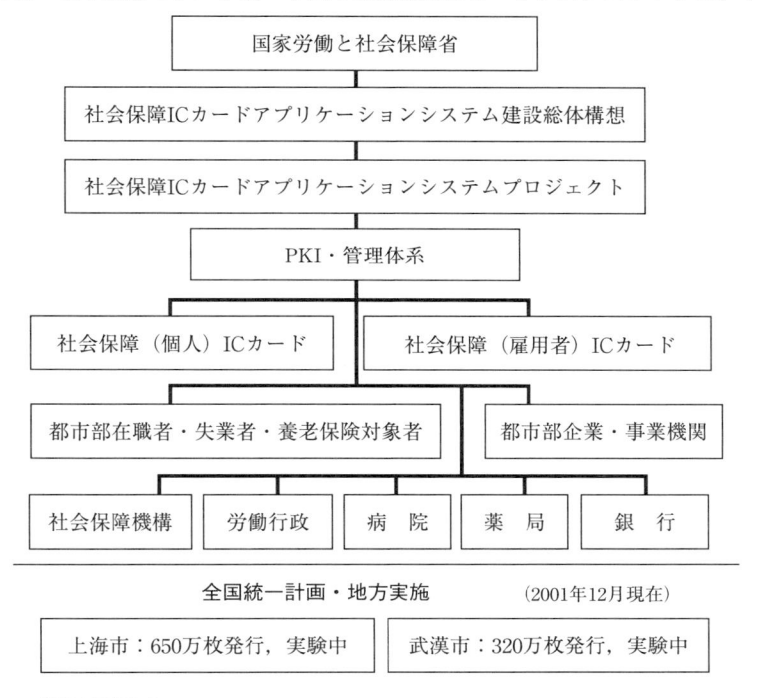

```
                    ┌─────────────────────────┐
                    │    国家労働と社会保障省    │
                    └─────────────────────────┘
                                │
            ┌───────────────────────────────────────────┐
            │ 社会保障ICカードアプリケーションシステム建設総体構想 │
            └───────────────────────────────────────────┘
                                │
            ┌───────────────────────────────────────────┐
            │ 社会保障ICカードアプリケーションシステムプロジェクト │
            └───────────────────────────────────────────┘
                                │
                    ┌─────────────────────┐
                    │    PKI・管理体系     │
                    └─────────────────────┘
                       │                │
        ┌──────────────────────┐  ┌──────────────────────┐
        │ 社会保障（個人）ICカード │  │ 社会保障（雇用者）ICカード│
        └──────────────────────┘  └──────────────────────┘
                   │                           │
    ┌──────────────────────────────┐  ┌──────────────────────┐
    │ 都市部在職者・失業者・養老保険対象者 │  │  都市部企業・事業機関  │
    └──────────────────────────────┘  └──────────────────────┘
           │
  ┌──────────┬──────────┬──────────┬──────────┬──────────┐
  │社会保障機構│ 労働行政 │  病 院   │  薬 局   │  銀 行   │
  └──────────┴──────────┴──────────┴──────────┴──────────┘
```

全国統一計画・地方実施　　　（2001年12月現在）

| 上海市：650万枚発行，実験中 | 武漢市：320万枚発行，実験中 |

資料：筆者作成．

通じて提出された入札書類は合計23,000部に達した。これにより，貿易行政の効率性が高められるだけでなく，公平，公開，透明性が保証されることになっている（図14）。また，税関行政の電子化では，輸出入の統計システム，輸出の税金還付システム，割当て額・許可証システムなど輸出業務関連の行政管理アプリケーションシステムがすでに実用化されるといった効果が上がっている。

「電子口岸（電子通関）」は対外経済貿易の分野における電子政府の1つのモデル事業として注目されている（図15）。これは対外経済貿易省，税関総署など国家12の省庁の連合で実現されている国際貿易・税関関連業務の電子化，企業の通関手続きのオンライン化を内容とする，電子政府と電子商取引の一体化事業である。2001年6月には，中国は全国で電子通関を実施した。そして同年7月，

図14 中国対外経済貿易行政の電子化とその仕組み

```
[対外経済貿易省] [税関総署] [税関総局] [外貨管理総局] [検疫局]
[国家統計局]    中国国際電子商務ネットワーク      [銀 行]
[全国98の都市]                              [海外貿易駐在事務所]
      Chinamarket.com.cn  Chinainvest.com.cn  Techfair.com.cn

[輸出入割り  ][ネット上  ][輸出入許可証 ][加工貿易  ][電子口岸  ][原産地証明書 ]
[当て額許可書][電子入札  ][オンライン申 ][オンライン][(電子通関)][オンライン申]
[照合管理  ]          [請・受領    ][許認可  ]          [請・受領   ]
```

資料：筆者作成．

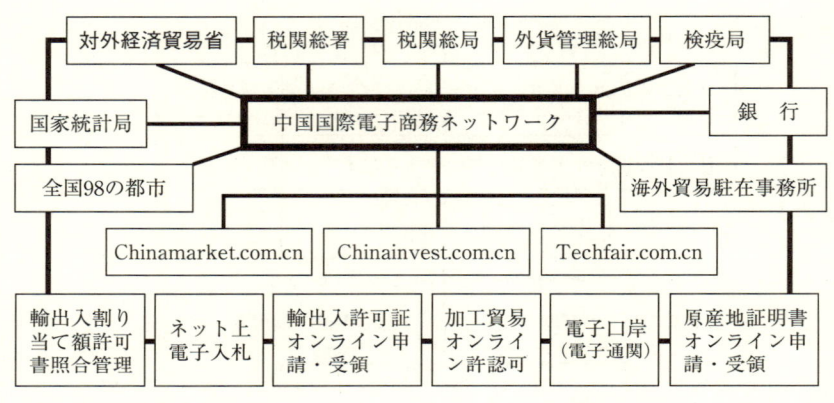

図15 中国「電子口岸（電子通関）」の仕組み

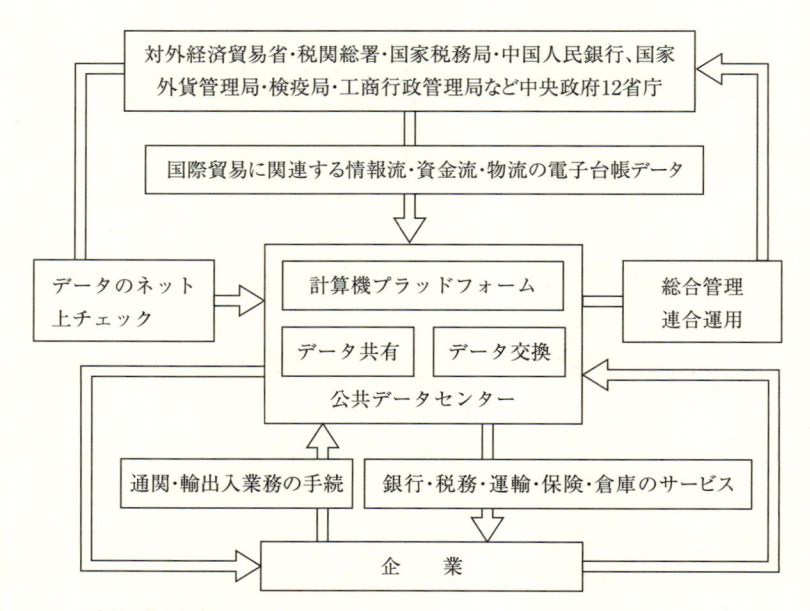

```
         対外経済貿易省・税関総署・国家税務局・中国人民銀行、国家
         外貨管理局・検疫局・工商行政管理局など中央政府12省庁
                        ↓
         国際貿易に関連する情報流・資金流・物流の電子台帳データ
                        ↓
[データのネット ]→  計算機プラットフォーム   ←  [総合管理 ]
[上チェック   ]     [データ共有][データ交換]    [連合運用 ]
                    公共データセンター
                        ↑
         [通関・輸出入業務の手続][銀行・税務・運輸・保険・倉庫のサービス]
                        ↓
                     企 業
```

資料：筆者作成．

10万社の企業が電子通関専用のICカードを受領したという。

　そのほか，税務行政の電子化では，「金税プロジェクト」の建設により，全国の税金徴収管理ネットワークを通じて税金の徴収，管理のオンライン化が実現された。2000年10月に，オンラインによる税徴収を行う事業所数は全国税徴収事業所総数の50%に達している。また，税務機関のコンピュータ情報システムは全国1,600万戸の納税者の情報を管理している。情報システムの処理による納税額は年額6,000億人民元以上に達し，これは全国工商税収入の70%を占めているという。中国は脱税対策においても，電子行政のメリットを最大限に生かしている。02年から導入される予定の「電子領収書計画」はその例である。電子領収書計画は「金税プロジェクト」の一部である。中国国家税務総局は脱税と不正を防止するため，03年1月1日から全国で手書き専用領収書を廃止し，工商企業で電子領収書を利用する計画を推進している。電子領収書の利用対象は最初，年間売上高100万元以上の工業企業と年間売上高180万元以上の商業企業とする。計画によると，02年1月1日から，1万元以上の手書き領収書を廃止し，03年1月1日からすべての手書き専用領収書を廃止して，その代わりに電子専用領収書を利用することになる。

(3) 電子商取引の環境づくりとモデル事業の推進

　2000年，中国では「企業上網（企業オンライン）」と呼ばれる中小企業を対象とする企業オンラインプロジェクトが始まった。同プロジェクトは2000年に，大型企業100社，中型企業10万社，中小企業100万社のオンライン化を実現し，さらに03年には，700万社企業のオンライン化を実現するとしている。そのうち，60%の企業はインターネットによる商取引に参加し，30%の企業が完全なB2B（調達，物流，販売，電子決済）を実現することを計画している。この計画を実現するため，当面，中国は電子商取引の環境づくりに力を入れている。「10・5計画」期間中，中国は電子署名，身分認証，知的財産権などに関する電子商取引法制度の整備，物流配送システムの建設と企業信用体系，認証体系などの環境整備を推進し，金融，対外貿易，鉄道，鉄鋼，石油化学，自動車，建築材

図16 「10・5計画」期間中，中国の電子商取引発展の政策と方針

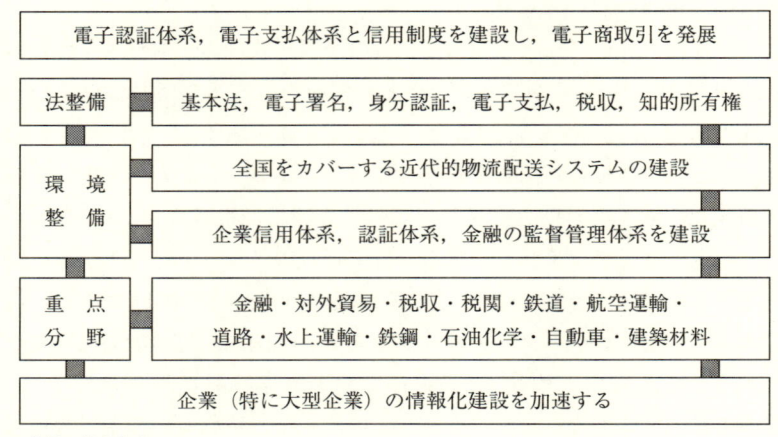

```
┌─────────────────────────────────────────────────────────────┐
│  電子認証体系，電子支払体系と信用制度を建設し，電子商取引を発展  │
└─────────────────────────────────────────────────────────────┘
┌──────┐┌─────────────────────────────────────────────────┐
│ 法整備 ││ 基本法，電子署名，身分認証，電子支払，税収，知的所有権 │
└──────┘└─────────────────────────────────────────────────┘
┌──────┐┌─────────────────────────────────────────────────┐
│      ││ 全国をカバーする近代的物流配送システムの建設          │
│ 環 境 │└─────────────────────────────────────────────────┘
│ 整 備 │┌─────────────────────────────────────────────────┐
│      ││ 企業信用体系，認証体系，金融の監督管理体系を建設      │
└──────┘└─────────────────────────────────────────────────┘
┌──────┐┌─────────────────────────────────────────────────┐
│ 重 点 ││ 金融・対外貿易・税収・税関・鉄道・航空運輸・         │
│ 分 野 ││ 道路・水上運輸・鉄鋼・石油化学・自動車・建築材料      │
└──────┘└─────────────────────────────────────────────────┘
┌─────────────────────────────────────────────────────────────┐
│        企業（特に大型企業）の情報化建設を加速する                │
└─────────────────────────────────────────────────────────────┘
```

資料：筆者作成．

料などの分野で優先的に電子商取引を実現することを計画している（図16）。

　ここで，特に注目されているのは，中国においては電子政府，電子商取引の実現を保障する法制度の整備の進展である。「中国アメリカ商会（The American Chamber of People's Republic of China）」は2001年5月に発表された『米国企業の中国ビジネス白書』でこの進展を評価している。具体的に言えば，中国は新しい法制の制定と既存の法制の修正・改定という2つの側面から電子政府と電子商取引の法体制を構築している。電子商取引の基本法といった新しい法制度の制定に関しては，中央政府より広東省と上海市といった情報化の先進地域が先行している。2001年内には，広東省と上海市の電子商取引法がそれぞれ成立した。一方，既存の法制度の修正・改定では，中国が電子政府と電子商取引の展開に対応するため，「中華人民共和国合同法（契約法）」，「中華人民共和国専利法（特許法）」，「中華人民共和国海関法（税関法）」などを修正して電子データ形式の書類の法的地位を規定し，その法的効力を認めている。そのほか，電気通信，ネット情報セキュリティ，コンテンツ，インターネットサービス，インターネットアプリケーションとサービスの5つの分野から電子政府と電子商取引関連の法体制を整備している（図17）。

図17　中国の電子政府・電子商取引に関する法制度の整備状況（2001年6月現在）

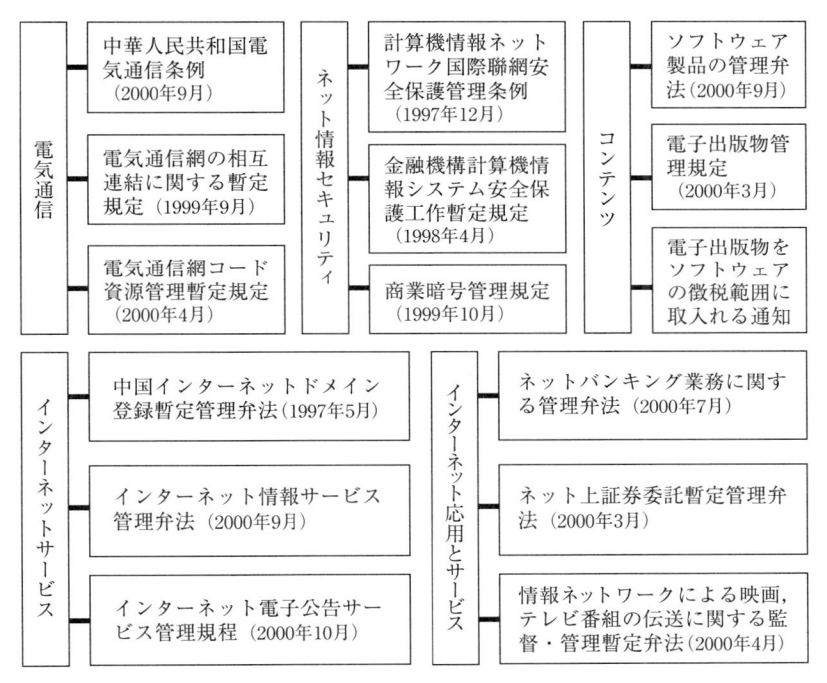

電気通信
- 中華人民共和国電気通信条例（2000年9月）
- 電気通信網の相互連結に関する暫定規定（1999年9月）
- 電気通信網コード資源管理暫定規定（2000年4月）

ネット情報セキュリティ
- 計算機情報ネットワーク国際聯網安全保護管理条例（1997年12月）
- 金融機構計算機情報システム安全保護工作暫定規定（1998年4月）
- 商業暗号管理規定（1999年10月）

コンテンツ
- ソフトウェア製品の管理弁法（2000年9月）
- 電子出版物管理規定（2000年3月）
- 電子出版物をソフトウェアの徴税範囲に取入れる通知

インターネットサービス
- 中国インターネットドメイン登録暫定管理弁法（1997年5月）
- インターネット情報サービス管理弁法（2000年9月）
- インターネット電子公告サービス管理規程（2000年10月）

インターネット応用とサービス
- ネットバンキング業務に関する管理弁法（2000年7月）
- ネット上証券委託暫定管理弁法（2000年3月）
- 情報ネットワークによる映画，テレビ番組の伝送に関する監督・管理暫定弁法（2000年4月）

資料：筆者作成．

　国家レベルで電子商取引の環境を整備すると同時に，中国はまた北京，上海，広州，武漢，成都，寧波など9都市を「国家電子商取引モデル都市」と指定し，地方レベルでの電子商取引の枠組構築を加速させている。ここでは，北京と上海の情報化と電子商取引の推進構想をとってみよう。

　北京は「デジタル北京」とよばれる都市情報化計画を実施し，電子政府と電子商取引のアプリケーションの面で先行している。これに対し，上海は「上海情報ポート」という都市情報化プロジェクトを推進し，全国トップレベルの情報インフラを建設している。本書の第5章で考察するように，北京と上海は「中国のシリコンバレー」の座を争っており，都市の情報化という分野でも「南北対峙」の局面を創り出している。

　「デジタル北京」は「首都の窓」（電子政府）と「首都商城」（電子商取引）を2

図18　「デジタル北京」の枠組

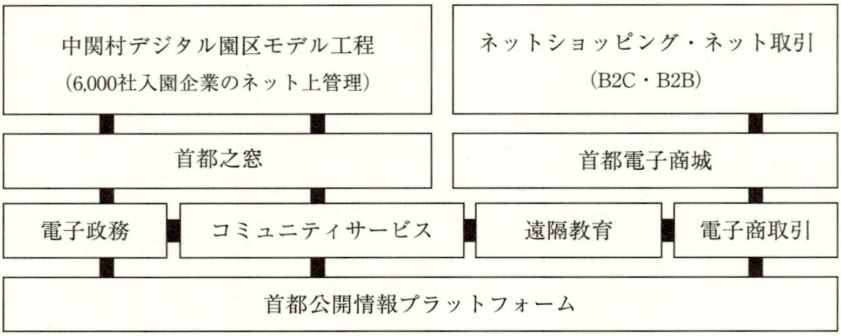

```
┌─────────────────────────────┬─────────────────────────────┐
│   中関村デジタル園区モデル工程      │   ネットショッピング・ネット取引   │
│ (6,000社入園企業のネット上管理)     │        (B2C・B2B)           │
├─────────────────────────────┼─────────────────────────────┤
│         首都之窓              │         首都電子商城           │
├──────────┬──────────────────┼──────────────┬──────────────┤
│  電子政務  │ コミュニティサービス  │   遠隔教育    │   電子商取引   │
├──────────┴──────────────────┴──────────────┴──────────────┤
│              首都公開情報プラットフォーム                      │
└──────────────────────────────────────────────────────────┘
```

資料：筆者作成.

つの柱とする大型都市情報化計画である。北京市政府は今後5年間に300億人民元を投資し，「デジタル北京」の基盤となる「首都公用情報プラットフォーム」を建設し，電子政府と電子商取引のほか，遠隔教育とコミュニティサービスを実現させることを計画している。2008年五輪大会の北京開催は「デジタル北京」の計画を加速する効果をもたらしている（図18）。

上海市は1996年から「上海情報ポート」計画を実施し始め，2000年末，① 集約化情報回線，② 都市ブロードバンドネットワーク，③ ブロードバンド情報交換センター，④ 電気通信ネットワークのブロードバンド化改造，⑤ 中国連通データ通信ネットワーク，⑥ ケーブルTVの双方向システム改造，⑦ スーパーコンピュータセンターなど情報インフラの建設を完成し，全国トップレベルの都市情報インフラを構築した。これを基礎として，上海市は2001年に，次の7大情報ネットワークの建設を完成し，アプリケーションの面で実質的な進展を図ろうとしている。

すなわち，① ATMブロードバンド情報基幹ネットワーク，② IPブロードバンクネットワーク，③ 国際経済貿易EDIネットワーク，④ 社会保障情報ネットワーク，⑤ コミュニティサービスネットワーク，⑥ ゴールドカードと支払いネットワークなどである（図19）。2001年に，上海市は電子商取引の枠組みの構築を完成し，「上海市電子商取引総合プラットフォーム」を基礎として「ネット商店（B2C）」，「EDIシステム（B2B）」を展開する。また，これと同時に，電気

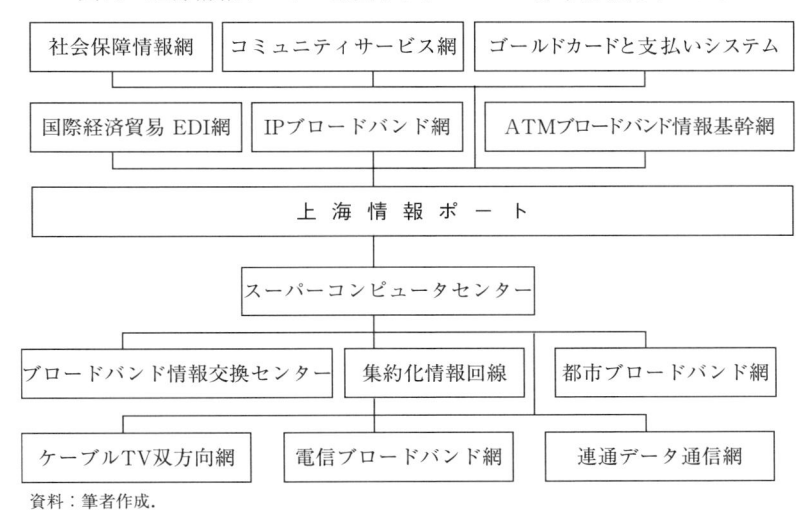

第1章　21世紀，中国の知識型経済へのチャレンジ　　49

図19　上海情報ポート：全国トップレベルの都市情報化インフラ

```
┌──────────────┐ ┌──────────────────┐ ┌──────────────────────┐
│ 社会保障情報網 │ │ コミュニティサービス網 │ │ ゴールドカードと支払いシステム │
└──────────────┘ └──────────────────┘ └──────────────────────┘
┌──────────────────┐ ┌──────────────┐ ┌──────────────────────┐
│ 国際経済貿易 EDI網 │ │ IPブロードバンド網 │ │ ATMブロードバンド情報基幹網 │
└──────────────────┘ └──────────────┘ └──────────────────────┘
┌────────────────────────────────────────────────────────┐
│                   上　海　情　報　ポ　ー　ト                    │
└────────────────────────────────────────────────────────┘
                  ┌──────────────────────┐
                  │ スーパーコンピュータセンター │
                  └──────────────────────┘
┌──────────────────────┐ ┌──────────────┐ ┌──────────────┐
│ ブロードバンド情報交換センター │ │ 集約化情報回線 │ │ 都市ブロードバンド網 │
└──────────────────────┘ └──────────────┘ └──────────────┘
┌──────────────────┐ ┌──────────────────┐ ┌──────────────────┐
│ ケーブルTV双方向網  │ │ 電信ブロードバンド網  │ │ 連通データ通信網    │
└──────────────────┘ └──────────────────┘ └──────────────────┘
```

資料：筆者作成．

機械，自動車，医薬，鉄鋼，物流の5つの産業分野で電子商取引のモデルプラットフォームを構築し，これらの分野で電子商取引を優先的に実現させることも計画している。

(4)　ブロードバンド技術の導入と家庭の情報化

「家庭上網（家庭オンライン）」は「政府上網（政府オンライン）」，「企業上網（企業オンライン）」と並ぶ中国の3大情報化プロジェクトの1つとなっている。現在，「家庭オンライン」はまずネットワークインフラの整備，インターネットアクセスコストの低減，コンテンツの充実から推進されている。中国はデジタル都市やコミュニティの情報化から着手し，「三網合一（ケーブルテレビネットワーク，電信ネットワーク，インターネットの統合）」により家庭オンラインのインフラ基盤を構築して家庭の情報化を進展させる方針を打ち出している。

2001年8月に公表された「第5次全国人口調査の主要なデータ公報」によると，中国の31の省・自治区・直轄市では，世帯数が3.5億世帯で，1世帯の平

均人口が3.4人である。今後5～10年間に，この3.5億世帯のうち，1億世帯の情報化を実現すると計画している。家庭情報化において最も注目されているのは世界最大規模のケーブルテレビネットワークという資源である。中国のケーブルテレビネットワークは幹線の長さが10万kmに及び，国土の90％をカバーしている。ケーブルテレビの加入世帯数は世界トップの1億世帯に達し，アメリカの6,000万世帯より多い。それでも世帯普及率は25％とアメリカの68％より低く，拡大の余地がまだまだ大きい（図20）。

中国は「村村通放送テレビ工程（全国すべての村をケーブルテレビネットワークに接続するプロジェクト）」を実施しており，今後5年間に，ケーブルテレビの加入世帯数は年間新規500万世帯のベースで増加し，2005年に，2億戸に達すると予測されている。2000年から実施されている「家庭オンライン」プロジェクトは，まず既存のケーブルテレビネットワーク資源と1億世帯のケーブルテレビユーザを基礎として，ブロードバンドネットワークの建設を加速し，IP技術を中心とする「三網合一」を推進し，家庭情報化のインフラ基盤を構築しようとしている。前述した上海市の「上海情報ポート」プロジェクトでは，最先端の都市

図20　中国の家庭情報化と「三網合一」

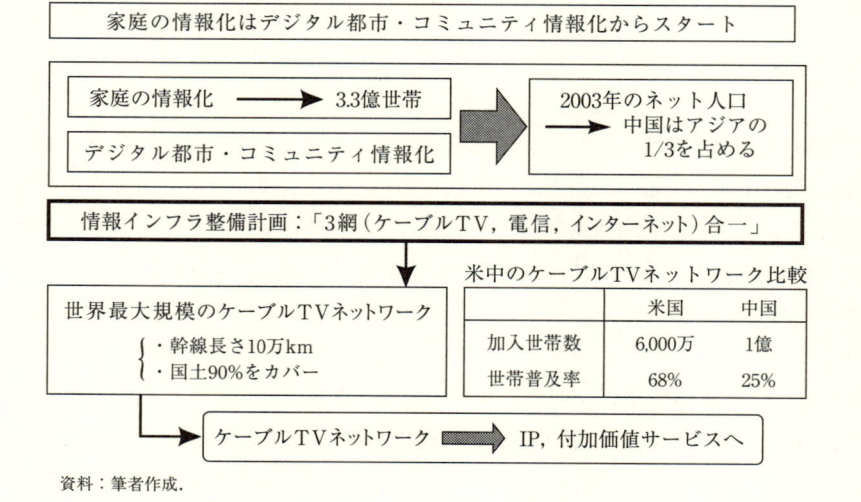

家庭の情報化はデジタル都市・コミュニティ情報化からスタート

家庭の情報化　→　3.3億世帯

デジタル都市・コミュニティ情報化

2003年のネット人口
中国はアジアの1/3を占める

情報インフラ整備計画：「3網（ケーブルTV，電信，インターネット）合一」

世界最大規模のケーブルTVネットワーク
・幹線長さ10万km
・国土90％をカバー

米中のケーブルTVネットワーク比較

	米国	中国
加入世帯数	6,000万	1億
世帯普及率	68％	25％

ケーブルTVネットワーク　→　IP，付加価値サービスへ

資料：筆者作成．

ブロードバンドネットワーク，双方向ケーブル TV ネットワークの建設も進んでいる。

5. 中国の情報化と米国ハイテク企業のグローバル戦略

　「政府オンライン」，「企業オンライン」，「家庭オンライン」という3大プロジェクトを代表とする中国情報化の進展は，IT 製品と IT サービスに対する巨大な需要を喚起し，国内外のハイテク企業に世界有数の IT 市場を提供している。例えば，中国のネットワーク機器に対する需要は急増しており，2001年1～7月に海外から輸入したネットワーク機器の総額は前年同期比2倍増で9億ドルに達した。この輸入増を分析してみると，次の2つの特徴が見られる。まず1つは国有企業の需要に対応する輸入が増えていることで，輸入した9億ドルのネットワーク機器のうち，7億5,000万ドルが国有企業向けとなっている。これは「企業オンライン」プロジェクトがもたらした効果と考えられる。もう1つの特徴は，米国が中国のネットワーク機器市場に対する最大の供給者となっていることで，9億ドルのネットワーク機器のうち，約90％が米国から輸入したものである。これは IT 不況の打撃を受けている米国ハイテク企業にとって唯一の明るい材料であるといってもよい。

　「企業オンライン」プロジェクトの実施は中国の電子商取引市場を大きく拡大させることになる。中国電子商取引研究機関の予測によると，市場規模が2000年の100億ドル未満から05年には520億ドルまで拡大していく。IBM，HP，インテル，コンパック，マイクロソフトなど米国ハイテク企業はこれから拡大する中国電子商取引市場を制覇するため，それぞれの戦略を打ち出し，中国政府の関係省庁や現地の有力な IT 企業と提携してビジネス基盤をつくりつつある（表2）。

　インテルと HP は中国の電子政府，電子商取引の市場に参入すると同時に，中国の教育情報化がもたらす需要に特に注目し，独自の市場開拓戦略を展開している。2000年10月，中国教育省は北京で開催された「全国小中学校情報技術教育工作会議」で，01年から05年までの5年間に，全国小中学校の「校校通工程

表2　米国IT企業：中国電子商取引市場への参入戦略

企業名	ブランド戦略	目　標　市　場	提　携　戦　略	その他
IBM	e-Busesiness	中小企業電子商取引 電子商取引インフラ市場 電気通信市場（モバイルインターネット市場） 鉄鋼・医薬など伝統産業向けの電子商取引ソリューション	中国電信と提携し，電子商取引CA安全認証システムを構築 国家経済貿易委員会中小企業対外協力協調中心と協力し，中小企業の電子商取引事業を推進 中国デジタル情報公司（中国企業ネット）と提携し，大中華圏電子商取引連盟を結成，IBMのe-MaketPlace電子商取引プラットフォーム（IBM中国R&Dの成果）に基づいて産業別の電子商取引事業を展開 China Infobankと提携し，「中小企業電子商取引実施ガイド」を公表，中小企業の電子商取引に指導とサービスを提供 中国ソフトウェア企業と提携しIBM電子商取引データベースDB2汎用データベース7.1版を打ち出す インテル・コンパックと共同で，「デジタル新疆を支持する国際IT企業連盟」を結成し，電子商取引のプラットフォームを構築 北京網商と提携し，商品流通業（小売・卸売業者）に特化したB2Bプラットフォームを開発，ソリューションを提供	中国電子商取引の唱導者 大学と協力して電子商取引人材を育成
コンパック	NonStop（TM）電子商取引	大中華圏B2B市場 鉄鋼，電子，自動車，医療，小売の5大産業の電子商取引市場 移動電子商取引市場（2001年，3,000万ドル投資） 北京，上海，大連でソリューション技術開発	台湾大手企業と「Com2B」を共同設立し，大陸に進出している台湾企業のB2Bに支援 Commerce Oneと提携し，大中華地域5大産業分野の電子商取引市場を開拓 「首都情報発展」と提携して「電子商取引応用モデル中心」を開設，上海電子商取引センターを設立 マイクロソフト，シスコ，オラクル，中国科学院と共同で「西部ePort」を開設，西部の電子商取引プラットフォームを構築，B2B，G2Bを展	新世紀，中国電子商取引のリーダとなる目標 中国を21世紀のグローバル発展戦略の最優先かつ重点地域と位置づけ

企業名	ブランド戦略	目 標 市 場	提 携 戦 略	その他
コンパック		センターを設置（電子商取引関連の投資，今後2年間3,000万ドル）西部地域の電子商取引	開，C社はハードウェア計算プラットフォームの提供，企画，建設，訓練，サービスのサポートを行う 実達電脳と提携し，コンパック実達電子商取引公司を設立 四川電子商務中心を設立 世界最大級の中国医薬ネットワークを構築	2003年，中国市場の売上高目標は12億ドル
HP	e-Service	中小企業市場 プロジェクトビジネス市場（インフラ整備市場） 西部地域電子商取引市場 電子化交通システム	AOL，マイクロソフト，GE，聯想など米中36社と共同で「電子商取引フォーラム」を設立，中国政府と対話 中国大手ポータルサイトSouhuと提携して中小企業を対象とした電子商取引システムを構築，インターネット上に電子商取引用のプラットフォームを提供 中国最大のプロジェクトサイトSino-projects.comと提携し，プロジェクトの資金，設備，製品，技術，入札などの分野で電子商取引を導入，HPの技術，設備，ソリューションを利用 国家経済貿易委員会と提携し，「21世紀中小企業情報化建設訓練モデルプロジェクト」を実施 西安のソフトウェア企業と提携し，西部最大の「電子商取引開発センター」を設立	中国UNIXサーバー市場シェア1位中国のIT市場を推進する要因は1つがWTO，1つが電子商取引（CEO）と認識している
インテル	インテル枠組電子商取引ソリューション（第3世代電子商取引）	モバイルインターネット市場 中小学校教育の情報化市場 家庭・幼児教育市場 西部（四川省）ネット市場（中小企業対象）	中国電信とネットサービスで提携（ホームページ委託管理業務） 中国政府と共同で「インテル中国電子商取引フォーラム」を開催	CEO バレットは6回目訪中 清華大学に電子商取引研究の費用20万ドルを寄付

資料：筆者作成．

(全国の小中学校がすべてオンライン化を実現するプロジェクト)」を実施する計画を決定した。この計画は教育省の「小中学校情報技術基礎教育発展目標」にしたがって情報技術教育の小中学校への普及を目的に実施されるものである。中国は今後5～10年間に，教育関連の情報インフラと教育情報のデータベースを整備することを重点的に推進し，第1段階として2005年に，全国70万校にのぼる小中学校（2.2億人の在学生）のうち，90%をインターネットへアクセスできるようにする。これらのプロジェクトを含め，中国の教育分野だけで，コンピュータの需要は3,000万台を超えると予測されている。HPは中国の教育情報化市場に参入するため，小中学校を対象にPCのリース業務を含めITサービスを提供しはじめている。

　一方，インテルは中国教育省との長期的な協力関係を構築し，「中国基礎教育ネットワーク」の建設に協力している。「中国基礎教育ネットワーク」は全国の小中学校の校長，教職員，学生と保護者向けの専門ネットで，教育分野のマルチメディアデータベースともなる。教育省はこのネットを通じて教育方針・政策の公表，教育課程とテキスト改定情報の公布および，全国の小中学校教育情報の公開などを行う予定である。インテルと中国教育省との間に調印された「インテルが中国基礎教育ネット建設を支持する意向覚書」に基づいて，インテルは中国基礎教育ネットの建設の技術コンサルティング，ネットワークの設計，コンテンツの開発，設備の提供などで全面的な協力を行うことになる。

　インテルは1999年から中国の教育情報化市場にいち早く参入し，上海市の「小中学校教育・教学ネットワーク」の構築に協力した実績をもっている。また，2000年7月から，グローバル規模で実施している「インテル未来教育」プロジェクトの一環として，北京と上海で「インテル未来教育」プロジェクトをスタートさせた。このプロジェクトは小中学校の教員を対象に，インターネットの利用，ホームページの設計，マルチメディアソフトの利用など，教員のコンピュータとインターネット技術を活用する能力向上を目的としたものである。インテルが中国教育省の指導を受け，モデル事業を推進し，2001年第1期で，北京と上海における5,000人の小中学校の教員を訓練し，その後，全国他の地域へ事業を拡大し，3年間に全国で3万人以上の教員を訓練することを計画している。

第1章　21世紀，中国の知識型経済へのチャレンジ

米サン・マイクロシステムズも中国のオンライン教育市場の潜在的可能性を重視し，01年3月，中国教育省との間に「10の国家レベルの遠隔教育センターを建設する合意書」を締結した。この合意書に基づき，サン・マイクロシステムズは，① この10の遠隔教育センターの設備として，160万ドルのネットワークコンピューティング機器を中国教育省に寄付し，② 小中学校向けの教育ポータルサイトを中国の重点大学と共同で開設し，③ 教育関連のデジタル図書館を教育省と共同で建設する。

「政府オンライン」，「企業オンライン」，「家庭オンライン」，「教育オンライン」，「デジタル都市」などから構成される中国の情報化とその実現に関して，米国は情報化ビジョンの提示，最先端の技術，製品，ソリューション，サービスの提供において重要な役割を果たしているが，それだけではなく，中国の情報化政策の形成，市場の動向にも大きな影響力をもっている。2000年7月，アメリカオンライン（AOL），ヒューレット・パッカード，マイクロソフト，GEなど米国ハイテク企業は中国の聯想集団，中国吉通通信をはじめとする現地の有力なIT企業36社と「電子商取引中国論壇」を共同で設立した。米国ハイテク企業はこの連盟を通じてネット広告，サイトの登録，ネットワークに関する規制問題について，中国政府との交渉メカニズムをつくり，電子商取引の中国における発展の障害を排除できるように，中国の政策決定や法制度の策定に影響を与えようとしている。

　ここまで述べたように，中国の情報化における，米国の存在が大きい。その基盤は米国のイノベーション戦略，人的資源戦略の中国への展開とその効果にある。後述するように，米国は知識型経済の華人ネットワークと緊密な連携を通じてそのグローバル戦略を実現しているのである。続く2章，3章で，知識型経済の華人ネットワークの実態，米国ハイテク企業のグローバル研究開発ネットワークとその中国展開を考察してみよう。

第2章　知的連帯：シリコンバレーの華人ネットワーク

> われわれは頭脳の米国への流出を恐れていない。実際には，外に出て行く人が多いほどよい。そうすることによって米国と中国との相互作用が大きくなるからである。……中国はシリコンバレーに人材を送ってかれらに米国のニューエコノミーの発展への貢献をさせると同時に，シリコンバレーから人材を誘致して中国のIT革命に参加させる。これはいわゆる米中間の一種の新しい相互作用である。
>
> 中国国家情報化センター常務副主任　劉　鶴

> 米国に留学した留学生や，米国企業に就職した技術移民の帰国が増えると，「頭脳の流出」が「頭脳の還流」というプロセスに取って代わる。これらの技術移民は米国に残る道を選んでも，米国と母国との間のダイナミックな技術ビジネスをリンクさせることで，重要な役割を果たすことになる。
>
> 米国カリフォルニア大学バークレー校・教授　アンナリ・サシェニア

1. ハイテク人材として登場する米国華人とその社会的基盤

(1) 米国主流社会にチャレンジする華人エリートたち

「米国は移民によって建設された国である。数え切れない移民の物語りがこの偉大な国を創り出した。たくさんの華人移民と同じように，私の父親は米国で学業を終えたあと，母親，姉妹と私を米国に迎えて家族の団欒を実現させたのである。米国に着いたのは，私が8歳の時であった。わたしたちがもっていたものは

家族と理想だけであった。わたしたちはこの『オープンで，チャンスがあふれる』土地で自分の夢を実現することを期待していた。夢に向けた努力と生活に対する向上心により，わたしたちは無数の逆境を乗り越え，自分の夢を実現してこの国からリターンを享受することができたのだ」。

　これは，米国ブッシュ政権の労務省長官趙小蘭（Elaine L. Chao）が華人向けの『米国移民ガイドブック・2001年版』の序章で書いた言葉である。華人の米国進出はすでに150年の歴史がある。19世紀中期，大量の華人労働者が「クーリー（肉体労働者）」として渡米し，米国横断鉄道の建設で血と汗を流し，たくさんの華人労働者が鉄道の建設現場で命を失った。150年後の2001年に，共和党ブッシュ政権の誕生に伴い，趙小蘭は華人の女性としてはじめて米国労務行政のトップ，労務省長官に就任することになった。これは今日の米国社会における華人の社会的，政治的地位の向上を象徴するできごとである。

　2001年5月に公表された米国の最新のセンサス（国勢調査：10年ごとに実施される）によると，2000年には，米国の華人人口は243万人に達している。前2回の国勢調査の結果によると，華人人口は1980年に80万人で，90年に160万人と2倍増となった。そして90年から2000年までの10年の間に，米国の華人人口は48％増となり，米国のアジア系住民中，最も多い人種になっている（図1）。

　2000年のセンサスの詳細な報告書はまだ公表されていないので，ここでは，1990年のセンサスの結果に基づいて，米国華人の現状を分析してみよう。

① 華人人口の現状

　米国の華人は外国生まれと米国生まれの2つに大きく分けることができる。1990年，160万人の華人人口のうち，米国生まれはわずか47万人で，米国の華人総人口に占める割合は30％である。しかも，これら米国生まれの華人のうち，約3分の2は65年以降に生まれたものである。

② 外国生まれの米国華人とその出身地

　1990年には，約70％の米国華人が米国国外で生まれのものである。これら外国生まれの米国華人は約57％が80年以降，米国に入国したものである。80年

図1　米国のアジア系人口とその構成（2000年センサス）

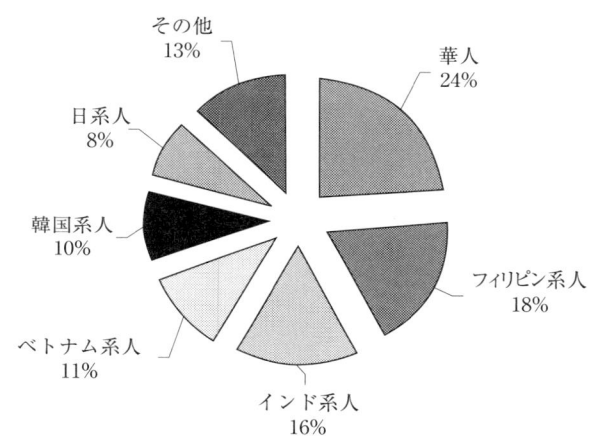

- その他　13%
- 華人　24%
- 日系人　8%
- 韓国系人　10%
- ベトナム系人　11%
- インド系人　16%
- フィリピン系人　18%

資料：www.yiminusa.com関連記事より作成．

から90年までの10年間には，米国における華人人口の伸び率は102.6%にも達した。外国生まれの米国華人の出身地は主に中国大陸，台湾，香港といったいわゆる大中華地域，東南アジアとその他の地域から構成されている。90年の160万華人人口の内訳は，中国大陸と台湾出身者が65%，東南アジア出身者が約16%，香港出身者が12%であった。

③　米国華人の人口構成と学歴

1990年の時点で，米国華人人口のうち，20～50歳の年齢層は約80万人であった。また米国華人の成人人口のうち，大卒以上の高学歴をもつものは44%にも達している。この比率は米国白人の20%よりはるかに高い。

米国華人の現状に関する分析から，以下のような事実を明らかにすることができる。すなわち米国華人は主に中国大陸，台湾，香港を出身地として，その年齢は20～50歳が中心であり，かつ44%は大卒以上の高学歴をもっている。高い生産性をもつ高学歴の人材の大中華地域から米国への「流入」は，大中華地域と米国の双方にとってそれぞれ何を意味しているのか。

米国社会における華人人口の増加傾向は米国の移民政策に深く関連している。

米国の国際競争力維持・強化のために最も重要なことは優秀な人材を豊富に確保することであるが，移民政策も「優秀な外国人材に対する需要」を満すことを1つの政策道具としているのである。米国の人口は世界人口の5%にすぎないが，近年，米国のノーベル賞受賞者は世界の全受賞者の60%にも及ぶ。20世紀における米国のノーベル賞受賞者数をとってみよう。第二次世界大戦前の1901～36年には，全世界のノーベル賞受賞者数に占める米国の割合は10.3%であったが，1943～97年には，この比率は53%に上昇した。要するに，第二次世界大戦以降，2人のノーベル賞受賞者のうち，1人は米国人ということになる。さらに1998～2000年には，全世界のノーベル賞受賞者数に占める米国人の割合は72.7%にも上昇した。ここで特に指摘したいのは2000年に，米国のノーベル賞受賞者の半数は移民科学者であったことである。これは米国が海外の頭脳を大量に吸収した1つの結果であると言わざるを得ない。

「教育の輸出」は米国にとって海外の人材を吸収する1つの重要な手段である。現在，全世界の留学生は約3分の1が米国に留学している。米国国際教育協会が2000年1月に発表した報告書によると，1999年に，米国の大学に留学している外国人留学生は約50万人に達している。しかも，中国大陸，台湾，香港といった大中華地域出身の留学生はトップシェアを占めている。90年から96年までの6年間に，米国の大学における理工学博士号学位の取得者のうち，中国大陸出身者が90年の477人から96年の1,680人まで，3倍にも増えた。これはインド出身者の数（692人）の2倍に相当する。同協会の調査によると，92年に米国の大学で自然科学博士学位を取得した中国大陸出身の留学生の89.6%，工学博士学位を取得した中国大陸出身の留学生の87.1%は米国に留まって就職することを希望した。米国は華人の知識人材の「育成基地」でありながら，「華人頭脳の倉庫」でもある。

現在，米国の科学技術，教育などの分野において，重要な地位を占めている華人専門家は非常に多い。例えば，米国国家科学院 (National Academy of Sciences, USA)，米国医学研究院，米国国家工程院のメンバーのなかには，華人学者や技術専門家の顔が多く見られる。特に米国国家科学院の華人メンバーには，6人のノーベル賞受賞者がいる（表1）。2000年，クリントン大統領は28人の米国人に

第 2 章　知的連帯：シリコンバレーの華人ネットワーク

表 1　National Academy of Sciences, USA の華人メンバー（一部）

所　　属	中国名	英　語　名
Harvard University ハーバード大学	王　倬 — 丘成桐	Wang, James C. Chang, Kwang-Chih Yau, S T
Stanford University スタンフォード大学	銭永佑 朱棣文	Tsien, Richard W Chu, Steven（ノーベル賞受賞者）
Princeton University プリンストン大学	崔　崎 —	Tsui, Danniel C.（ノーベル賞受賞者） Yao, Andrew Chi-Chih
Massachusetts Institute of Technology マサチューセッツ工科大学	李雅達 林家翹 丁肇中 — —	Lee, Patrick A Lin, Chia-Chiao Ting, Samuel C. C.（ノーベル賞受賞者） Shen, Y Ron Shu, Frank H
University of California, Berkeley カリフォルニア大バークレー校	沈元壌 徐遐生	Shen, Y Ron Shu, Frank H
University of California, San Diego カリフォルニア大学サンディエゴ校	馮元楨 葉公杼 詹裕農 簡悦威 —	Fung, Yuan-Cheng B Jan, Lily Y Jan, Yuh Nung Kan, Yuet Wai Tsien, Roger Y
Carnegie Institution of Washington	毛河光	Mao, Ho-Kwang
State University of New York at Stony Brook ニューヨーク大学	楊振寧	Yang Chen N.（ノーベル賞受賞者）
Columbia University コロンビア大学	李政道	Lee, Tsung Dao（ノーベル賞受賞者）
University of Houston ヒューストン大学	朱経武	Chu, C W
University of Maryland メリーランド州立大学	—	Zen, E-an
The Hong Kong University of Science and Technology 香港科学技術大学	張立綱	Chang, Leroy L
Academia Sinica（China） 中国科学院	周光召	Zhou Guang Zhao
Fudan University（China） 復旦大学	談家楨	Tan, Jiazhen（Tan, C. C.）
Academia Sinica（Taiwan） 台湾中央研究院	楊祥発 李遠哲	Yang, Shang F Lee, Yuan T.（ノーベル賞受賞者）

資料：http://www.networkchinese.com 関連記事より作成。

「大統領国民賞」を与えたが，華人エイズ専門家として名高い何大一は同年，唯一のアジア系米国人としてこの賞をもらった。華人学者，技術専門家はハーバード大学，スタンフォード大学，マサチューセッツ工科大学，カリフォルニア大バークレー校といった米国の一流の学府で自分の学術地位を確立し，米国華人の知的代表として米国の知識型経済の発展に大きく貢献している。

　米国社会で，華人が学者，あるいは技術専門家としてその社会的地位を確立したのは，第二次世界大戦後のことである。これと比べると，華人がハイテク企業の経営者，あるいは創業者として米国社会に登場するのはごく最近のことであるともいえる。例えば，1980年代には，米国ハイテク企業で役員を担当する華人はインテルの副社長，「マイクロプロセッサの父」とよばれる華人技術専門家の虞有澄だけであった。1990年代，特に中国経済の高度成長と市場の巨大化といった客観的条件により，企業経営の分野における華人の優れた才能もついに評価され，米国大手ハイテク企業に華人経営者が急速に増え始めた。例えば，インテル，HP，マイクロソフト，モトローラ，ルーセント・テクノロジー，サン・マイクロシステムズ，オラクル，ヤフー，スリーコムといったハイテク企業は例外なく，副社長のポストまでに華人専門家を登用している（表2）。米国5大ソフ

表2　米国大手ハイテク企業の華人経営者（一部）

企　業　名	役　　　職	華人経営者名
インテル	副社長	虞有澄
HP	副社長	楊耀武
マイクロソフト	副社長	李開復
モトローラ	副社長兼大中華区 CEO	頼炳栄
モトローラ	副社長兼アジア太平洋地域個人通信事業グループ CEO	孔　毅
ルーセント・テクノロジー	副社長兼ベル—研アジア太平洋地域と中国区 CEO	許　駿
サン・マイクロシステムズ	副社長	顔維倫
オラクル	副社長	汀運明
スリーコム	副社長	王崇智
ネットスケープ	副社長	沙正治
ヤフー	創始者	楊至遠
サイベース	会長兼 CEO	程守宗

資料：筆者作成．

トウェア会社の1つであるサイベース社が1997年、全面的赤字に陥ったが、再建に向け、シーメンスの役員であった華人専門家程守宗は同社の会長兼CEOに任命された。程守宗は2年間の経営再建を通じて同社の年間売上高を9億ドルまで拡大し、黒字経営に転じさせた。現在、サイベース社は米国、欧州、アジアにビジネスを拡大し、従業員7,000人余りの有力なソフトウェア企業として成長を続けている。

近年、急増している米国大手ハイテク企業の華人役員、経営者はその大半が米国大手ハイテク企業アジア太平洋地域や大中華地域の責任者から昇進してきたものである（表3）。例えば、マイクロソフトの副社長李開復は2000年6月、マイクロソフト中国研究所の所長から昇進したものであり、HPの副社長楊耀武は1992年からシンガポールでアジア太平洋地域の責任者を担当し、99年に本社の副社長に昇進したものである。また、米国大手ハイテク企業の副社長としてアジア太平洋地域統括本社、あるいは大中華地域の社長を兼任する華人経営者も多い。

表3 米国ハイテク企業の大中華地域統括本部・中国持株会社の華人経営者（一部）

企　業　名	役　職	経営者名
IBM 大中華地域本部	CEO	周偉焜
マイクロソフト（中国）	社長	高　博
マイクロソフト中国研究院	院長	李開復
マイクロソフト中国研究開発センター	社長	張湘輝
コンパック大中国区本社	CEO	兪新昌
HP社アジア太平洋地域本社	会長	劉国雄
HP（中国）	副社長	李漢生
シスコ・システムズ（中国）	社長	杜家濱
インテルアジア太平洋地域本社	社長	陳君聖
インテル中国研究センター	社長	容志誠
モトローラ（中国）	社長	頼炳栄
GE Information Services	社長	梁家彪
ルーセント・テクノロジー（中国）	社長	葉祖興
デルコンピュータ中国地域本社	社長	陳大偉
スリーコム北アジア本社	社長	呉錫源
オクラル（中国）	社長	李文謙
Informix Software（中国）電子商取引グループ	社長	丘国梁
Unisys（中国）	副社長	戈沢寧

資料：筆者作成.

2000年10月，中国北京でモトローラの19億ドルにのぼる大型対中投資計画を発表した同社の副社長頼炳栄は，大中華地域統括本社のCEOを担当して中国大陸，台湾，香港といった大中華地域のビジネスを指揮しているものである。

(2) 米国人の「華人イメージ」と華人の儒教伝統

米国の主流社会への進出にチャレンジしている華人に対して，「オープンで，寛大的」といわれる米国社会はどう見ているのか。米国の華人エリートから構成される華人社会団体である「百人会」は2001年3月，米国の調査会社に依頼し，電話インタビューの形で1,216名の18歳以上の米国人を対象に華人のイメージに関するアンケート調査を実施した。その結果によると，華人に対しては，「肯定的」イメージをもつものが32%で，「否定的」イメージをもつものが68%にも達していることがわかった。具体的に言えば，否定的イメージでは，32%の回答者は「華人の中国に対する忠誠心は米国に対する忠誠心より強い」，「華人の米国ハイテク分野に対する影響力は大きすぎる」と考えており，23%の回答者は「華人の米国ビジネス界における権力は大きすぎる」，「華人を含むアジア系人種が米国大統領になることを心配している」と懸念を表明している。前述したように，華人が米国政界，ビジネス界，特にハイテク分野に進出し，ある程度の成功を遂げたのはごく最近のことであるが，「オープンで，寛大的」米国社会はこれに対してすでに強い懸念を示している。2001年の米国「IT不況」とそれに伴う経済成長の減速は，このような懸念をいっそう強めることになっている。

一方，91%の回答者は「華人は家族を大事にしている」，77%は「華人の商売は誠実である」，そして67%のものは「華人は教育をとても重視している」と答え，米国人の華人に対する「肯定的イメージ」もはっきりしている（表4）。

アカデミズム，ハイテク，企業のグローバル経営などの分野における米国華人の成功は，米国の移民政策の変遷，および米国のオープンで，競争的社会といった外的要因によるものである一方，華人の儒教伝統の遵守という内的要因による部分も大きい。儒教伝統の最も重要な特徴は教育を重視すること，家族を大事にすること，勤勉性を強調することにある。この3つの特徴はすべて米国の華人社

第2章　知的連帯：シリコンバレーの華人ネットワーク

表4　米国人の華人に対するイメージ

（単位：％）

態度	項　目	回答
否定的	華人の中国に対する忠誠心は米国に対する忠誠心より強い	32
	華人の米国ハイテク分野に対する影響力は大きすぎる	32
	華人は米国人の仕事を奪った	24
	華人の米国ビジネス界における権力は大きすぎる	23
	華人を含むアジア系人が米国大統領になることを心配している	23
肯定的	華人は家族を大事にしている	91
	華人のビジネスは誠実である	77
	華人は教育をとても重視している	67

資料：www.Chinese.yahoo.com 関連記事より作成．

会に守られているといえよう。

　教育重視，特に次世代に対する中国語，中国文化の教育を重視することは，世界中の華人社会に共通の特徴であるともいえる。米国の華人社会も例外ではない。「全米中国語学校連合総会（National Council of Association of Chinese Language Schools）」の存在はその最もよい例である。この米国国内の中国語教育のネットワークは，南カリフォニア州中国語学校連合会の提案に基づいて，1994年に全米各地の中国語学校の協会，聯誼会を連合してワシントンで創立されたものである。その創立の宗旨は中国語教育を推進して中華文化を発揚し，団結して全米の中国語学校の利益を擁護し，中国語学校の質とイメージを向上させて，華人の米国主流社会への進出を促進することである。現在，この中国語教育のネットワークは全米42の州をカバーし，402の学校，約7万人の学生を有している。教育を重視した結果として，米国華人，特に若い世代の人的資源としての質は非常に高い。例えば，全米「高校生のノーベル賞」といわれる「インテル科学人材探測賞」の選抜試験の状況を見てみよう。2000年に，全米530の高校，1,517名の高校生がこの選抜試験に参加した。そして準決勝に残った全米300名の高校生のうち，51名が華人である。言い換えれば，この全米「高校生のノーベル賞」の準決勝参加者のうち，6人に1人は華人であるということである。

　家族を大事にすることは，儒教伝統が米国の華人社会でもきちんと守られているもう1つの証拠である。米国の家庭は，その5分の1が「単親家族」であるといわれている。すなわち，5つの家族のうち，1つの家族の両親が離婚をしてし

まう。対照的に，儒教伝統が守られている華人社会では，両親の離婚率が非常に低い。米国センサスの結果によると，25〜45歳の華人家族の離婚率は2%以下である。

若い世代の華人家族が米国の影響を受け，華人コミュニティが米国社会に同化していくと，「家庭の解体 (Disorganization)」といった米国特有の社会問題が華人社会でもおこるのではないかと心配されていたが，儒教の伝統により，華人社会は米国的「家族の解体」から逃がれている。安定した華人コミュニティと融和している華人家族は，新しい世代の華人に安定した環境で教育を受ける機会を与え，米国のアカデミズム，ハイテク産業，グローバル経営などの分野で華人が成功するための堅実な社会的基盤を提供している。

2. シリコンバレーの華人：技術移民からベンチャー企業の創業者へ

(1) 華人技術専門家とそのシリコンバレーに進出する歴史

戦後，米国華人のアカデミズム，ハイテク産業，グローバル企業経営での成功とその歴史は，「世界のハイテクの首都」といわれる米国シリコンバレーの発展史との間に，「同時性」がある。言い換えれば，シリコンバレーにおける華人の奮闘と成功の歴史は米国のアカデミズム，ハイテク産業，グローバル企業経営などの分野に進出して成功した華人社会の1つの「縮図」である。ここから，分析の焦点をシリコンバレーの華人，華人コミュニティ，華人ネットワークに絞って，ハイテク人材として米国主流社会に登場している華人とそのネットワークのグローバル化を考察してみよう。

スタンフォード大学を「母体」としたシリコンバレーは1960年代から約40年間の発展を経て，20世紀末に「世界のハイテクの首都」としての地位を確立した。シリコンバレーがまだ「ゆりかご」の時代に，中国大陸出身の華人専門家がすでにこの地域に進出し始めた。例えば，カリフォルニア州立大学バークレー校

の元学長・クリントン政権の科学技術委員会と教育委員会の委員を担当していた田長霖（中国四川省出身），インテルの副社長，「マイクロプロセッサの父」とよばれる虞有澄（中国上海出身）は60年代，シリコンバレーに進出した最初の華人技術移民である。

1960年代には，学者あるいは技術専門家としてシリコンバレーの開拓に参加していた華人「前衛」は田長霖，虞有澄のように，そのほとんどが中国大陸出身の人々であった。米国の新中国「封じ込め」政策や中国大陸における共産党政権の「閉鎖的政策」により，これらの華人学者，技術専門家と中国大陸との繋がりが「切断」されてしまった。その後，70から80年代までの間に，台湾出身の華人がシリコンバレーに進出する華人の「主流」となった。かれらを通じて台湾とシリコンバレーとのリンケージが形成されることになり，次の10年間，すなわち80～90年に，中国大陸は経済改革と対外開放政策を実施し始め，シリコンバレーに進出する中国大陸出身者も増え始めることになった。そして20世紀の最後の10年間，1990～2000年には，中国大陸出身の留学生と技術移民は台湾の出身者にとって代わってシリコンバレーに進出する華人の「主流」となった。現在，シリコンバレーにいる中国大陸出身の華人技術専門家の数は数万人に達しているといわれている。これらの華人技術専門家とそのネットワークを通じて中国大陸とシリコンバレーとの強いリンケージが形成されている（図2）。

シリコンバレーの科学者とエンジニアはその3分の1が外国生まれである。しかも，外国生まれのハイテク労働力のうち，3分の2は中国人とインド人である。米国の学者ロンF．ポヴエアとデヴエド・シモンコスは，1995年に発表された論文「米国における外国生まれの技術専門家家（Foreign Born Professionals in the United States)」で，米国における外国生まれのコンピュータ関連のエンジニア，科学者は主にインド，中国大陸および台湾出身者であると指摘した。また，カリフォルニア州立大学のある調査によると，シリコンバレーにおける7,000社のハイテク企業の研究開発者の10％強が華人である。

1990年のセンサスの結果によると，シリコンバレーで働いている華人エンジニア・科学者数は92,020人で，インド人エンジニア・科学者数は28,520人であった。しかも，84％の華人エンジニア・科学者，98％のインド人エンジニ

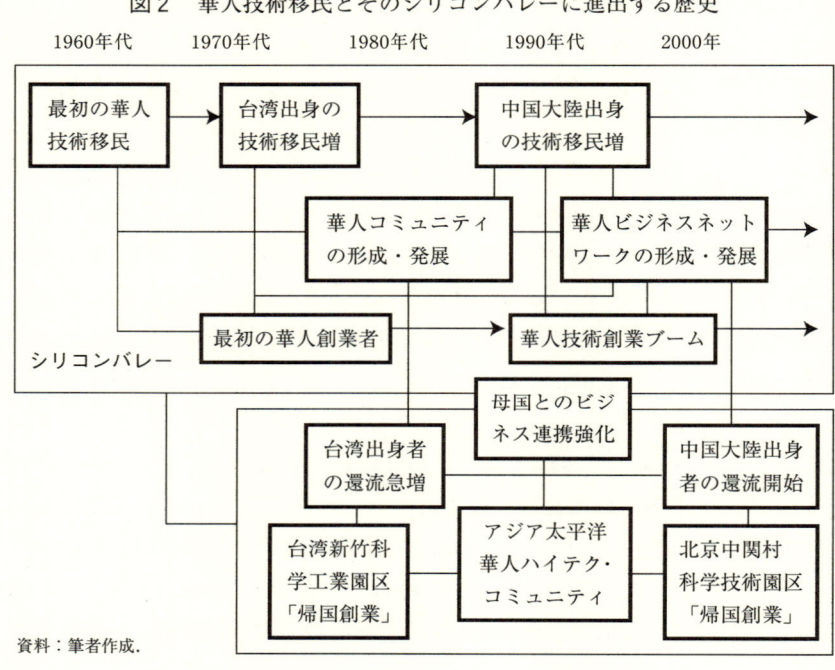

図2　華人技術移民とそのシリコンバレーに進出する歴史

1960年代　　1970年代　　1980年代　　1990年代　　2000年

```
最初の華人     →  台湾出身の     →  中国大陸出身
技術移民          技術移民増        の技術移民増

                  華人コミュニティ    華人ビジネスネット
                  の形成・発展        ワークの形成・発展

シリコンバレー    最初の華人創業者 →  華人技術創業ブーム

                              母国とのビジ
                              ネス連携強化
                  台湾出身者                    中国大陸出身
                  の還流急増                    者の還流開始
                  台湾新竹科      アジア太平洋    北京中関村
                  学工業園区      華人ハイテク・  科学技術園区
                  「帰国創業」    コミュニティ    「帰国創業」
```

資料：筆者作成.

ア・科学者は65年以降に米国に入国したものである。さらに，華人のエンジニア・科学者については，70年以降に米国に入国したものが71％で，80年以降に入国したものは41％であることが明らかとなっている。この数字は，80年代以降の20年間の対外開放政策の進展に伴い，中国大陸出身の留学生，技術移民の渡米が急増し，かれらがシリコンバレーに進出する華人の「主流」となっている事実を証明している。

米国国際教育協会の研究によると，1985年から96年まで，全米における外国人生まれの博士号取得者のうち，アジア出身者が全体の81％を占め，しかも，インド人と華人の博士号取得者数の割合は62％にも達していた。ここで，特に注目されるのは80年以降，中国大陸出身者が急増しているということである（図3）。また，シリコンバレーにハイテク人材を大量に供給しているカリフォルニア州立大学バークレー校で，理工学の華人学位取得者とその出身国・地域を調

第2章　知的連帯：シリコンバレーの華人ネットワーク

図3　米国の大学で理工学博士号を取得した華人とインド人の推移

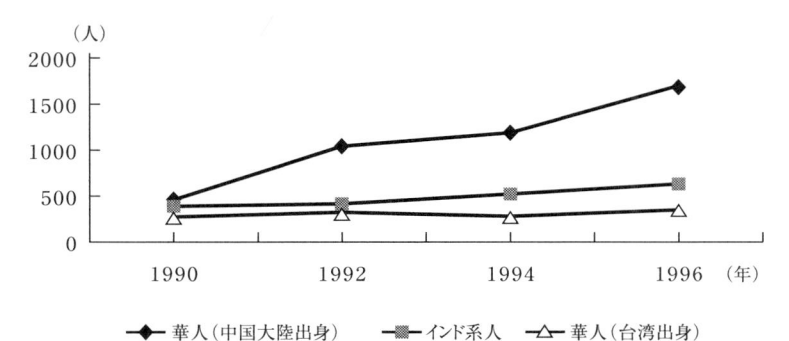

→ 華人（中国大陸出身）　→ インド系人　→ 華人（台湾出身）

資料：米国国際教育協会データを参考して作成.

図4　UCバークレー校理工学の華人学位取得者の伸び率とその出身国・地域

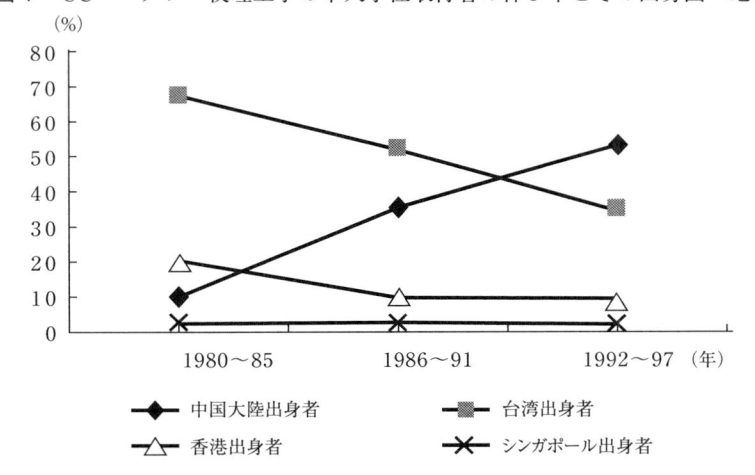

→ 中国大陸出身者　→ 台湾出身者
→ 香港出身者　→ シンガポール出身者

資料：Annalee Saxenian, "Silicon Valley's New Immigrant Entrepreneurs"（1999）より作成.

査してみると，中国大陸出身者が80年から急増し，台湾，香港，東南アジア地域の出身者を大きくリードしている（図4）。

　カリフォルニア州立大学バークレー校で急増している中国大陸出身の理工学学位の取得者はその大半がシリコンバレーのハイテク企業に就職している。2000

図5 シリコンバレーで働いているインド人，華人，白人の教育レベル

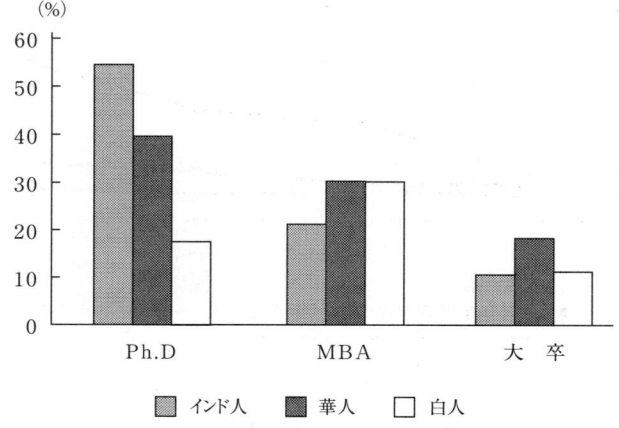

資料：Annalee Saxenian, "Silicon Valley's New Immigrant Entrepreneurs" (1999) より作成.

　年のセンサスの結果によると，カリフォルニア州の華人人口は1990年から2000年までの10年間に34％増加し，98万人に達している。80年から2000年までの20年間で，同州の華人人口は3倍増を記録した。シリコンバレーで働いている中国大陸出身の華人科学者・エンジニアの急増は同州の華人人口急増の主な原因であると考えられる。以上のような統計データからも，80年代後半から中国大陸出身の留学生や技術移民がシリコンバレーに進出する華人の「主流」となっていることがわかる。

　大学院卒やPh. Dの高学歴者および，技術専門家が多いことはシリコンバレーにおける華人とインド人の共通の特徴であるといえる。シリコンバレーで働いている高学歴者の人種比率をとってみると，白人の11％に対し，インド人と華人がそれぞれ32％，23％となっている（図5）。米国エンジニアリング協会が1995年に発表した調査報告によると，シリコンバレーの技術労働者のうち，55％のインド人，40％の華人が大学院卒またはPh. Dの高学歴を有している。これに対し，白人の技術労働者の高学歴を有する者の割合は18％に留まっている。一方，シリコンバレーで，45％のインド人，41％の華人が技術専門職に従事し，

図6　シリコンバレーで働いているインド人，華人，白人の職種

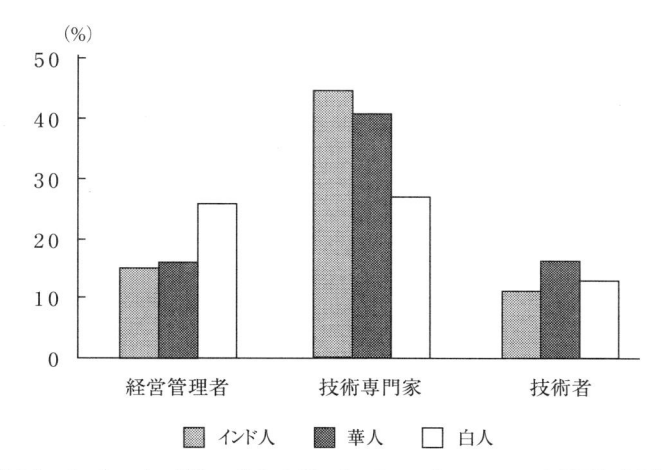

資料：Annalee Saxenian, "Silicon Valley's New Immigrant Entrepreneurs" (1999) より作成．

経営管理職に従事しているインド人と華人はそれぞれ15％と16％にすぎない。これに対し，経営管理職に従事している白人の割合は26％と，インド人と華人より高い（図6）。

(2) ベンチャービジネスを起こす華人創業者たち

「寧為鶏首，不為牛尾（鶏の首となるも牛のしっぽとなるなかれ）」は華人の1つの性格であるといわれている。言い替えれば，華人は独立創業の意欲が非常に強いということである。1990年に，シリコンバレーにすでに9万人も存在した華人技術専門家のうち，独立創業を志す者は相当多かったと思われる。条件がそろえば，今日の華人技術専門家は明日の華人企業家となる。ここでいう「条件」とは華人ネットワークによる支援，華人系ベンチャーファンドによる投資といったハイテクビジネスを起こす場合に必要不可欠な要素である。

実際，華人がシリコンバレーでハイテクビジネスを起こす試みは1970年代初期から始まっていた。70年代初期に，中国四川省出身の李信麟（Lester Lee）は米国企業から独立して「Recortec」という会社を起こしてシリコンバレーの最初

の華人創業者となった。

　李信麟は60年代に米国の大学で理工学の学位を取得した後，シリコンバレーに入って米国のハイテク企業で働いていた人物である。それから30年，シリコンバレーの華人創業者は3つの世代に分類することができる。70年代は，李信麟を代表とした初代の華人創業者がはじめてハイテク創業にチャレンジした時期である。80年代から90年代までの20年間はシリコンバレーにおける華人創業者の第2世代が成長していた時期であり，台湾出身の華人創業者がシリコンバレーでビジネスを起こす「黄金時代」でもある。黄炎松，李広益，陳丕宏などの華人創業者はその代表となる。90年代後半から，陳宏を代表とする中国大陸出身の華人創業者は，シリコンバレーにおける第3世代の華人創業者として頭角を現しはじめた（表5）。

　陳宏はかつて19歳の若さで中国の名門大学「西安交通大学」のコンピュータ学科を卒業した「天才少年」であった。1980年代，陳宏は留学のために渡米し，ニューヨーク大学でコンピュータ専門の博士号を取得した後，サン・マイクロシステムズに就職した。サン・マイクロシステムズで数年間の研究開発の仕事を経験した後，陳宏は独立創業を計画し，94年から96年までの2年間に，「AimNet社」と「AimQuest社」を次々と創立した。96年，陳宏は「国際ネットワーク自動アクセスサービス」のソフト開発に成功したことを契機として，新しい会社「Global Reach Internet Connection Inc.」を創立した。同社は多元化ネットワーク通信サービスのビジネスモデルにより，現在，145ヵ国家，350社以上の電気通信会社，ISPにサービスを提供している。99年，中国人留学生により創業したハイテク企業として，同社は米ナスダック市場への上場に成功した。シリコンバレー華人ネットワークからビジネス資源を獲得して事業を発展させた陳宏は現在，米国ハイテク企業の華人企業家としてシリコンバレーの華人ハイテク組織の活動に積極的にかかわり，アジア太平洋地域をビジネスの舞台としてシリコンバレー華人ネットワークのグローバル化を推進しようとしている。陳宏は中国大陸出身の華人ハイテク企業の経営者として，シリコンバレーにおける最大の華人ハイテク組織の1つである「アジア・アメリカン製造業者協会（AAMA：Asian American Manufacturers Association）」の会長を務めている。かれは1,000人以上のメンバー

表5 シリコンバレーの第3世代華人創業者：中国大陸出身のベンチャー企業経営者

創業者名	主要な経歴	創業企業名	ビジネスモデル
王 維 嘉	中国科学技術大学修士 米スタンフォード大学機電工学博士 米ベル研究所主任研究員	GWcom Inc.（1994年創立，華人系ベンチャーファンド，Intelの投資を受けた）	モバイルインターネットの核心技術を開発 インターネットアクセス，電子商取引に無線技術とソリューションを提供し，米国と中国でビジネスを展開
李 安 興 Andy Lee	米スタンフォード大学電気機械工学博士・HP社を経験	Internet Image Inc.（1993年創立）	個人投資家としてシリコンバレーと中国で事業を展開し，中国のため，シリコンバレーから技術，資金，華人技術者を導入
朱 敏	中国浙江大学機械工程学部卒 米スタンフォード大学Engineering Economy system博士課程を中退 IBM社研究員（4年間）	Web Ex Inc.（1996年創立）	マルチメディア通信サービスの業務を提供 ネットワークのソフトを開発
姚 勇	上海交通大学卒 米カリフォルニア州立大バークレー校留学	EC-Technology Inc.（1998年創立）	3—D図形技術の開発により電子商取引のビジネスモデルを構築 eC-Tネットワークにより世界中160の都市（サンフランシスコ，ニューヨーク，香港を含め）を連結してサービスを提供，今後，中国100都市を連接することを計画
趙 微 陽	米カリフォニア州立大学バークレー校電子工程博士，MBA 米TI社などハイテク企業を経験（20年間）	GTMart Inc.（1997年創立）ChinaEC-Net.com（1999年創立）	中国とシリコンバレーとのネット上の掛け橋を構築 1999年，帰国創業，電子部品の電子商取引ネット，半導体設計のオンライン設計のプラットフォーム，中国のエンジニアとシリコンバレーのエンジニアとのネット上による共同設計を実現させている

資料：筆者作成．

を有する「アジア・アメリカン製造業者協会」を率いて，技術イノベーションとハイテク創業投資におけるアジアとシリコンバレーの連携を促進しようとしている。

　1980年から98年までの20数年間に，シリコンバレーで創立されたハイテク企業は約17％の2,001社が華人によって起業されたものである。この2,001社

表6 1980～1998年,シリコンバレーにおけるハイテク企業の創業者の人種別構成
(単位:%)

	1980～84年	1985～89年	1990～94年	1995～98年
華　　人	121(9)	347(15)	724(19)	809(20)
インド人	47(3)	90(4)	252(7)	385(9)
白　　人	1,181(88)	1,827(81)	2,787(74)	2,869(71)
合　　計	1,349(100)	2,264(100)	3,763(100)	4,063(100)

資料:図6に同じ.

のハイテク企業は華人を企業経営者とするもので,華人によって創業されたものの経営者が非華人である企業は含まれていない(表6)。

シリコンバレーにおける華人またはインド人によって創業されたハイテク企業の業種構成(1980～98年)を図7に示す。インド人が数学と英語の優位性を発揮して主にソフトウェアと情報サービスの分野にビジネスを展開していることに対し,華人は世界的IT生産基地であり,また巨大市場でもある中華経済圏とのコネクションを背景に,ハードウェアの製造,コンピュータ卸業の分野に力を入れ,シリコンバレーを本拠地としてグローバルにビジネスを展開している。

前述したように,独立の意欲が強い華人が技術専門家からハイテク企業の創業者へと変身するにはいくつかの条件が必要となる。ベンチャーファンドによる投資はハイテク企業を起こしたい華人にとって事業をスタートさせる最も重要な条件であるともいえる。米国のハイテクコミュニティとして,シリコンバレーの重要な特徴の1つはベンチャー投資が1つの産業として高度に発達していることであり,もちろん,華人もシリコンバレーのベンチャー投資という産業に参入している。2000年末現在,シリコンバレーには,華人系ベンチャー投資企業は約400社あり,エンジェルと呼ばれる個人投資家も700人に達している。これらの華人系ベンチャー投資企業と華人エンジェルは主にシリコンバレーでハイテクビジネスを起こしたい華人を対象にビジネスを展開している。

2000年8月,『シリコンバレータイムズ』と「Asianwired市場調査部」がシリコンバレーの華人系ベンチャー投資企業を対象に「21世紀,華人系ベンチャー投資の傾向に関する調査」を共同で実施し,シリコンバレーを本拠地にベンチャー投資を行っている華人系ベンチャービジネスの実像を解明した。この調査

図7　シリコンバレーで創業された華人，インド人ハイテク企業の業種構成（1980〜98年）

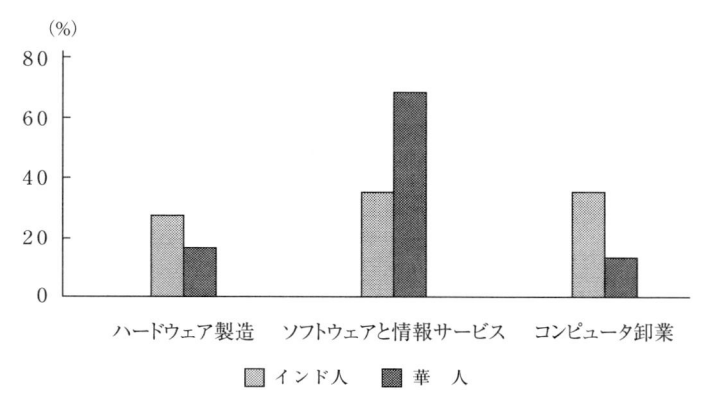

（％）縦軸：0, 20, 40, 60, 80

横軸：ハードウェア製造　ソフトウェアと情報サービス　コンピュータ卸業

凡例：■ インド人　■ 華　人

資料：Annalee Saxenian, "Silicon Valley's New Immigrant Entrepreneurs"（1999）より作成．

によると，華人系ベンチャー投資企業の資金源は米国本土から調達した資金が53％で，アジアからきた資金が47％である。要するに，シリコンバレーの華人系ベンチャー投資企業は広くアジア太平洋地域から投資資金を獲得しているのである。1990年代後半から，台湾，香港，シンガポールの華人財団によるシリコンバレーへの投資は年々増えている。例えば，台湾の対シリコンバレー投資は97年の800万ドルから98年の7,000万ドル，99年の4億ドルと，急速に増加してきた。

　投資分野をとってみると，華人系ベンチャー投資企業は米国の主流のベンチャーキャピタルと同様に，インターネット，電気通信，バイオといった分野のハイテク企業に集中的に投資している。一方，ベンチャー投資の手法において，投資銀行やグローバル金融会社，大手ハイテク企業を後ろ楯とする米国の主流のベンチャーキャピタルと比べて，華人系ベンチャー投資企業の規模は比較的小さい。したがって，1社当たりの投資金額は比較的に少なく，1回の投資金額が500万ドルを超えないケースが多い。しかし，シリコンバレーの華人系ベンチャー投資企業は独自の特徴を持っている。それは創業の初期段階にあるハイテク企業にベンチャー資金を大胆に投入することである。華人系ベンチャー投資企業の独特なビジネスモデルはシリコンバレーにおける華人ネットワークの存在に

深く関連している。

3. 民族と宗教の絆：シリコンバレーの華人ネットワーク

(1) ハイテクコミュニティの華人ネットワーク

　米国のアカデミズム，ハイテク産業，企業のグローバル経営などの分野における華人の成功は，米国の「オープンで，競争的社会」，移民政策の変遷といった外的要因と，儒教伝統を内面化している華人自身の勤勉性，知識への追求，冒険精神といった内的要因との相互作用によってはじめて可能となった。この外的要因と内的要因が華人の成功の条件であるとすれば，華人コミュニティと華人ネットワークの存在は華人の成功の社会的基礎であるといってもよい。
　華人の移民，出稼ぎ労働者が大量に進出する地域には，必ず華人コミュニティが形成される。最初，自然に形成された「華人集落（集中の居住区）」が次第に組織化，制度化され，華人コミュニティとして定着していく。これに伴い，最初，相互援助を目的に形成されたインフォーマルの組織も制度化され，フォーマルな華人ネットワークが形成されることになる。一般的に言えば，華人コミュニティは「生存」を最大の目的として，共通の言語と文化，民族と宗教信仰を基礎とすることに対し，華人ネットワークは「発展」を最大の目的として，血縁，地縁，専門的技能・事業分野を絆としている。世界各国の華人コミュニティと華人ネットワークにはすべて，このような共通点を見出すことができる。そのなかにあって，シリコンバレーの華人コミュニティと華人ネットワークはどのような特徴をもっているであろうか。
　シリコンバレーの華人コミュニティと華人ネットワークはシリコンバレーという米国のハイテクコミュニティで，高学歴の華人ハイテク人材を中心に形成，発展してきたものである。要するに，共通の言語と文化，民族と宗教信仰のほか，教育と専門知識・技術職の経験が華人ネットワークを結成，維持する要件となっている。これこそが東南アジアなどにみられる伝統的な華人コミュニティや華人

図8　シリコンバレーの華人コミュニティとその構造

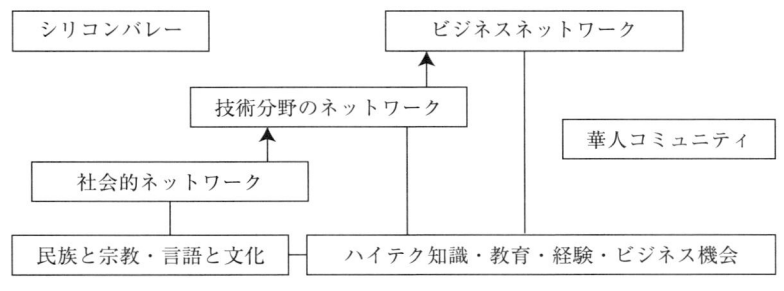

```
                                  ビジネスネットワーク
  シリコンバレー                          ↑
                    技術分野のネットワーク
                            ↑              華人コミュニティ
        社会的ネットワーク
    民族と宗教・言語と文化    ハイテク知識・教育・経験・ビジネス機会
```

資料：筆者作成．

ネットワークと異なるところである。伝統的中華文化は知識のイノベーション，効率の追求，失敗への容認，チャレンジー精神への奨励といったシリコンバレーの風土とお互いに融合し，新しい華人コミュニティと華人ネットワークを創り出した。

筆者は「機能」と「構造」の2つの側面からこの新しい華人コミュニティと華人ネットワークを分析している。まずは，シリコンバレーの華人コミュニティをとってみよう。シリコンバレーの華人コミュニティは「社会」，「専門技術」，「ビジネス」という3つの機能から3層の構造を呈している（図8）。10数万人の華人を有するシリコンバレーでは，生存，発展，事業拡大の「主旋律」にしたがって，この華人コミュニティを社会的基盤として，華人ネットワークが結成され，大きく発展し，グローバルに広がっている。

シリコンバレーにおいては，華人コミュニティが1970年代中期に形成され，最初の華人ネットワークが70年代末ごろに結成された。1979年，シリコンバレーの初代華人創業者，中国大陸出身の李信麟を発起人として，シリコンバレーの華人エンジニア・科学者の交流を促進することを目的とする「Chinese Institute of Engineers（CIE，華人エンジニア協会）が設立されたのである。この協会は「シリコンバレー華人ネットワークの祖父」と称されている。現在，シリコンバレーで活動しているこのような華人ネットワークは30以上を数える。その大半は80年代後半から90年代まで，すなわち米国ニューエコノミーの発展に伴い，

ハイテク企業のグローバル化が加速した時期に設立されたものが多い。

ここでは構造分析の手法からシリコンバレー華人ネットワークを解剖してみよう。筆者の考察によれば，シリコンバレー華人ネットワークは4つの「子」ネットワークから構成されるものである（「はじめに」図7参照）。

① 地縁的華人ネットワーク

これは大中華地域内のいわゆる「両岸3地（中国大陸，台湾，香港）」の地域区分に従って結成されるネットワークである。中国大陸系の「シリコンバレー華人博士企業家協会」，台湾系の「玉山協会」，香港系の「香港・シリコンバレー協会」などはシリコンバレーにおける地縁的華人ネットワークの代表である（表7）。これらの地縁的華人ネットワークには，政府の背景が窺える。言い換えれば，シリコンバレーにおける地縁的華人ネットワークは政府のバックアップを受けていることが多い。例えば，「シリコンバレー華人博士企業家協会」は中国教育省の「春暉計画」に従って結成され，「玉山協会」は台湾政府の駐米機構の呼掛けと支援で設立された。そして「香港・シリコンバレー協会」は香港特別行政区政府のサポートで設立されたものである。

表7 シリコンバレーの地縁的華人ネットワーク

地縁的組織の名称	設立時期	会員数	組織の宗旨
シリコンバレー華人博士企業家協会（中国大陸系） Silicon Valley Chinese Overseas Business Association, SOCBA	1998年	250	シリコンバレーハイテク業界の華人と中国との連携を促進
玉山科学技術協会（台湾系）	1990年	350	シリコンバレーと台湾新竹との掛け橋になり，双方の資金，技術，人材の交流，ビジネス情報の交換を促進
北米台湾エンジニア協会（台湾系） North America Taiwanese Engineers Association	1991年	400	科学と情報技術の進歩を促進
香港・シリコンバレー協会（香港系）	2000年	60	シリコンバレーハイテク業界の華人と香港との連携を促進

資料：各組織のホームページを参考して作成．

第2章　知的連帯：シリコンバレーの華人ネットワーク

表8　シリコンバレーの学縁的華人ネットワーク

地縁的組織の名称	設立時期	会員数	組織の宗旨
シリコンバレー交通大学校友会	1965年	—	—
北カリフォルニア州清華校友会 TsingHua Alumni Association of Northern California	1971年	—	清華校友の連携を強め，清華校友と華人社会のために，有益な活動を主催し，母校の発展に貢献する
北京大学北米校友会 Peking University Alumni Association of Northern California	1985年	—	to promote China and Peking University to the world, introduce world to China

資料：各組織のホームページを参考して作成．

② 学縁的華人ネットワーク

これは大学同窓会，校友会の形で形成されたネットワークである。シリコンバレーで最も活躍している学縁的ネットワークとして名がよく知られているのは，「シリコンバレー交通大学校友会」，「北カリフォルニア州清華校友会」，「北京大学北米校友会」である（表8）。ここで特に注目したいのは「シリコンバレー交通大学校友会」という中国大陸，台湾，北米のシリコンバレーの3地域を横断している学縁的ネットワークである。中国の理工学系の名門大学である交通大学は現在，中国大陸の上海交通大学（江沢民国家主席出身校），西安交通大学，北方交通大学，西安交通大学，台湾の台湾交通大学という5つの大学に分けられている。1965年に創立された「全米交通大学校友会」はこの5つの交通大学のOBから構成されている。「シリコンバレー交通大学校友会」は「全米交通大学校友会」の分会でもある。「全米交通大学校友会」の年次総会は毎年，米国の主要な州で順番に開催され，中国大陸における4校，台湾における1校を合わせて5校の学長がその総会に招待される。2000年の「全米交通大学校友会」は6月23〜25日，シリコンバレーのサンタクララマリオットホテルで盛大に開催された。中国大陸の聯想グループのCEO楊慶元，台湾エイサーの会長施振栄もこの盛会に参加したという。

③ 技術専門分野別の華人ネットワーク

これは出身地域，出身校とは無関係に，特定の技術専門分野を絆として結成さ

表9 シリコンバレーの代表的華人専門技術ネットワーク

専門技術組織名称	設立時期	会員数	組織の宗旨
華人ソフトウェア業界協会 Chinese Software Professionals Association	1988年	1,600	ソフトウェア専門分野における情報交換，技術の発展を促進
華人アメリカンコンピュータ協会 Chinese American Computer Corporation	1988年	300 (法人会員)	PC業界における華人技術専門家の発展，コンピュータ産業の発展を促進
華人アメリカン半導体業界協会 Chinese American Semiconductor Professionals Association	1991年	400 (法人会員)	シリコンバレーの華人専門家を支援し，情報交換，技術交流を促進
華人情報とネットワーク協会 Chinese Information and Networking Association	1992年	900	シリコンバレーの華人専門家にサービスを提供し，IT産業の先端技術の発展とビジネスチャンスの拡大において華人の役割を強化
華人インターネット技術協会 Chinese Internet Technology Association	1996年	800	華人インターネット専門家，企業にフォーラムとネットワークを提供し，情報交換とパートナーシップを強化
北米華人半導体協会 North American Chinese Semiconductor Association	1996年	700	半導体分野における米国と中国の技術交流を促進

資料：各組織のホームページを参考して作成．

れるネットワークである。「華人ソフトウェア業界協会」，「華人アメリカンコンピュータ協会」，「華人アメリカン半導体業界協会」などはその代表である (表9)。1988年から98年までの10年間に，中国大陸出身のエンジニア・科学者がこれらの技術専門分野の華人ネットワークに加盟し，その主力となっている。また，中国大陸出身の技術専門家は「華人インターネット技術協会」や「北米華人半導体協会」のような新しい専門技術のネットワークを構築し，中国大陸と連携を強めている。

④ 総合的華人ネットワーク

これは地縁，学縁，技術専門分野を横断し，シリコンバレー地域における華人技術専門家，経営者を団結させ，その利益を擁護し，しかもシリコンバレーと大

表10 シリコンバレーの総合的華人ネットワーク

地縁的組織の名称	設立時期	会員数	組織の宗旨
華人エンジニア協会 Chinese Institute of Engineers	1979年	1,000	シリコンバレーの華人エンジニア・科学者の交流を促進
シリコンバレー華人エンジニア協会 Silicon Valley Chinese Engineers Association	1989年	500	メンバーの専門知識・能力の向上，企業家精神の育成，シリコンバレーと中華経済圏との連携を促進
アジアアメリカン製造業者協会 Asian American Manufacturers Association	1980年	1,000	アジアと米国のハイテク企業の事業発展とビジネスの成功を促進
中華創業協会	1983年	65	①チームワーク精神を発揮，人材を育成，②人的資源を開拓，創造的文明を提唱，③創業資金を集め，新事業を開拓，④華人の智恵を活かして中華経済を再建

資料：各組織のホームページを参考して作成．

中華地域との交流促進を目的として結成されたものである。「シリコンバレー華人ネットワークの祖父」と称されている「華人エンジニア協会」，「シリコンバレー華人エンジニア協会」，「アジア・アメリカン製造業者協会（Asian American Manufacturers Association）」などがその代表である（表10）。

(2) シリコンバレーの華人ネットワークとその機能

では，シリコンバレーにいる華人技術専門家と経営者を上述した4つのパターンのネットワークに集結させる原動力はどこにあるのか。言い換えれば，華人技術専門家と経営者にとって，シリコンバレー華人ネットワークに加盟する魅力はどこにあるのか。シリコンバレー華人ネットワークの機能を解明してはじめて，この問いに答えることができる。シリコンバレー華人ネットワークは基本的に「社会的機能」，「事業サポート機能」，「架け橋の機能」という3つの機能をもっていると考えられる。しかも，これらの3つの機能は「華人新技術移民」，「華人技術専門家・経営者」，「ハイテク企業の華人創業者」を対象としてそれぞれ作用

図9 シリコンバレー華人専門技術ネットワークとその機能

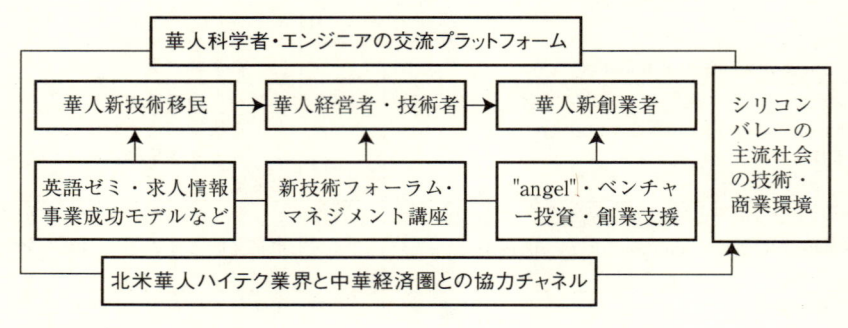

```
┌─────────────────────────────────────────────────┐
│         華人科学者・エンジニアの交流プラットフォーム        │
├──────────────┬──────────────┬──────────────┐   │ シリコン
│ 華人新技術移民 │ 華人経営者・技術者 │  華人新創業者  │   │ バレーの
├──────────────┼──────────────┼──────────────┤   │ 主流社会
│ 英語ゼミ・求人情報│ 新技術フォーラム・ │ "angel"・ベンチャ│   │ の技術・
│ 事業成功モデルなど│ マネジメント講座  │ ー投資・創業支援 │   │ 商業環境
├──────────────┴──────────────┴──────────────┤   │
│     北米華人ハイテク業界と中華経済圏との協力チャネル      │   │
└─────────────────────────────────────────────────┘
```

資料：筆者作成．

しているのである（図9）。

① 社会的機能

これは華人ネットワークの最も基礎的な機能である。1人の新しい技術移民，あるいは米国の大学から卒業したばかりの華人留学生がシリコンバレーといういままでまったく経験していなかった環境に入ると，かれあるいは彼女にとって，最も必要なのはまず，新しい環境で「生存」していく社会的な援助であろう。この社会的援助は生活情報，求人情報などの提供，環境適応，および主流社会への融合に対する支援などを含む。また，新しくてやってきた移民にとって，共通の言語と文化，民族と宗教信仰を基礎とするネットワークを通じて「安全」を獲得することの重要性も，さまざまな実証研究により明らかにされている。すなわち，華人ネットワークの社会的機能は華人技術移民に「安心感」を与える効果がある。言葉の問題は常に米国社会への適応の障害となるので，華人ネットワークの社会的機能の1つとして，新しい技術移民を対象とする「英語ゼミ」も設けられている。

事業で成功を取得した華人技術移民には，華人ネットワークを通じてシリコンバレーというハイテクコミュニティにおける「社会化」を実現し，ネットワークから生存，発展の資源をうまく獲得し，そしてシリコンバレーの主流社会に融合

してきた者が多い。「アジア・アメリカン製造業者協会」の責任者はシリコンバレー華人ネットワークとその資源の活用についてこう述べた。「ビジネスを行うことは関係づくりである。あなたはお付き合いしている人を信頼しなければならない。信頼というものは友情と専門技術ネットワークを通じて醸成してきたものである。……もし、われわれが共通のビジネス的関心をもてれば、われわれはすぐ一緒になれる。もしわれわれがすでに数年間以上付き合って信頼関係もできたとすれば、われわれは共通の目標を達成しやすい。一方、もし、私がある人を直接知らない場合でも、紹介を通じてかれと知り合えば、協力が同じように順調に進められる。要するに、われわれのビジネスにとって、ネットワークが非常に重要な役割を果たしているのだ」。

② 事業サポートの機能

現実には、ほとんどの華人ハイテク組織は、各メンバー1人1人の成功や華人企業のシリコンバレーにおける発展を促進することを組織の根本的な使命としている。したがって、華人技術専門家や企業家にとって、シリコンバレー華人ネットワークのもう1つの重要な存在価値は、メンバーたちの相互交流のために「プラットフォーム」を提供していることである。このプラットフォームを通じて、最新の技術やビジネス情報、事業の成功と失敗の経験が共有され、またネットワークが有する資源も最大限に活用される。各ハイテク組織は常にフォーラム、セミナーなどの形式を通じてメンバーに対する事業サポートを行っている。いくつかの事例をみてみよう。

1992年に設立され、現在、1,200人のメンバーを有する「華人情報ネットワーク協会（CINA）」はシリコンバレーで最も活躍で、かつ高成長の華人技術専門家の組織である。コンテンツとニューメディア、E-サービス、インターネットアプリケーション、放送通信の4つの分野で、華人技術専門家の発展とそのビジネスのグローバル化を支援するため、この協会は月1回のセミナーを開催している。

ソフトウェアとインターネット業界の華人技術専門家によって創設された「華人ソフトウェア専門協会（Chinese Software Professionals Association）」は、シリコンバレーの華人の「秘密兵器」と言われている。この協会は定期的なフォーラム

によるソフトウェア業界の情報交換を通じてメンバーに専門技術の経験を共有させ，専門技術の発展，企業家精神の確立を促進する重要な役割を果たしている。

「華人インターネット技術協会（Chinese Internet Technology Association）」は，シリコンバレー地域の技術専門家や大学の教授によって構成された華人ハイテク組織である。インテル，シスコ，HP，サン・マイクロシステムズ，インフォミクス，オラクルを含めたシリコンバレーのほとんどのハイテク企業に「華人インターネット技術協会」のメンバーがいる。この協会は，インターネット業界の華人技術専門家，企業家のために起業アイディアの提供，相互勉強，潜在的パートナーシップの形成を促進するためのフォーラムを定期的に開催し，またインターネット産業の新しい技術やグローバルビジネスに関するセミナーも定期的に主催している。さらにこの協会はハイテク起業のインキュベータとして機能することを活動の主旨の1つとしている。

「ネットワークは経済的価値を創造する」，あるソフトウェア企業の華人経営者はこう述べた。「シリコンバレーのすべてのソフトウェア会社に必ず数人の華人，あるいはインド人技術者がいる。かれらの情報を通じて，われわれ華人企業が常に自分の会社の経営方針を調整することができる」。多くの華人ハイテク企業にとって，ネットワークはまた経営リスクをヘッジする機能も果たしている。言い換えれば，ハイテク企業の経営者はネットワークの資源を最大限に活用して厳しい競争のなか，経営リスクへの対応力を向上することができる。

ベンチャービジネスを起こしたい華人技術専門家と華人系ベンチャー投資企業・華人エンジェルの双方にとって，シリコンバレー華人ネットワークは無視できない存在ともいえる。創業者が華人ネットワークに提供されるプラットフォームを通じて自分の技術成果と創業のアイディアをアピールし，華人系ベンチャー投資企業や華人エンジェルがそのプラットフォームから投資すべき華人ハイテク企業あるいは，投資すべき華人創業者を見つけることができ，しかも，最も重要なのは華人ネットワークがこの双方に「信用保証」を提供していることであろう。

③ 架け橋の機能

「社会的機能」，「事業サポートの機能」に次いで，シリコンバレー華人ネット

ワークの第3の機能はシリコンバレーと大中華地域との「架け橋」の機能である。

　シリコンバレーと中華経済地域との架け橋構築に関して，名がよく知られている「アメリカ中国エンジニア学会・シリコンバレー分会」は「米国のハイテクを故郷に持ち帰り，中華経済圏の技術レベルをアップする」ことを主旨としている。1,200名の会員を有する同協会は台北，北京で大規模のハイテクフォーラムを年1回主催し，北米の華人ハイテク業界と大中華地域との緊密な協力を促進することに力を入れている。

　1996年に，シリコンバレーの華人半導体専門家によって設立させた「北米中国半導体協会（NACSA）」もシリコンバレーの最大，かつ最も活躍している華人専門家組織の1つである。その設立の主旨は半導体分野における華人ハイテク専門家を組織，集結させ，かれらの発展を支援すると共に，中国と北米ハイテク産業との交流を促進することである。そのため，同協会は年数回の「China Trip」を組織し，半導体技術・産業に関する米中交流を大きく推進している。2000年の「NACSA China Trip 2000」では，インテル，モトローラ，フィリップス半導体など半導体メーカーの華人専門家から構成された訪問団が，スポンサーである中国江蘇省の招待を受けて現地を訪問，視察した。NACSA訪問団は数回のプレゼンテーションを通じて，① 半導体のパッケージングと組み立て，② 半導体レーザー，③ 半導体メモリー（DRAM／SRAM／Flash），④ アメリカの半導体産業の最新動向などを報告し，中国の半導体業界との交流を深めた。

　2000年8月，「アメリカ華人コンピュータ協会（NBI）」，「シリコンバレー華人エンジニア協会（Silicon Valley Chinese Engineers Association）」，シリコンバレーの華人商工団体である「アメリカ華人連合商会（Continental Chinese Chamber of Commerce）」は，シリコンバレーで「ミレニアムシリコンバレー会議：第1回グローバル華人インターネットと創業投資会議とビジネス商談会」を共同で主催した。この「ミレニアムシリコンバレー会議」は世界各地の華人投資家，華人ハイテク専門家，理論研究の学者，中華経済圏のハイテクパークの責任者，教育界の専門家を招待し，いかに米国の膨大なハイテク資源を活用して華人のハイテク事業を発展させるかについて広範な議論を行った。

　また各華人ハイテク協会は，シリコンバレーと大中華地域との「架け橋」を果

たすことにおいては，次の2点に力を入れている。すなわち，まず1つは米国ハイテク業界に大中華地域のマーケットとビジネス環境を理解させることであり，もう1つは協会メンバーの中国マーケットへの参入チャンスを拡大する支援を行うことである。シリコンバレーを本拠地として発展してきた華人ネットワークは太平洋をまたがって，世界の「ハイテクの首都」と大中華地域を緊密に連携させ，「頭脳」の国際移動に伴うハイテク移転のメカニズムをつくりあげることになった。

第3章　人材・知識資源を開拓するネットワーク

　インドと中国は，ハイレベルの教育を受けた人数がその総人口に占める割合は非常に小さいにもかかわらず，……理工学教育を受ける人数が世界のトップ5に入っている。世界の科学技術の未来は，いかにこの2つの国の豊富な人的資源を活用するかに左右されるであろう。
　　　　米国ハーバード大学ジョン・ケンニジー政治学院教授　F. M. シャラー

　われわれは過去に一度も経験しなかった歴史的な時期に入っている。歴史上，現在のような，頭脳をめぐる激しい競争や頻繁な人材の国際移動が行われた時期はなかった。
　　　　米国ペンシルベニア州立大学社会学教授　ダグラス　マッセイ

1. 知識人材をめぐるグローバル大競争

(1) 知識型経済と「ブレーン・パワー」

　2001年に，米国のIT不況により，世界経済が混迷の状況に陥ったのに対し，経済の高成長を維持している中国はイノベーション体系の構築を加速し，知識型経済の基盤を築き上げ，21世紀における国際競争力を向上させようとしている。しかし，技術イノベーションを重視し，経済構造を調整して知識型経済への移行を図っているのは，中国だけではない。米国，日本，韓国，台湾，香港，シンガポールなどのアジア太平洋地域における主要各国・地域はともにイノベーション政策と計画を打ち出し，実施し始めている（表1）。
　表1に示されているように，米国の「イノベーションのための投資」，「米国イ

表1 アジア太平洋地域の主要各国・地域のイノベーション政策・計画

国・地域	イノベーション計画名	企画・担当機関	発表時期(年)	政策・計画の主な特徴
米国	①イノベーションのための投資	競争力委員会	1997	イノベーションのための投資政策・技術政策
	②グローバル化:米国イノベーションの新しい政策	競争力委員会	1998	国家イノベーションプラットフォームの構築
	③未来を開く:新しい国家科学技術政策	下院科学技術委員会	1998	基礎研究,教育,科学技術への投資に関する政府の姿勢についての提言
日本	科学技術基本政策	科学技術会議（内閣総理大臣が議長）	2000〜05	新産業の創出,環境・エネルギー・資源など地球規模の問題の解決を研究開発推進の方向に,基礎研究を振興し,新たな研究開発システムを構築し,望ましい研究基盤を実現し,政府の研究開発投資を拡充する
中国	①「863計画（中国ハイテク発展計画）」	科学技術省	1986〜	情報,バイオなど6つの分野でハイテクの研究発展を推進する
	②「火炬計画（中国ハイテク産業指導計画）」	科学技術省	1988〜	ハイテクの産業化を推進
	③技術イノベーションプロジェクト	国家科学技術委員会	1996	技術のイノベーションに関する制度の改革,企業の研究開発の強化
	④「973計画（国家重点基礎研究発展計画）」	国務院	1997	農業,エネルギー,情報,資源と環境,人口と健康,新材料についての重点研究
	⑤知識イノベーションプロジェクト	国家科学技術と教育指導チーム	1998	知識経済,国家イノベーション体系,研究開発機関の改革に関する政策
台湾	科学技術発展方案	台湾科学技術会議	1998〜01	2010年に「科学技術化国家」の実現を目標に,アジア太平洋地域における研究開発中心,ハイテク製造中心,科学技術島を建設
香港	デジタル21世紀・情報科学技術戦略	香港特別行政区政府	1998	政府・工商業界,学術界一体で,香港を21世紀における最先端のデジタル都市にする
シンガポール	産業21発展計画	経済発展計画	1998	知識型産業の発展方針
韓国	①科学技術イノベーション5ヵ年計画	科学技術省	1997	基礎研究,応用技術の発展と投資計画
	②創造的研究開発の振興計画	科学技術省	1997	基礎研究,新しい技術と産業に関する計画
インド	①新世紀,科学技術行動計画	科学技術省	1999	技術イノベーション,競争力,教育

資料:筆者作成.

ノベーションの新しい政策」,「未来を開く：新しい国家科学技術政策」,日本の「科学技術基本政策」,台湾の「科学技術発展方案」,韓国の「科学技術イノベーション5ヵ年計画」,シンガポールの「産業21発展計画」,インドの「新世紀,科学技術行動計画」は,いずれも政府に主導されているイノベーション促進のための国家・地域プロジェクトであるともいえる。これらのプロジェクトの実施は,21世紀における経済の持続的発展を実現し,グローバルな競争優位を獲得するために展開されている技術イノベーションの国際大競争である。そして,この大競争はある意味でいえば,人材をめぐるグローバル大競争でもある。なぜなら,技術イノベーションに最も重要な役割を果たしているのは,人間の創造力であり,経済用語でいえば「人的資本」であるからである。イノベーションの成否を左右する条件は多いが,「ブレーン・パワー（Brain Power）」とそのパワーが発揮できるメカニズムは最も重要な条件の1つである。この点はイノベーションのグローバル大競争に参加している各国・地域に十分に認識されているはずである。

　ここで,特に指摘したいことはイノベーション能力の強化のために行われている人材のグローバル競争は「頭脳の流出」と「頭脳の還流」といった人材の国際移動を促す要因の1つとなっていることである。一般的に言えば,人材の国際移動とその流れに影響を与えるのは「2つの手」がある。「1つの手」は市場という「見えない手」である。知識・技術,個人の成功のチャンス,待遇などの国家・地域間の格差が存在しているかぎり,市場という「見えない手」の働きで,人材は知識・技術レベルが低く,個人の成功するチャンスも比較的に少なく,待遇も低いところから,技術レベルが高く,チャンスが多く,待遇も高いところへと「自然に移動」していく。言い換えれば,インドと中国などのアジア諸国と欧米諸国との間に,上述した格差が存在するかぎり,アジアから欧米への人材の国際移動は今後も継続するであろう。

　人材の国際移動とその流れに影響を与える「もう1つの手」は国家の政策ツールであり,これは「見える手」である。国家・地域の経済発展の戦略に基づいてつくられたさまざまな政策ツール（例えば,移民政策）は人材の国際移動とその流れを自国・地域まで吸引してくる有効な手法である。欧米の先進諸国は知識・技術の優位,比較的高い待遇などを背景に,自国・地域のイノベーション能力を

強化するための政策ツールを使って発展途上国の頭脳を吸収している。一方，中国はイノベーションによる「経済成長パターンの転換」のためにさまざまな政策ツールを工夫して「頭脳の還流」を促すことに力を入れている。要するに，「見えない手」と「見える手」の共同作用が人材国際移動の新しい原動力を形成しているのである。

さらに，1990年代後半，グローバル企業のイノベーション戦略とその世界的展開も人材の国際移動を促す要因の1つとなっている。こうして，人材のグローバル競争は国家・地域の次元，グローバル企業の次元という2つの次元で行われることになった。本章はグローバル企業という次元に分析の焦点を置き，グローバル企業のイノベーション戦略と人材の国際移動を考察しようとしているが，この作業に入る前に，まず，国家・地域という次元における人材競争および，その競争のため，使われた政策ツールや競争の環境を考察してみよう。

(2) 人材をめぐる国家・地域間の競争とその政策ツール

国家・地域の競争力を分析する場合，人的資源の状況，特に国家・地域の全人口に対する研究開発に従事する科学技術人材数が1つの重要な比較指標として取り上げられることがある。また，この指標と経済発展水準との間に密接な相関性をもつことも指摘されている。1990年代前半における主要各国・地域の1万人当たりの研究開発に従事する科学技術者数は**表2**に示されている。日本や米国などの先進諸国が豊富な研究開発人材を有する国家としてその強力な技術パワーを世界に示していた。しかし，1990年代後半から，情報革命に促進されている「知識型経済社会」の到来に伴って，主要各国・地域の人的資源の事情が急変している。先進諸国と発展途上国がともにイノベーションの重要な担い手である科学技術人材の不足という深刻な問題に直面している。

知識，アイディアを産出する科学技術人材の不足は世界的問題として表面化している。例えば，米国科学基金会の推測によると，2000年に，米国では45万人の科学技術者が不足となり，06年に，その数は65万人に達する。01年，景気拡大を10年間も持続していた米国経済がIT不況により減速し，情報技術者の需要

表2 主要各国・地域の1万人に対し研究開発に従事する科学技術者数（1990年代前半）

ランク	国　家	1万人に対し研究開発に従事するエンジニアの人数
1	日　本（1992年）	41
2	米　国（1991年）	36
3	ノルウェー（1992年）	32
4	西ドイツ（1989年）	28
5	シンガポール（1992年）	23
6	デンマーク（1991年）	23
7	フランス（1991年）	23
8	イギリス（1992年）	22
9	韓　国（1990年）	16
10	イタリア（1990年）	13
19	中　国（1993年）	3
20	インド（1992年）	1

資料：米国国家経済と社会委員会『世界教育報告』1995年．「New Perspectives on Economic Growth and Technological Innovation」より．

も2000年には44％減で90万人となった．にもかかわらず，情報技術者に対する需要は依然として強く，供給を大きく超える状況が続いていると専門家が指摘している．米国情報科学技術協会の主席ミラーは，景気の低迷が今年の科学技術人材の需要に影響を与えているが，新しい人材への需要は変わっておらず，01年に必要とされている90万人の新規雇用のうち，約42万人は資格を満たす申請者がなく，不足のままだと指摘している．

また，欧州情報技術研究所の研究報告によると，欧州にとって情報技術発展の最大の障害は人材の不足で，企業がよい人材を見つけられないことである．同報告書は2003年，欧州では1,320万人の人材が必要となり，そのうちの1,150万人は欧州域内で供給できるが，170万人が不足となるので，欧州域外から誘致しなければならないと指摘し，この数字が数年後さらに増えてくると予測している．オーストラリア，シンガポール，香港，台湾といったアジア太平洋地域の国・地域も「知識型経済」を発展させるためのIT人材不足という難問に直面している．そこで，主要各国・地域はともにそとへ目を向け，海外の人材を誘致するための政策ツールを工夫し，人材のグローバル大競争に参入している（表3）．

「IT先進国」である米国は「H-1bビザ」という政策ツールを使ってインドと

表 3　IT人材を競争するため欧米とアジア諸国・地域が使われている「政策ツール」

国家・地域	法制度	主な内容	背景
米国	・H-1bビザ（移民法の一部として成立）	IT分野の外国人材を対象にH-1bビザの上限を1999年の12万人から2000年の20万人に拡大	約45万人分のハイテク関連の仕事が米国就職者の不足のために埋められない
ドイツ	・ハイテク移民制度	2000年7月，EU域外出身のIT人材（インド人，中国人を含め）を対象に年間2万人を吸収し，有効期限5年	約10万人のIT人材不足，今後数年間にも毎年6万人の人材不足が発生
イギリス	・特別就労ビザの発給制限を緩和，入管手続きの簡素化	就労許可証の発給制限を緩和	IT人材が不足
オーストラリア	・入国移民制度の見直し	ビザ発給制度を緩和	約4万人のIT人材が不足
韓国	・「ゴールドカード」制度	ITや電子商取引など分野の学士以上の学歴をもち，実務経験が2年以上の外国人に対して，国家間のビザ協約と関係なく，3年間の数次就労ビザを発行	2005年に，製造業におけるIT関連の中・高位技術の就業者数が全体の39.4％に達するため，専門技術人材の需要が増える
シンガポール	・Q1ビザ（外国科学技術者の就労ビザ）の発行 ・入国・移民制度の見直し	有能な外国人材にすぐシンガポールの永住権を与え，シンガポールの国民になる道も開く	2010年にまでに，25万人のIT技術者の確保が目標，平均年間1万人の人材が必要となり，その40％は海外から誘致しかできない
香港	・優秀人材誘致計画 ・中国大陸専門人材導入計画	中国大陸の人材，海外華人技術専門家を香港に誘致，上限なし	年間13,000人のIT技術人材が不足
台湾	・行政院科学技術顧問チーム「科学技術人材案」を提出	大陸人材の台湾進出の統制を緩和，優秀人材の長期間基礎研究を許可，大陸人材への研究援助，台湾技術者並み，大陸出身の海外留学生を積極的に誘致，数量制限なし	今後3年間，台湾が57,000人のハイテク人材を不足

資料：筆者作成．

中国などの外国の人材を大量に吸収している。「H-1bビザ」とは学士以上の学歴でプログラマーやエンジニアなどの特定の技術をもつ外国人に，3年間米国での就労を認める一時的ビザである。米国ジョージ・タウン大学の調査によると，1999年までにH-1bビザで米国に入国している外国技術者はすでに42万人に達している。にもかかわらず，情報業界の人材不足の危機が依然として緩和されていない。これからさらに深刻化するとみられるIT人材の不足を解消するため，米国政府は情報業界の強い要請を受けて「H-1bビザ」の発給を増やす対応策を打ち出した。2000年10月，米国下院と上院は「H-1bビザ増枠法案」を採決した。この法案はH-1bビザの制限を2000年の115,000人から今後3年間で毎年20万人に増やすとしている。言い換えれば，この法案の成立により，今後3年間に，米国ハイテク企業は60万人の外国ハイテク人材を獲得することができるのである。米国情報技術産業界会長ピッド・ダウンソンは「この立法は近いうちに，米国情報業界の人材不足の危機を緩和することができ，ハイテクによる米国経済の継続的成長が確保されるであろう。……人材こそは米国の科学技術分野における世界的優位を維持する最も重要な条件である」と指摘している。

　情報技術の発展で，米国に遅れをとったEUは，IT人材育成の遅れ，出生率の低下に伴う人材の後継者への不安などで，IT人材の不足も顕著になりつつあり，これはすでにEUの知識型経済発展のネックとなっている。EU委員長フロディーは「EUがアメリカに追いつき，世界経済のリーダーになるとすれば，まず人材不足の問題を解決しなければならない」と指摘し，人材育成策や移民政策の見直しについて共通の対応策をとるようとEU諸国に呼びかけている。IT人材の不足が年間約6万人と推測されているドイツは，2000年から移民に関する法制度を修正し，技術移民の入国手続きを簡略化させ，EU域外出身のIT人材（インド人，中国人を含め）を年間2万人の規模で誘致する方針を打ち出している。2000年9月，外国のIT人材を誘致する一環として，ドイツは「中国のシリコンバレー」と呼ばれる北京・中関村で「ドイツ・オンライン」のWebサイトを開設し，中国のIT人材を募集しはじめている。

　人材の不足は労働集約型経済から知識型経済へと転換しようとしているアジア諸国・地域にとっても大問題となっている。ここで，かつて「NIES」と呼ばれ

ていた韓国，シンガポール，台湾，香港におけるIT人材競争の動向を考察してみよう。

　韓国では，ITや電子商取引など分野の人材とその需要がますます増える見込みである。2000年3月，韓国労働研究院が「知識基盤産業の人力需給実態および需要展望」と題した報告書を発表した。それによると，05年に，製造業におけるIT関連の中・高レベル技術の就業者数が全体の39.4%を占めることになる。韓国政府は今後の人材確保のため，関連分野の人材育成策を講じながら，2000年11月から，海外の優秀なIT人材を誘致するための「ゴールドカード」制度を実施しはじめている。この制度はITや電子商取引分野の学士以上の学歴をもち，実務経験が2年以上の外国人が対象で，国家間のビザ協約と関係なく，外国のIT人材に3年間の数次就労ビザを発行するものであり，インドなどアジア諸国から毎年数千人の技術人材を誘致しようとしている。

　2000年4月に，シンガポールはアジア地域における最先端の情報通信インフラを構築するための「情報通信21基本計画」を発表したが，この計画実現のキーポイントは人材の確保であると専門家は指摘している。現在，アジアのIT先進国として注目が集まっているシンガポールには，中国，インドなどの海外人材の入国・就労が急増している。例えば，2000年6月に，外国人労働者の就労者総数に占める割合は29.2%に達し，61万人にものぼった。情報通信開発庁（IDA）は電子商取引を含めたインターネットビジネスの急速な発展を背景に，今後，IT人材に対する需要がさらに増加し，特に「情報通信21基本計画」を実現させるため，2010年にまでに，25万人のIT技術者が必要となり，そのうち，少なくとも40%の者を海外から誘致しなければならないと指摘している。シンガポール政府は「開いた心」で外国人労働者を迎えるようにシンガポール国民に要請し，入国・移民制度を見直し，Q1ビザ（外国科学技術者の就労ビザ）の発行を増やしながら，有能な外国の人材にシンガポールの永住権やシンガポール国籍の取得の道を開いている。

　一方，ハードウェア生産の世界的拠点である台湾は「科学技術島」の建設というスローガンを打ち出し，アジア太平洋地域における研究開発センター，ハイテク製造センターを目指し，2010年に「科学技術化国家」の目標を実現しようと

している。しかし，「科学技術島」の建設にはさまざまな難問があり，そのなかで，やはり人材の不足が最大の難問となっている。台湾政府の予測によると，ソフトウェア産業だけで3年間に22,000人の人材が足りなくなる。また，台湾電子電機同業公会は今後3年間，台湾で57,000人のハイテク人材が不足となると指摘している。人材不足を緩和するため，台湾行政院科学技術顧問チームは「科学技術人材案」を提出し，中国大陸の人材を誘致できるように従来の政策を修正する案を打ち出している。例えば，大陸人材の台湾進出に関する統制の緩和，優秀な人材が長期間にわたり基礎研究を行うことの許可，台湾技術者並みの研究援助の提供，中国大陸出身の海外留学生の入国上限撤廃など対応策を考えている。

知識型経済社会へのシフトを図っている香港でも，技術専門人材の不足が強く懸念されている。香港情報科学技術ネットワークエンジニアリング協会の予測によると，香港では，年間13,000人のIT技術人材が不足している。また，政府の報告によれば，2005年には98,000人の情報技術人材が必要となる。その対応策として，香港財政司長官が2001～02年度の香港財政予算案で，中国大陸から専門人材を導入する計画の実施を提案し，情報技術関連の人材を上限なく受け入れるするよう要請している。

上述したように，先進諸国・地域にせよ，発展途上国にせよ，知識型経済への転換を図っている世界主要各国・地域はともに人材不足という共通の課題に直面しているし，ともに外国人材を誘致するための措置を打ち出してグローバル規模の人材競争に参入している。では，これらの国・地域の人材に対する膨大な需要に対応できる人的資源はどこにあるのか。言い換えれば，不足している技術専門者を外国人で補う場合，その外国人材の供給源はどこにあるのか。

そこで，注目が集まっているのは潜在的な人的資源が豊富だとみられるインド，中国といった国家である。米国移民局が公表したデータによると，1999年に，米国が11.5万人の外国技術者にH－1bビザを発行した。そのうち，インド人が46％，中国大陸出身者が10％をそれぞれ占めている。2000年までに，約10年間続いた米国のニューエコノミーがもたらした景気は，アジアの人材，特にインドと中国の人材によって支えられてきた部分が大きいといっても過言ではないであろう。

(3) ハイテク企業とイノベーションのグローバル展開

　米国連邦貿易委員会の元首席エコノミスト，ハーバード大学ジョン・ケンニジー政治大学院教授 F. M. シャラーは『経済成長と技術イノベーションの新しい原動力（New Perspectives on Economic Growth and Technological Innovation）』という本で，世界の科学と研究活動の成長を維持させる最も重要なチャンスはインド，中国など国の「人材庫」をいかに有効的に開発するかにあると指摘し，次のように述べた。「インドと中国は，ハイレベルの教育を受けた人がその総人口に占める割合は非常に小さいにもかかわらず，……理工学教育を受ける人数は世界のトップ5に入っている。世界の科学技術の未来はいかにこの2つの国の豊富な人的資源を活用するかに左右されるであろう」。ハーバード大学ジョン・ケンニジー政治学院科学技術と公共政策教授の LEWIS M. BRANSCOMB は「新世紀のイノベーション政策」という論文で米国政府のとるべきイノベーション政策について，米国企業の世界的規模での人材発掘活動を支援することを含めた6つの原則を提起し，次のように強調している。「米国はグローバル化がもたらすイノベーションのチャンスを活用すべきである。米国政府は米国企業の国内外における先端的なイノベーション活動を支援し，世界的規模における技術知識資源から最大の利益を米国企業に獲得させる。同時に，科学研究とイノベーション活動の理想的地域としての米国の優位性を維持しなければならない。……米国企業はイノベーションの能力を有する人的資源を獲得するチャネルを必要としている。能力があり，かつ競争力がある人的資源を開発することは国家の将来を決めるキーポイントであり，政府が関与すべき最も重要な領域である」。

　2001年8月，共和党ブッシュ政権は知識への投資，イノベーションに対する奨励を柱とするハイテク振興計画を公表した。そのなかで，ブッシュ政権は米国企業とのパートナーシップにより，新技術を最大限に開発，利用し，米国の技術競争力を維持することを強調している。国家間のイノベーション競争において，米国政府は米国企業による研究開発のグローバルな展開や人的資源の競争を支援する戦略を明確に打ち出している。

第3章 人材・知識資源を開拓するネットワーク

 では，米国ハイテク企業は具体的にどう行動しているのか。2001年3月，米国ナスダック市場のハイテク株が急落し，IT不況に伴うハイテク企業の大規模な人員削減が行われている最中，サン・マイクロシステムズの総裁兼CEOエドワード・ザンダーは中国を訪問し，サン・マイクロシステムズと中国教育省が10の国家レベルの遠距離教育センターを共同で建設し，同社がこれらの遠距離教育センターに160万ドルの設備を寄付することを宣言した。これと同時に，北京で「SUN技術エンジニアリングセンター」を設立する計画も公表した。「サン・マイクロシステムズ・グローバルエンジニアリングプログラム」の一環として計画された同センターは同社のソフトウェア開発のグローバル・ネットワークにおける重要な拠点と位置づけられている。エドワド・ザンダー総裁は，サン・マイクロシステムズはこれから数百名の中国の最優秀なソフトウェアエンジニアを吸収し，かれらにサン・マイクロシステムズの米国本社の開発部隊と共同で世界レベルのソフトウェアを開発させ，中国の豊富な人的資源を開拓する意向を表明した。実際には，サン・マイクロシステムズは1997年から，「Tiger Plan（虎プラン）」と呼ぶ中国事業の長期発展戦略に基づいて，研究開発センターを設立し，研究開発と国際レベルの人材育成に力を注いだ。「ナスダック市場だけ見てはいけない。情報技術のトレンドを見よう。IT時代は始まったばかりで，……われわれがいまやらなければならないことは最優秀の研究開発人材を吸収し，近い将来にどのような技術的な突破があるかを研究することである」。これはナスダック市場が急落した最中，エドワード・ザンダーが中国に残したメッセージである。数ヵ月後の7月10日，米国のIT不況はいっそう深刻してきた。今度，サン・マイクロシステムズの副総裁，ソフトウェアグループのCEOソルジー女史は中国を訪れ，北京で「SUN中国工程研究所（SUN Engineering & Research Institute）」を設立し，ケンブリッジ大学の華人学者宮力をこの研究院の院長を任命することを公表した。サン・マイクロシステムズの中国人的資源の活用計画はIT不況に影響されず，逆に加速されている。

 「ナスダック市場の下落はしばらく続くが，シスコの『未来を代表する事業』に対する自信は動揺していない」。2001年3月，米国IT不況で「流血している」ネットワーク機器大手のシスコも中国での研究開発投資の拡大計画を表明し

た。シスコ（中国）有限公司の総裁杜家濱は，シスコは中国でVOLP研究とブロードバンドネットワーク研究を行う2つの実験室を新たに設立し，シスコにとって，米国市場に次ぐ第2の市場と位置づけられている中国で，人材育成を強化する方針を明らかにした。1998年，シスコは中国で「ネットワーク技術実験室」を設立した。この実験室は同社のグローバルレベルでの3大実験室の1つであり，アジアにおける最大のネットワーク実験室でもある。シスコのCEOジョン・チェンバースは「ネットワークと教育はわれわれの未来を決定する」といつも強調している。シスコは米国労働省，教育省，米国通信労働者連合，アリゾナ州立大学と共同でIT人材育成のためのオンライン・システムを開発し，米国でIT人材の育成において最も積極的なハイテク企業と評価されている。98年から，シスコは米国で行っている人材育成の産官学共同プログラムを中国に適用させ，中国政府，大学と連携して15の大学で30の「シスコネットワーク技術学院」を設立し，中国におけるネットワーク技術者の育成事業を促進している。2000年10月，ジョン・チェンバースCEOが3回目の訪中をし，中国の西部地域における28の大学での「シスコネットワーク学院」の設立に関して中国政府と合意した。

　巨大市場を狙いながら，豊富な人的資源を獲得するため，イノベーション活動を中国まで展開していることでは，サン・マイクロシステムズとシスコはけっして先行者ではなかった。IBM，モトローラ，マイクロソフト，インテル，コンパック，HP，ルーセント・テクノロジなど米国ハイテク企業は1990年代中期から，すでに中国で研究開発センターや研究所を設立し，中国の豊富な人的資源を開拓しはじめていたのである（**表4**）。米国の米中商会北京事務所主任，ジョン・フライスベーは，90年代から中国に進出するグローバル企業は意識上の変化をみせていると指摘し，これらの企業は製造，販売から研究開発までの全面的ソリューションを開発していると分析している。ここでいうグローバル企業の「全面的なソリューション」の最も重要なポイントはイノベーション活動のグローバル的展開と人的資源の獲得である。

　1999年10月，GEの会長ウェルチは中国・上海で開催された「フォーチュン・グローバルフォーラム・上海」で，「グローバル企業が直面している真の挑

表4 米国企業の対中投資と R&D 展開の時期

企業名	対中投資総金額(億ドル)	現地企業数(社)	R&D の展開時期(年)	R&D 拠点の名称	R&D の投資金額(万ドル)	R&D 拠点の展開地域	R&D 拠点の責任者
①Intel	5	3	2000 1994	Intel 中国実験室 Intel 中国研究センター Intel 技術発展（上海）	 5,000 2,000	北京 北京 上海	容志誠
②マイクロソフト	1	2	1998 1995	マイクロソフト中国研究院 マイクロソフト R&D センター	8,000 年間2,000	北京 北京	李開復 張相輝
③ルーセント・テクノロジー／ベル研究所	2.1	11	2000 1997	Bell-lab 中国基礎科学研究院 Bell-lab（北京） Bell-lab（上海） ルーセント・テクノロジー深圳広帯域ネットワーク R&D センター	15,000 (5年間) 1,000	深圳 北京 上海 北京	李大維 許浚 陸永興
④モトローラ	32	9	1999	モトローラ中国研究所（20の研究開発センターより構成）	15,000	北京 上海	郭可尊
⑤IBM	4.5	10	1995	IBM 中国研究センター	—	北京	葉天正
⑥サン・マイクロシステムズ	—	—	1997 2001	SUN 技術開発センター SUN 技術エンジニアリングセンター		北京	高克家
⑦ヒューレット・パッカード	—	—	1997	科恵研究センター	300	北京	—
⑧シスコ	—	—	1998	中国ネットワーク技術実験室	500	北京	杜家濱
⑨コンパック	—	—	1998	電子商取引ソリューション・技術開発センター 電信ソリューション・技術開発センター	—	上海 上海	

注：R&D 拠点の責任者は皆華人である．
資料：筆者作成．

戦は人材のグローバール化である。……いかなる代価も惜しまないで最適な方法で人材を獲得できる会社こそが真のグローバル企業と言える。人材のグローバル化こそ，企業をグローバル化への道に進ませる」と述べた。シーメンス CEO は「グローバル経営のキーポイントは人材をいかに吸収するか，である。ニューエコノミーのモデル構築においては，新しいゲームのルールがつくられる。そのルールの1つは人材の競争を懸命に行うことであろう」と指摘し，さらに「将来，

世界の潜在的能力を活用することは企業のイノベーションを駆動する新しいルールとなる。この潜在的能力がどこにあるかにかかわりなく，情報技術はこの傾向の可能性を増やしている」と述べた。

一方，世界の潜在的能力を発掘するため，マイクロソフトの首席技術官ネセン・メルオットは「FOLLOWING TALENT（人材を追いかける）」というスローガンを明確に打ち出し，「人材こそはイノベーションを成功させる前提条件である。われわれは人材を追いかけることを決意し，中国という人材の非常に豊富な地域でマイクロソフト研究所を設立することを決断したのである」と，米国本土，欧州に次いで中国を基礎研究の3大基地の1つとする理由を明らかにした。

研究開発のグローバルネットワークを中国までに広げると，米国ハイテク企業は低コストで質のいい人材を獲得することができる。IT関連職の平均賃金をとってみると，中国の賃金水準は米国国内の10分の1にすぎないといわれている。外国ハイテク企業の研究開発拠点は中国でたくさんの応募者から優秀な人材を選ぶこともできる。筆者が企画した「中国におけるグローバル企業の研究開発センターに関する調査」の結果によると，中国の大学生，技術者は，① 一流の研究開発環境で仕事ができる，② 最先端の技術に接する機会が多い，③ 外国企業本社へ研修の機会があるという3つの理由，あるいは動機で，外国企業の研究開発センターでの就職を希望するのである。

米国ハイテク企業の中国における研究開発の展開は単なる研究開発センターや研究所の設立だけでなく，中国の大学・研究機関との研究協力にも力を注いでいる。中国の大学との共同研究，依頼研究などを通じて，大学の抱えている人材を間接的に活用することができるからである（図1）。

ここで，インテル，マイクロソフト，ルーセント・テクノロジー，IBMなどの事例を取り上げ，米国ハイテク企業の中国における人材獲得競争やイノベーション活動の実態を検証してみよう。

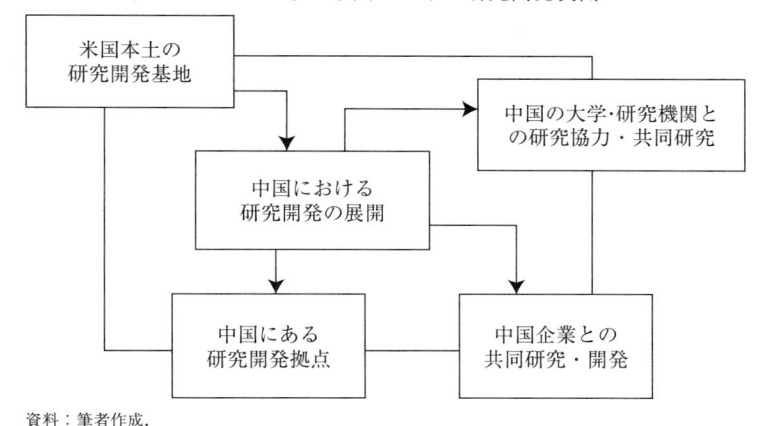

第3章　人材・知識資源を開拓するネットワーク

図1　米国ハイテク企業の中国における研究開発展開のパターン

[図：米国本土の研究開発基地／中国における研究開発の展開／中国の大学・研究機関との研究協力・共同研究／中国にある研究開発拠点／中国企業との共同研究・開発]

資料：筆者作成．

2. インテル：華人技術専門家に支えられているコアビジネスと研究開発

　「研究開発はインテルの事業の長期的な発展，情報技術分野における優位を確保する原動力である。中国はインテルのグローバル研究開発領域における重要地域となっている。インテルの研究開発はコンピュータとインターネット市場の発展を促進しながら，中国のインターネット経済に原動力を提供していく」。2000年10月，インテルのCEOクレイグ・バレット博士は北京で開催された「インテル中国電子商取引フォーラム」で，政府高官と産業界のリーダーなどの1,000人を超えた参加者の前で，新世紀におけるインテルの中国IT事業戦略をアピールし，北京で「インテル中国実験室科学研究委員会」と「インテル中国実験室」を設立することを公表した。

　2000年に入って，インテルはトップレベルの戦略の重点を従来の「PC環境」から「インターネット環境」に転換し，サーバーアプリケーションの代わりに，モバイルインターネット，第3世代移動通信（3G）プラットフォームの構築を

新たな戦略目標と決めている。この戦略の転換を実現させるため，インテルは中国を含めたグローバル事業戦略の再構築を行うと同時に，研究開発の資源も見なおしている。インテル中国実験室はこの戦略的背景のもとで創立されたのである。

インテルには華人を含めたアジア系の人的資源を活用する伝統がある。例えば，インテルの3大コア・ビジネスを担う「インテル・アーキテクチャー・グループ」，「セールス＆マーケティング・グループ」，「テクノロジー＆マニュファクチャリング・グループ」という3つのグループのうち，華人が2つのグループのCEOを担当している（図2）。「マイクロプロセッサーの父」と称され，現在，インテル社の副社長，「インテル・アーキテクチャー・グループ」のCEOを担当している虞有澄（Albet Y.C.Yu）は本書の第2章で紹介したように，中国・上海出身で，シリコンバレーにおける米国ハイテク企業の最初の華人経営者でもある。

インテルの経営者は華人を含めたアジア人材を，次のように高く評価している。「インテルは自社の知識と経験に照らし，米国生まれの人々にかぎって合格の人材を採用する事は非常に難しいと感じている。現在，インテルで働いているエンジニアのうち，華人やインド人などアジア系のエンジニアの比率は非常に高い。インテルは，アジア系エンジニアは米国生まれのエンジニアより倫理感，責任感が高いと認識している」。現実に，インテルの研究開発部門において，華人専門家の全研究開発者に占める割合は非常に高い。例えば，虞有澄をCEOとする「インテル・アーキテクチャー・グループ」のエンジニアの状況をとってみると，4,597人のエンジニアのうち，華人やインド人など米国以外の国籍をもつエンジニアの占める割合は68％にも達している。しかも，同グループのエンジニアは，学歴でみると修士号を有する者が全体の67％，博士号を有する者は同7％（両者合計74％）で，年齢でみると35歳以下が全体の63％を占めている（表5）。要するに，若く，質のいい華人とインド人のエンジニアがインテルのイノベーション活動を支える最大の原動力となっているのである。

インテルのグローバル研究開発ネットワークは米国本土，イスラエル，ドイツ，中国（北京，上海）の4つの地域における研究開発拠点から構成されている。その研究開発の経費は年間40億ドルで，研究開発の範囲はチップの研究開発はもちろん，インターネットと無線通信分野の基礎研究（サーバ，ユーザーエンド，

第3章 人材・知識資源を開拓するネットワーク

図2 インテルのコア・ビジネスとその華人経営者

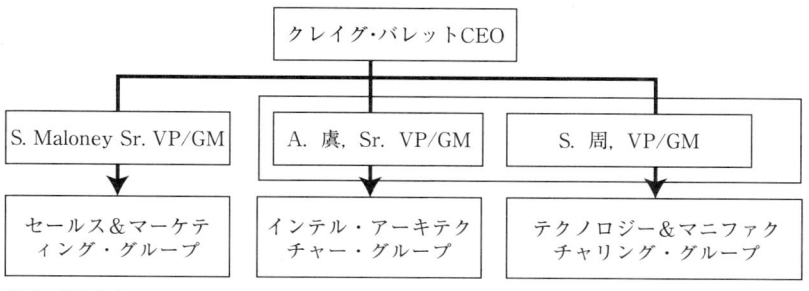

```
            クレイグ・バレットCEO
    ┌───────────┼───────────┐
S. Maloney Sr. VP/GM   A. 虞, Sr. VP/GM    S. 周, VP/GM
    ↓               ↓               ↓
セールス＆マーケテ  インテル・アーキテク  テクノロジー＆マニファク
ィング・グループ   チャー・グループ    チャリング・グループ
```

資料：筆者作成．

表5 インテル・アーキテクチャー・グループのエンジニアとその性格
(単位：人, ％)

カテゴリー	プロフィール (2000年)	
エンジニア数	ハードウェア	3,172
	ソフトウェア	1,027
	CAD	398
	合 計	4,597
年齢構成	30歳以下	32
	30〜35	31
	36〜40	24
	40歳以上	13
学歴	BS	19
	MS	67
	Ph.D	7
	その他	7
勤続年数	10年以上	39
	10〜20	48
	21〜30	9
	31年以上	4
半導体分野の経験年数	10年以上	30
	10〜20	55
	21〜30	8
	21〜30	7
国籍	米国	32
	その他（華人，インド人を中心）	68

資料：日立総研．

ネットワーク通信，インターネット，サービス）などの分野に及んでいる。2000年10月25日，北京で設立された「インテル中国実験室」は，インテルが1995年以来，中国で設立したすべての研究開発拠点を統括，運営する「研究開発の地域統括本部」の性格をもつ機関である。インテルはこの実験室と「インテル中国実験室科学研究委員会」を通じて，中国にある研究開発資源と米国本土を含めたグローバルの研究開発資源を有機的に統合させ，最大限に活用しようとしている。インテル中国実験室の傘下には，「インテル中国研究センター」，「インテル中国ソフトウェア実験室」，「インテル・アーキテクチャー実験室」，「インテル無線技術開発センター」，「インテル・インターネット交換枠組開発センター」の5つの研究室・研究センターがある（図3）。これらの実験室・研究開発センターでは，人—マシンのインターフェース，特に音声認識技術とそのネットワーク上の応用に関する研究，マルチメディアリアルタイム処理関数ベースの開発，画像の国際標準の研究，システムソフトの開発，アプリケーションの開発，インテルのプロセッサによる開発ツールパッケージの開発，無線通信の製品とソフトウェアの開発などが行われている。そのうち，上海で研究開発された「無線言語認識システム」は，世界的標準として採用された。

インテルはまた，急成長を遂げている中国の移動通信市場に注目し，モバイルインターネット事業を半導体，電子商取引の両事業と共に「インテル中国IT戦略」の3つの柱としている。そのため2000年に，北京で「無線通信技術研究開

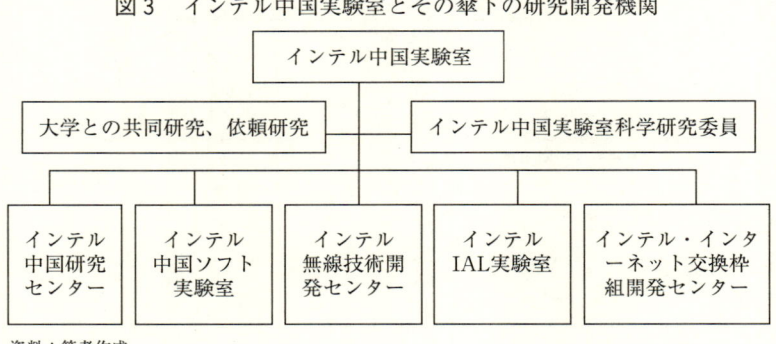

図3　インテル中国実験室とその傘下の研究開発機関

資料：筆者作成．

発センター」を設立し，モバイルインターネット技術研究や端末設計などを行っている。同社はまた中国の家電大手の康佳集団と第3世代移動通信端末製品を共同開発するための協力覚書を調印し，「3G研究センター」を共同で設立し，中国の次世代移動通信市場における技術優位を確立しようとしている。

　無線通信，電子商取引といった新しい分野を見据えて，インテルは豊富な人材を抱えている中国の重点大学との共同研究を特に重視し，共同研究や研究助成などの形で中国の重点大学とのパイプをつくっている。2001年4月5日，クレイグ・バレットCEOは中国の清華大学を訪問し，電子商取引実験室の設立資金として同大学に20万ドルを寄付してこう述べた。「われわれは大学との協力を通じて研究プロジェクトを推進していく。学生たちに最新の技術ツールを使って電子商取引の研究プロジェクトに参加させる機会を提供し，これにより，未来の電子商取引と社会発展のための専門人材を育成しようと努力している」。

　インテルはカーネギーメロン大学，コーネル大学，ハーバード大学，ミシガン大学，清華大学の5つの大学に電子商取引実験室の設立資金を寄付したが，清華大学はインテルに選ばれた唯一の米国本土以外の大学である。中国の清華大学を選んだ理由としては，同大学の教育水準，研究開発の実力を高く評価したこと，中国の電子商取引市場の潜在的可能性に特に注目していることがあげられている。クレイグ・バレットCEOは中国の電子商取引市場に関してこのように分析している。すなわち，中国はPCとインターネットの普及率はまだ低いが潜在力が大きい，例えば，① これからの数年間に，学校オンラインがインターネット普及の最大の起爆剤となり，家庭オンラインも年間12％の伸び率で増えていくこと。また，② 中国政府が電子商取引を重視しており，ITインフラ整備への促進，インターネットの接続料金の低減など環境づくりに積極的な姿勢を見せていること，さらに，③ IT産業がすでに中国の経済発展の牽引車となり，IT産業のGDPに占める割合が高まっていること，そして最後に，④ WTO加盟と市場開放に伴い，外資の中国市場への関心がさらに高くなることである。

3. マイクロソフト：13億人から選んだ100人の最聡明の学生

2000年6月はマイクロソフトの未来の運命を決める重要な1ヵ月であったといわれている。新製品 Windows Me の発表（6月19日），マイクロソフト独占禁止法案を担当するジョンソン裁判官によるマイクロソフトの業務に対する制約条項の解除（6月20日），マイクロソフトの新しい事業戦略として位置づけられる Microsoft.Net 構想の公表（6月22日），そしてマイクロソフト中国研究所・マルチメディア研究チームによるビル・ゲイツに対する研究成果の報告（6月23日）など，ビル・ゲイツにとって，これ以上重要な時期はなかったようである。2000年1月に，マイクロソフトの CEO を辞め，会長と首席ソフトウェア設計者に転身したビル・ゲイツはこの数ヵ月間に，長引く裁判への対応，マイクロソフトの将来を左右する新しい事業戦略の構築に苦慮していた。6月になって，状況が一変し，特にマイクロソフト中国研究所から来た4人の華人専門家による研究成果の報告はビル・ゲイツを興奮させ，Microsoft.Net 構想の実現もこれらの優れた華人専門家の創造的研究により，具体的なビジョンが見えるようになってきた。

「DOS」から「Windows」へ，さらに「Office」から「Microsoft.Net」への事業戦略の転換をビル・ゲイツの「独創」というならば，マイクロソフト中国研究所の創立はビル・ゲイツの「傑作」とたとえてもよい。1998年に，ビル・ゲイツの決断で創立されたマイクロソフト中国研究所は2年後の2000年，すなわちビル・ゲイツが「Microsoft.Net」という新しい戦略を全面的に実行しようとする時期に重要な役割を果たし始めている（図4）。

ビル・ゲイツが中国の北京をマイクロソフトの海外にある2番目の基礎研究の基地と選んだ最大の理由は，巨大市場よりも，人的資源が豊富ということである。ビル・ゲイツはこう述べた。「マイクロソフト中国研究所を設立する最も重要な目的は優秀な人材を吸収することであると思う。われわれはすばらしい人材を吸収することができた。例えば，マルチメディアの分野で名前がよく知られている李開復，中国でかつて有名な"コンピュータ天才少年"と呼ばれた張亜勤などの

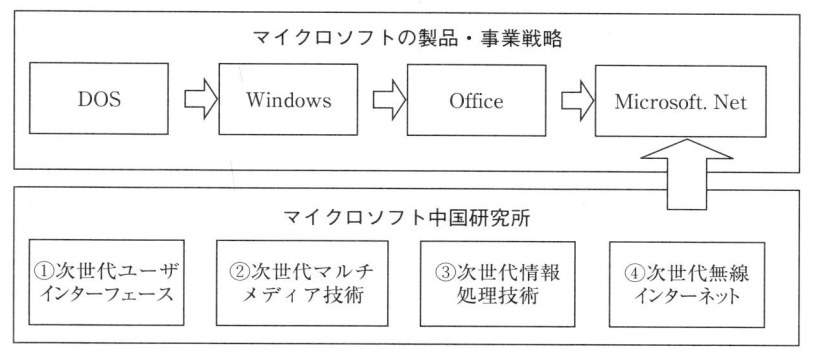

第3章 人材・知識資源を開拓するネットワーク

図4　インテル中国実験室とその傘下の研究開発機関

```
┌─────────────────────────────────────────────────────┐
│           マイクロソフトの製品・事業戦略              │
│  ┌─────┐ ⇒ ┌────────┐ ⇒ ┌──────┐ ⇒ ┌──────────────┐│
│  │ DOS │   │Windows │   │Office│   │Microsoft. Net││
│  └─────┘   └────────┘   └──────┘   └──────────────┘│
└─────────────────────────────────────────────────────┘
                                           ⇑
┌─────────────────────────────────────────────────────┐
│              マイクロソフト中国研究所                 │
│ ┌────────┐ ┌────────┐ ┌────────┐ ┌────────┐        │
│ │①次世代 │ │②次世代 │ │③次世代 │ │④次世代 │        │
│ │ユーザ  │ │マルチ  │ │情報    │ │無線    │        │
│ │インター│ │メディア│ │処理技術│ │インター│        │
│ │フェース│ │技術    │ │        │ │ネット  │        │
│ └────────┘ └────────┘ └────────┘ └────────┘        │
└─────────────────────────────────────────────────────┘
```

資料：筆者作成．

人材が現在，マイクロソフト中国研究所で仕事をしている」。マイクロソフトの首席技術官ネセン・メルオットは「人材こそは研究を成功させる前提条件である。われわれは人材を追いかけることを決意し，人材が豊富なところで研究所を設立することを決定したのである」。ビル・ゲイツの言葉によれば，マイクロソフトは「専門家を探すのではなく，潜在力ある人材を探す」ために，中国で研究所をつくったのである。ビル・ゲイツのいう「潜在力」とは聡明さ・知恵，創造力，勉強の能力，仕事に対する熱意，事業に身を捧げる精神を指している。ビル・ゲイツは清華大学で大学生との交流，論議を通じて，中国の大学生がこのような潜在力をもっていることを感じたという。

「There is talent in China, pure and simple. World-class talent。……Their mathematics background is excellent. It's disciplined and thorough in a way that you often can't find in the West.（中国に人材がいる。単純かつ勤勉で，世界レベルの人材である．……彼らの数学の能力が一流だ。欧米では，このような訓練をよく受けた人材はあまり見つからない）」。これはマイクロソフト副社長李開復の中国の人材に対する評価である。本籍が中国の四川省で台湾生まれの李開復は，音声認識・人工知能・マルチメディアなど分野の専門家である。李開復は1990年代初期，米国カーネギーメロン大学の「スター」として同大学のコンピュータ専門の博士号を取得し，その後，シリコンバレーに移り，アップルコンピュータ・マルチメディア技術の研究開発担当の副社長，SGIの副社長を経験した。98年，音声認識の

専門家, マイクロソフト研究所 (ワシントン州ライトモ) の上級研究員である黄学東 (中国清華大学出身) が李開復をマイクロソフト社へ誘い, またカーネギーメロン大学の元教授で, マイクロソフト研究開発担当の副社長であるリック・ラシッド (Rick Rashid) はマイクロソフト社がケンブリッジ研究所と同じものを中国でつくることを計画しており, その研究所の所長への就任を李開復に要請した。李開復はこの要請を喜んで受け入れた。こうして, 98年11月, マイクロソフト中国研究所の設立に伴って, 李開復は同研究所の初代所長に就任することになった。

　マイクロソフトのグローバル研究ネットワークは基礎研究と応用開発の2つの次元から構成されている。基礎研究を行う機関は「研究所」であり, 応用開発を行うのは「研究開発センター」である (本書「はじめに」図8を参照)。1997年まで, マイクロソフトはすでに3つの研究所を設立した。米国国内には, 90年代初期にワシントン州のライトモとカリフォルニア州のシリコンバレーで研究所をそれぞれ設立し, 海外には, 97年にイギリスのケンブリッジで研究所を設立した。その後, ビル・ゲイツはマイクロソフトの4番目の研究所 (海外にある2番目の研究所でもある) をインドに設立することを考えたが, 97年秋, 北京を訪問した時, 清華大学の学生と直接対話をする機会があり, 同大学の学生の潜在的能力に感銘し, マイクロソフトの4番目の研究所を北京に設立することを決意したわけである。マイクロソフトは95年に応用開発の拠点として, 中国北京で「マイクロソフト中国研究開発センタ」を設立していたが, マイクロソフト中国研究所の設立はマイクロソフトのグローバル研究ネットワークの中国展開が応用開発の次元から基礎研究の次元までにレベルアップしたことを示している (表6)。

　1998年11月, マイクロソフト中国研究所が設立された時, 人員は初代長李開復を含め, 2人だけであったが, 李開復の人員計画は「野心的な」もので, 2年後, 研究者数を100人に増やすということであった。この計画を実現するため, 李開復は米国と中国で人材獲得競争の「作戦」を展開してきた。設立当初, 李開復の直面した課題はまず, 米国にいる優秀な華人専門家を説得し, 「有志」をマイクロソフト中国研究所に加えることであった。コンピュータ専門の名門大学であるカーネギーメロン大学での留学経験, シリコンバレーでのハイテク企業の経

第3章　人材・知識資源を開拓するネットワーク

表6　マイクロソフトの中国における研究開発機関

機構名	研究内容	研究者・技術者数	位置づけ	その他
1. マイクロソフト中国R&Dセンター（1995年設立）	情報家電 中国語処理技術 米国本社に対する研究開発の支援	150名	同社の海外にある第3の研究開発センター	総経理：張輝 研究開発費：年間2,000万ドル
2. マイクロソフト中国研究所（1998年設立）	次世代マルチメディア技術 次世代ユーザインターフェース 次世代情報処理技術 次世代無線インターネット技術	100名	同社の海外にある第2の研究所（アジアにある唯一の研究所）	・院長：張亜勤 ・研究開発費：8,000万ドル（第1期）

資料：マイクロソフトのホームページより作成．

験をもつ李開復にとって，知っている華人専門家は数え切れないほどともいえる。しかも，マイクロソフト本社で働いている18,000人の従業員のうち，約850人が華人であり，米国本土にある2つのマイクロソフト研究所の全研究者の10%が華人である。さらにマイクロソフト研究所（ライトモ）の院長凌大任も本籍が中国上海で，イタリア生まれの華人である。マイクロソフトの華人専門家から「有志」を募集し，中国における基礎研究のチームをリードできる基幹研究者として，自分と一緒に中国に行ける者がいるのか，李開復はマイクロソフトにおける華人ネットワークを活用して行動し始めた。

マイクロソフトの米国ライトモ本社ビルには，最初の「有志」が現れた。それはソフトウェアテストエンジニア陳宏鋼と研究員凌小寧の2人である。2人とも米国の大学で留学し，コンピュータ専門の博士号を取得した後，マイクロソフトに入社したものである。その後，マイクロソフト本社の研究員沈向洋も「有志」としてマイクロソフト中国研究所に加盟した。李開復にとって，米国の優秀な人材の誘致で，最も成功したのは，「世界レベルのコンピュータ科学者」といわれる張亜勤を自分のチームに引っ張り込んだことである。

マルチメディアの専門家である張亜勤の履歴にはいくつかの「最年少」の記録がある。1980年代，「天才少年」であった張亜勤は12歳で，中国科学技術大学

「少年班」の「最年少」の大学生となった。そして17歳で，同大学の電子工学研究科の修士号を取得し，20歳で，米国ジョージ・ワシントン大学に留学してコンピュータ専門の博士号を取得し，さらに31歳の若さで，米国電気電子エンジニア協会の最年少のメンバー（Fellow of IEEE）となった。マイクロソフト中国研究所に加盟する前に，張亜勤はすでに米国で150の学術論文を発表し，30の特許を取得している。98年，張亜勤は同年度，「米国最優秀青年電子エンジニア賞」を受賞し，クリントン大統領からこのようなお祝いの親書をもらった。「親愛なる張亜勤博士：あなたが98年の米国最優秀青年電子エンジニア賞を受賞したことを心からお祝い申し上げます。あなたは努力と責任感の価値を真に理解しています。わたしはあなたが獲得した特別な成果は汗と智恵による結晶であると信じており，あなたが新しい成功を獲得することをこころから期待しています。ビル・クリントン」。やがて張亜勤をはじめとする12名の米国華人専門家がマイクロソフト中国研究所を支える12本の柱として，李開復の傘下に集まることになった。

次に，李開復は中国で優秀な人材を吸収する「作戦」を指揮し，米国から北京に連れてきた華人専門家たちが「面接審査官」として中国の重点大学から応募してきた若い学者と博士コースの院生との面接を行い，募集定員10倍以上の応募者から合格者を選び出した。李開復の「作戦」は予想外の大成功を遂げた。1年後の1999年，李開復はマイクロソフト中国研究所の指導チームを率いてマイクロソフト本社に戻り，ビル・ゲイツに第1回目の研究報告を行うとき，「13億中国人から選んだ100人の最も聡明な学生」をタイトルとして，マイクロソフト中国研究所の「人材構造」を説明し，ビル・ゲイツを喜ばせた（図5）。

ビル・ゲイツは中国の優秀な人材をいかに吸収することに特に関心があり，中国国内における人材の移動を阻害していた「戸籍制度」とその改革の現状までに詳細に聞いたこともある。マイクロソフト中国研究所は「人材を追いかける」方針に従って，中国の重点大学の学生をターゲットとし，さまざまな形式で最優秀な人材を吸収している。例えば，全国の重点大学の学生を対象に，「マイクロソフト学者計画」や「研究成果開放日」などの活動を行い，これによって研究所の優れた研究環境と一流の研究成果をアピールしている。「マイクロソフト学者計

第3章　人材・知識資源を開拓するネットワーク

図5　マイクロソフト中国研究院の「人材構造」
13億中国人から選んだ100人の最も聡明な学生

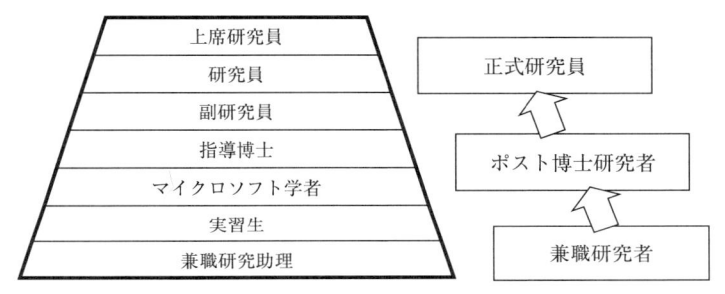

（ピラミッド図：上から）
上席研究員
研究員
副研究員
指導博士
マイクロソフト学者
実習生
兼職研究助理

正式研究員
↑
ポスト博士研究者
↑
兼職研究者

資料：凌志軍『智恵の追求：マイクロソフトの中国人』中国友誼出版社, 2000, 9.

図6　重点大学の豊富な人的資源をターゲットとするアプローチ

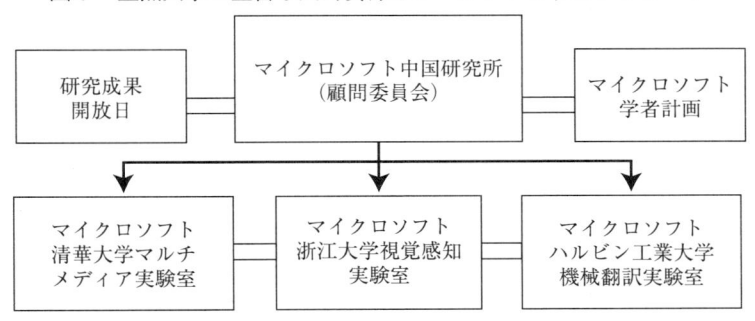

（組織図）
研究成果開放日 ― マイクロソフト中国研究所（顧問委員会） ― マイクロソフト学者計画
↓　　　　　　　　↓　　　　　　　　↓
マイクロソフト清華大学マルチメディア実験室　―　マイクロソフト浙江大学視覚感知実験室　―　マイクロソフトハルビン工業大学機械翻訳実験室

資料：マイクロソフトのホームページより作成.

画」は毎年，全国範囲から10数名の最優秀なコンピュータ専門の人材を選出し，かれらに「マイクロソフト学者証書」を授与し，研究手当て，海外研修援助，研究所での兼職の機会を提供し，全面的な資金援助を行うことである。マイクロソフト中国研究所はまた，清華大学，浙江大学，ハルビン工業大学といった中国の重点大学との間に計算技術の基礎研究を行う実験室を共同で設立し，大学の人的資源を活用している（図6）。

　「中国研究所の仕事はマクロソフトの新しい戦略（Microsoft. NET）の展開に密接に関係しており，非常に重要である」。2000年6月23日，ビル・ゲイツはマイクロソフト中国研究所・マルチメディア研究グループから「マルチメディア研

究の最新の進展報告」を受け,「すばらしい」と評価し,この研究成果のマイクロソフト本社のソフト生産部門への移転を促した。1998年に設立されてから2000年までの2年間に,マイクロソフト中国研究所はアメリカ本社のソフト生産部門に12の研究成果を移転し,70の特許を申請し,90の学術論文を発表した。その結果,2000年8月,マイクロソフト中国研究所の初代院長である李開復はマイクロソフト社の副社長に昇格し,マイクロソフト社の新しい事業戦略「Microsoft.NET」の推進という重責を任ぜられた。そして,マイクロソフト中国研究所の元副院長,首席科学者張亜勤は院長に昇格することになった。

4. ベル研究所:通信分野におけるイノベーションの重鎮とその中国への展開

「ベル研究所は通信の基礎研究を重視する伝統がある。いままで,このような研究はすべてニュージャージー州で行っていた。中国は人材が豊富で,しかも世界一流の人材も多いので,基礎研究を行う良好な条件を有する。また,中国は通信の大市場で,データ通信,光通信,無線通信など市場の潜在的需要が非常に高い」。ベル研究所のCEO アロン・ネチャヴェリはこう述べ,研究開発の中国における展開をベル研究所の重要な課題の1つとして,1997年から,ベル研究所の中国進出を積極的に推進している(図7)。

ベル研究所は通信分野では,「創造的な研究開発機構」としてその名が知られている。現在,同研究所は全世界29の国に3万人の科学者・エンジニアを有し,その研究開発のグローバルなネットワークがルーセント・テクノロジー社のビジネスを支えている。ベル研究所の科学者・エンジニアのなかでも,華人専門家は通信技術のイノベーション活動に大きく貢献している。例えば,同社のノーベル賞の受賞者は11名にのぼるが,そのうち,朱隷文,崔奇の2名が華人である。1997年5月,ベル研究所は中国に進出し,北京と上海で研究機構をそれぞれ設立し,マルチメディア,通信,デジタル信号処理,通信ソフトなどの研究開発を行い,これと同時に,清華大学,北京大学,復旦大学,上海交通大学といった中

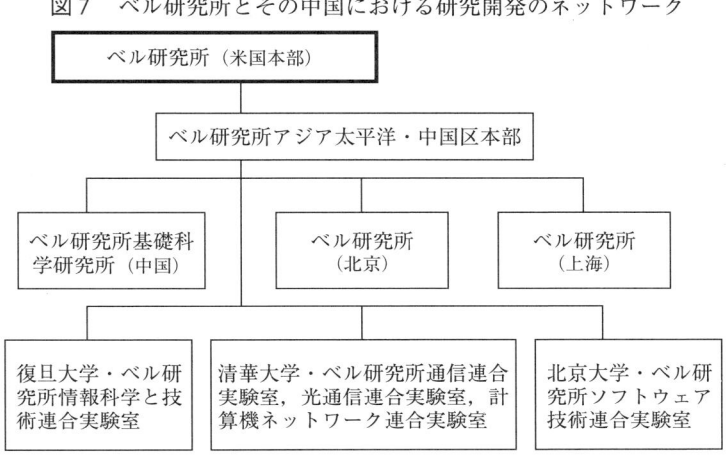

第3章 人材・知識資源を開拓するネットワーク

図7 ベル研究所とその中国における研究開発のネットワーク

```
                    ベル研究所（米国本部）
                           │
                ベル研究所アジア太平洋・中国区本部
                           │
        ┌──────────────────┼──────────────────┐
   ベル研究所基礎科         ベル研究所              ベル研究所
   学研究所（中国）         （北京）               （上海）
        │                    │                     │
   復旦大学・ベル研      清華大学・ベル研究所通信連合      北京大学・ベル研
   究所情報科学と技      実験室，光通信連合実験室，計      究所ソフトウェア
   術連合実験室          算機ネットワーク連合実験室       技術連合実験室
```

資料：ベル研究所のホームページより作成．

国の超一流の大学との共同研究あるいは依頼研究を推進している。99年1月，ベル研究所は中国における研究開発のネットワークを強化するため，北京で「ベル研究所アジア太平洋と中国区本部」を設立し，ベル研究所ネットワーク研究部の責任者で，華人専門家である許浚（J.Carl Hsu）が，アジア太平洋と中国区本部のCEOを担当することになっている。許浚は台湾出身で，71年に米国カリフォルニア州立大学のコンピュータ博士号を取得し，85年からベル研究所で研究の仕事に従事しながら，コロンビア大学の客員教授を兼任している。

2000年3月，ベル研究所は中国のシリコンバレーと呼ばれる北京・中関村で「ベル研究所基礎科学研究所（中国）」を設立した。これはベル研究所が1925年に設立されて以来，初めて米国本土以外で設立された基礎科学の研究を行う機構である。この基礎科学研究所の設立は通信分野におけるイノベーションにおいて，ベル研究所の中国に対する期待が非常に大きいということを表している。100名程度の最優秀な人材を吸収することを目標とするベル研究所基礎科学研究所はネットワーク，ソフトウェア，通信，光フィーバーネットワーク，コンピュータ技術，応用数学など領域の基礎研究を行い，ベル研究所の米国本部とアジア太平洋地域・中国との架け橋として機能する。ベル研究所基礎科学研究所の初代所長

に就任したのは香港生まれ，中国蘇州育ち，現在，米国情報通信学会の副主席を担任している華人専門家李大維（David Lee）である。中国における「イノベーションセンター」として位置づけられているベル研究所基礎科学研究所について，李大維はこう紹介している。「この研究機構には世界中で，最もすばらしい科学研究の環境を有するだけでなく，世界レベルで最も優秀な人材を有している。ベル研究所はこれらの優れた人材に手厚い待遇を提供し，研究者たちが自分の才能を十分に発揮できるように工夫している」。

現在，ベル研究所は中国で300名の研究開発者を有している。研究開発者のうち，博士号の取得者が全体の24％を占め，修士号の取得者は同68％にも達している。中国にある研究開発機関と米国本土にある研究開発機構との研究協力を強化し，また中国の研究開発者のイノベーション能力を向上させるため，ベル研究所は中国研究者の研修に，最近の2年間で800万ドルの教育資金を投資し，9割の中国研究者に米国での研修（6ヵ月）を受けさせた。今では，ベル研究所の中国での研究水準はベル研究所米国本部と同じ水準に達していると評価されている。

2001年4月23日，李大維院長は北京でベル研究所基礎科学研究所の設立1周年の記念活動で，1年の間に，同研究所の主な研究成果，米国特許の申請件数，研究成果のルーセント・テクノロジー米国本社への移転などの状況を紹介した。李大維院長によると，まず1つの成果は中国次世代インターネット（Internet 2）の研究開発に参加し，中国教育科学研究コンピュータネットワーク（CERNET）を通じて，中国次世代インターネットに加入したことである。もう1つの成果は光ネットワーク管理システム（ONMP）の開発である。この研究成果はすでに米国特許を申請し，またルーセント・テクノロジーの米国本社に移転しており，製品部門によって商品化されている。

「ベル研究所は一番いい大学で一番いい学生を選んで採用する伝統がある」と，ベル研究所アジア太平洋と中国区本部のCEO許浚は，ベル研究所が一流の大学との協力関係を重視する理由を語っている。ベル研究所は中国の人的資源を開拓するため，中国国家教育委員会との間に「ベル研究所と中国の科学技術協力覚書」を締結し，清華大学，北京大学，復旦大学，上海交通大学など8つの重点大学との間で通信分野における研究協力を行い，また，3つの大学で5つの共同実

験室を設立している。こうして，ベル研究所の中国における研究開発のネットワークは基礎科学研究所（中国），ベル研究所（北京），ベル研究所（上海）に加え，清華大学，北京大学，復旦大学との5つの共同実験室から構成されることになっている。ベル研究所は中国の重点大学との研究協力を通じて，最小限の投資により最大限の人材活用の効果を上げているといわれている。

ベル研究所の中国における研究開発拠点はベル研究所の米国本部とともに24時間体制で研究開発を行っている。また，これらの研究開発拠点はルーセント・テクノロジーのグローバル事業，特に同社のアジア太平洋地域におけるビジネスの展開を，技術とサービスの両面からサポートする役割も果たしている。中国で11社の現地企業を設立したルーセント・テクノロジー自体も中国で2つの研究開発拠点をもっている。1つは「上海ルーセント・テクノロジー科技光ネットワーク有限公司」である。これは同社のアジア太平洋地域における重要な光ネットワーク研究機構である。もう1つは，1999年10月に設立された「ルーセント・テクノロジー深圳ブロードバンドネットワーク研究開発センター」で，これは同社の海外における最大のネットワーク研究開発基地，かつ中国の最大のブロードバンドネットワーク研究開発センターでもある。

5. モトローラ：移動通信の雄と中国におけるイノベーション

「技術イノベーションは企業の生命力である。モトローラは誕生の日から科学技術の研究と開発に力を入れてきた。過去の数十年間，わが社の従業員の優れた創造力は通信と半導体産業分野におけるモトローラの世界的リーダーの地位を確保してきた。中国は科学技術のイノベーションを国策としている。したがって，わたしは『モトローラ中国研究所』の設立を大変喜んでいる。これはわれわれの中国に対する長期的なコミットメントであり，21世紀における中国の科学技術イノベーションへの確信の表れでもある。モトローラ中国研究所はモトローラの米国，欧州における研究開発機関と一体となり，モトローラのグローバルの研究開発ネットワークを共同で構築し，21世紀におけるモトローラの中国でのさら

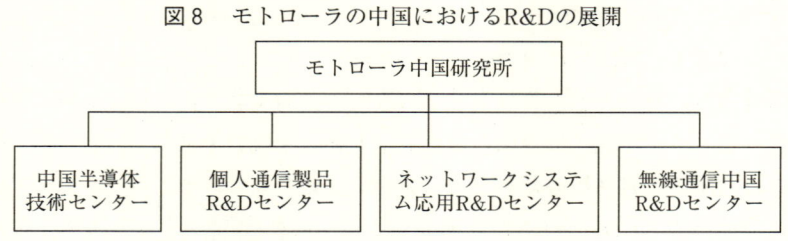

図8　モトローラの中国におけるR&Dの展開

```
                    モトローラ中国研究所
    ┌───────────┬───────────┼───────────┬───────────┐
  中国半導体     個人通信製品   ネットワークシステ   無線通信中国
  技術センター   R&Dセンター   ム応用R&Dセンター   R&Dセンター
```

資料：モトローラ（中国）有限公司のホームページより作成．

なる発展のための堅実な基盤を確立するであろう」。1999年12月，モトローラ中国研究所が設立される際，モトローラのCEOクリス・ゴルウンはこのようなメセージを送った。

　中国移動通信市場を一時期制覇していた「移動通信の雄」と称されるモトローラは，1990年代初期から研究開発の中国展開を推進しはじめた。2001年3月までに，モトローラ中国研究所の傘下にはすでに25の研究開発センターが有り，研究開発者は1,000名を超え，モトローラの中国における研究開発への投資総額はすでに18億人民元に達している（図8）。イノベーションの最も重要な担い手は重点大学である。モトローラは北京大学，清華大学，復旦大学など重点大学との研究協力事業を通じて中国の人的資源を最大限に活用している（表7）。

　2000年に，中国のIT産業は35%の伸び率で大きく成長し，中国経済成長のエンジンとなっている。モトローラは，中国IT産業を牽引していくのは通信であると認識し，中国通信産業への投資をさらに拡大して，中国通信市場における技術的優位を確保するため，生産技術の中国への移転を加速しながら，研究開発といったイノベーション能力の中国への移転も強く推進している。モトローラ中国研究所はこのような背景で設立されたのである。

　モトローラ中国研究所は2つの役割を果たしている。まず1つはモトローラの中国事業をサポートすることであり，もう1つはグローバル研究開発ネットワークの一部としてイノベーション活動を行い，モトローラのグローバル通信ビジネスにおける優位を確保することである。モトローラ中国研究所傘下のいくつかの研究開発センターを例にとってみよう。

　モトローラの中国ビジネスへのサポートを目的として機能しているのは，「個

表7 モトローラと中国の重点大学との協力事業（一部）

研究協力の大学名	協力事業名	協力事業の内容
清華大学	モトローラ・清華大学半導体連合研究チーム 清華大学・モトローラ嵌入技術教育実験室 清華大学・モトローラワン・チップ・コンピュータ応用研究開発中心	半導体生産システムの研究・開発，SiGe材料とデバイスの研究・開発 嵌入式システムの応用開発 通信・家電，工業制御などの分野における応用開発
北京大学	北京大学・モトローラ半導体連合実験室	ナノMSFET寿命予測モデルの研究・開発
復旦大学	復旦大学・モトローラワン・チップ・コンピュータ応用研究開発中心	ワン・チップ・コンピュータソフト開発，シミュレーションシステムの開発，応用システムの開発
南京大学	モトローラ・南京大学新材料連合研究チーム	半導体新材料の研究・開発
深圳大学	深圳大学モトローラワン・チップ・コンピュータ応用開発センター	アプリケーションソフトウェアの開発
広東工業大学	広東工業大学・モトローラワン・チップ・コンピュータ応用研究開発中心	智能化製品の研究・開発

資料：モトローラ（中国）電子有限公司ホームページより作成．

人通信製品研究開発センター」，「モトローラ蘇州科学技術センター」，「ESDLシステム開発実験室」，「モトローラ中国半導体技術センター」などである。「個人通信製品研究開発センター」はモトローラ個人通信グループがアジア太平洋地域に設立した4つの研究開発センターの1つである。研究開発費が年間約5,000万ドルに達している同センターは，モトローラの最先端の技術を生かして中国向けのモバイルインターネット製品を開発している。1995年に設立された「モトローラ中国半導体技術センター」はモトローラのグローバル半導体技術研究の重要な実験室の1つである。同センターは半導体デバイス，システムチップの集積技術，ハイレベルの半導体材料と関連するソフトウェアの研究開発を行っている。モトローラは半導体技術の研究開発において，中国の産業界，大学との協力を重

視し，北京大学，清華大学，中国科学院との間に連合実験室を共同で設立し，また中国の重点大学に半導体技術の実験設備を寄付し，いくつかの大学で「モトローラ半導体教育基金」を設けている。

　中国でのイノベーション活動を通じてモトローラのグローバル規模のビジネスを支援することを目的として設立されているのは「モトローラ中国ソフトウェアセンター」，「アジア太平洋ネットワークシステム応用研究開発センター」，「モトローラ無線通信グループ中国研究開発センター」などである。1993年に設立された「モトローラ中国ソフトウェアセンター」はモトローラグローバルソフトウェアグループの一部でもあり，中国で初めてのCMM（Capability Maturity Modelの略，ソフトウェア能力成熟モデル，米国防省のソフトウェア開発機関に対する評価基準）に基づいて業務を行うソフトウェア開発機関でもある。同センターは北京，南京，成都の3つの開発拠点から構成され，世界各地で活動しているモトローラの全ての部門にソフトウェアサービスを提供している。「モトローラアジア太平洋ネットワークグループシステム応用研究開発センター」は当初，中国市場の需要に対応するために設立された研究開発機関であったが，現在，モトローラのグローバル，特にアジア太平洋地域向けの移動通信ソリューションを開発する拠点として成長してきた。2000年に，同センターはCMMレベル5の認証を受けた。「モトローラ無線通信グループ中国研究開発センター」はモトローラの米国本土，欧州における研究開発部門と密接に協力してアジア太平洋地域向けの最先端の無線通信製品，ソリューションを開発し，すでに中国，韓国，タイなど国・地域の市場のための無線通信システムを開発した。

6.　IBM：中国のIT教育事業への投資と電子商取引戦略

　「中国は世界中，人数が最も多く，質が非常に良いエンジニアを有し，中国市場は世界中，成長が最も早い。IBMは中国をグローバル経営の重要な一部とし，IBMのグローバルネットワークにおける中国の役割を常に考えている。……われわれは中国の一流の大学から最優秀の学生を採用している。いままで，IBMは

IT設備の寄付や人材訓練への協力を通じて，中国の大学に合計1億ドルを投資した。世界のトップクラスのハイテク企業の支援で，中国の大学は世界でも先進的な研究水準とすばらしい研究成果を示す機会を得たわけである」。2001年4月，「IBMと中国教育省の大学協力プロジェクト年次総会」が中国・杭州で開催され，IBMの大学協力プロジェクト担当の副社長アン・ガッドナー女史は新世紀に，IBMの中国IT教育事業への投資計画を公表し，大学協力事業を通じてIBMと中国との共同の発展を以上のように強調した。

「IBMは中国との長期的で真のパートナー関係を構築することを希望し，中国情報技術の教育事業とその発展に貢献したい」。IBMの中国教育事業に対する投資はガースナー会長の江沢民国家主席への約束でもある。この約束に基づいて，IBMは中国の16の大都市にある23の大学で「IBMコンピュータ技術センター」を設立し，30の大学でIBMの先端技術に関する教育コースを開設している。2000年，IBMは北京大学，清華大学と提携して，「IBM北京大学イノベーション研究所」と「IBM清華大学イノベーション研究所」をそれぞれ設立し，IBM側が大学に研究，実験用のソフトウェア，ハード設備，研究経費，専門家を提供し，大学側が研究人材を提供して，双方が電子商取引，ナレッジマネジメントなどを研究テーマとして研究協力を行っている。「これは世界中最も優秀な頭脳と知恵との出会いである」と，IBMの幹部が述べている。

IBMはまた中国で「電子商取引学院計画」を実施し，中国の電子商取引人材の育成に協力している。IBMは最初に電子商取引の概念を中国に導入したハイテク企業で，ガースナー会長は中国で電子商取引の「伝道師」とも呼ばれている。1999年から，IBMは中国大学における電子商取引の人材育成への協力に注力し，21世紀における中国電子商取引市場における優位を維持しようとしている。この1年間に，IBMは「電子商取引学院計画」に基づいて，復旦大学，浙江大学，華南理工大学，中山大学，西安交通大学など6つの重点大学での「電子商取引学科」の新設に全面的に協力し，電子商取引のテキストやソフトウェア，実験用プラットフォームの提供，教員の訓練，プログラムの設置などを支援している。

中国の大学との協力プロジェクトから，IBMは大きな収穫を得た。2001年，中国のある調査会社は北京にある大学の卒業生を対象に就職する場合の希望先に

ついてアンケート調査を実施し，その結果，IBMが就職希望先の第1位に選ばれ，29％の大学卒業生が卒業した後，IBMで就職したいと答えた。大学生の間で高い認知度をもつことによって，IBMは中国の重点大学から優秀な人材を採用することができるのである。「教育事業への投資はビジネス上のすべての投資と同じである。われわれは100％利益追求の企業で，株主に対する責任をもっている」とアン・ガッドナー女史が述べた。IBMは世界各地の大学との研究協力事業により，年間約30,000件の特許を取得し，2000年に，IBMは特許の使用許諾により20億ドルの利益を獲得したという。

IBMは初めて中国で研究開発センターを設立したハイテク企業の1つでもある。1995年，IBMのグローバル研究開発ネットワークの一部として，「IBM中国研究開発センター」が北京で設立された（図9）。IBMのグローバル研究開発ネットワークは，① ニューヨーク研究開発センター（研究開発本部），② カリフォルニア州研究開発センター，③ テキサス州研究開発センター，④ 中国研究開発センター，⑤ スイス研究開発センター，⑥ イスラエル研究開発センター，⑦ 東京研究開発センター，⑧ インド研究開発センターの8つのセンターから構成され

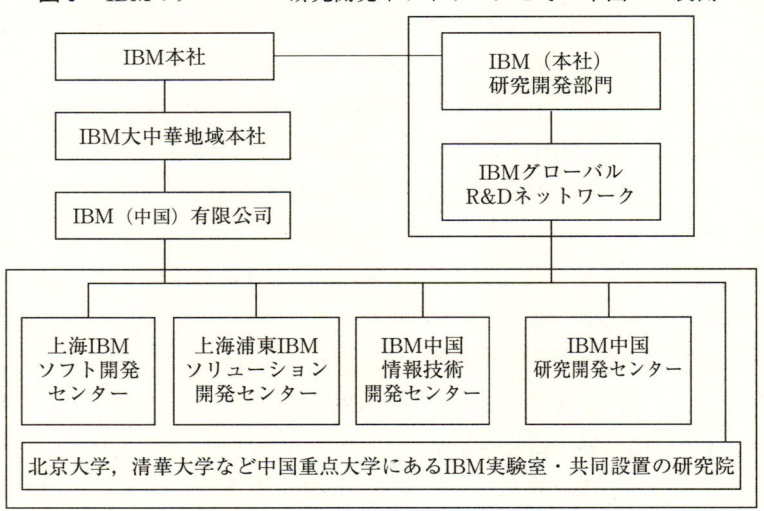

図9　IBMのグローバル研究開発ネットワークとその中国への展開

```
IBM本社 ──────────── IBM（本社）
   │                  研究開発部門
   │                     │
IBM大中華地域本社        │
   │                  IBMグローバル
   │                  R&Dネットワーク
IBM（中国）有限公司
   │
 ┌─┴────┬────────┬────────┬────────┐
上海IBM  上海浦東IBM  IBM中国   IBM中国
ソフト開発 ソリューション 情報技術  研究開発
センター  開発センター  開発センター センター

北京大学，清華大学など中国重点大学にあるIBM実験室・共同設置の研究院
```

資料：筆者作成．

ている。この研究開発ネットワークは3,000名の研究者（うち，博士号取得者1,500名，ノーベル賞の受賞者5名）を有し，特許申請件数がアメリカ第1位で，豊富な競争資源をもっている。IBM中国研究開発センターは75名の研究者を有し，うち，博士号の取得者34名，修士号の取得者30名，米国から帰国している華人専門家が3名で，中国の超一流のエンジニアが集まっている研究開発機関であるといわれている。

第4章　ブレーン・パワーと中国のイノベーション体系

　　私の教え子はなぜ戻ってこないのか。
　　　　　　　中国国務院総理，清華大学経営管理学院長　朱　鎔基

　　台湾の人材回流の経験から考えると，中国から海外に行った人材は今後の10〜30年以内に，科学技術，経営管理のノウハウ，ビジネスの経験をもって還流して帰ってくる。中国にとって，最も重要なのは彼らが米国，欧州の科学者，ビジネスマンとのネットワークをもって母国に帰ってくることであろう。
　　　　　　　　　　　シンガポール上級相　　リークアンユー

1.　「頭脳の流出」から「頭脳の還流」へ：知識人材のグローバル移動とその原動力

(1)　華人頭脳の国際大移動とその原動力

　2001年5月，中国北京で，「第4回中国北京ハイテク産業国際週間」が開催された。1998年から毎年5月に開催されているこの「北京ハイテク産業国際週間」は中国ハイテク産業界の最大の行事であり，中国政府が新しいハイテク政策・方針を発表し，国内外の技術専門家とハイテク企業が最先端の技術・製品と新しいビジネスモデルを中国にアピールする場でもある。ハイテク産業国際週間では，10数のテーマ部会から構成されたハイテク産業国際フォーラムが4日間連続で行われ，200名以上の国内外のハイテク専門家や国際組織の代表がIT，バイオ，新材料，環境などの先端技術の発展動向，新しいビジネスモデル，ハイテ

ク産業の育成・インキュベーション,ベンチャー投資などのテーマをめぐって講演を行う。

　2000年の「第3回中国北京ハイテク産業国際週間」は以前の2回と違って,初めてシリコンバレーなどの海外の華人技術専門家・華人ハイテク企業の経営者を正式に招待して「海外華人学者ハイテク産業フォーラム (Overseas Chinese Scholars High-tech Industry Forum)」というプログラムを用意した。そして2001年の「第4回中国北京ハイテク産業国際週間」では,海外の華人技術専門家やハイテク企業の経営者はすべてのテーマ部会の「主役」となった。「海外華人学者ハイテク産業フォーラム」における海外華人専門家の登場は注目を集め,中国のWTO加盟交渉の第一人者,対外経済貿易省副大臣龍永図を初めとする政府要人もわざわざこの「フォーラム」に参加した(写真1)。「海外華人学者ハイテク産業フォーラム」の10人の講演者はシリコンバレーの華人技術専門家・企業経営者から構成された「シリコンバレー華人専門家代表団」のメンバーたちであり,シリコンバレーの主要な華人ハイテク組織の責任者でもある(表1)。かれらは米国のハイテク産業とその動向を中国に紹介するだけでなく,さまざまな視点から中国ハイテク産業の発展のために提言を行った。それ以来,年に1回の「北京ハイテク産業国際週間」を機会に科学技術,教育,金融,法律,会計,経営管理,ベンチャー投資分野の「華人頭脳」が北京での「大集合」を行っている。この華人専門家の北京における「大集合」に,北米から大中華地域への華人「頭脳の還流」という流れが強く感じられる。従来,大中華地域から北米への「頭脳の流出」という一方的な流れが,この「頭脳の還流」によって双方向の華人頭脳の国際大移動となっている。そして,この大移動において重要な役割を果たしているのは,シリコンバレー華人ネットワークである。言い換えれば,技術移民の絆として形成されたシリコンバレー華人ネットワークは今日,技術移民の母国への「還流」に重要な役割を果たしているわけである。

　一方,中国大陸をはじめとする大中華地域には,流出した人材を取り戻す環境が次第に整備されつつある。すなわち,経済の持続的成長とそれに伴う市場の巨大化,成功のチャンス,政府の海外留学人材の誘致政策,イノベーション体系の構築と「科教興国(科学技術・教育による国家の振興)戦略」の実施などは,海外

第4章 ブレーン・パワーと中国のイノベーション体系　　　125

写真 1　中国 WTO 加盟交渉第一人者，対外経済貿易省副大臣龍永図（前中）とシリコンバレーの華人専門家

表 1　シリコンバレー華人専門家代表団の主要メンバー

名　前	教育背景	現在の役職	その他
朱東塀	中国大連理工大学電子工学修士 米国 Virginia Tech 電機工程博士	米 Zaptron 社の CEO 米国宇宙航空局 FAA 画像分析プロジェクト首席科学者	シリコンバレー留米博士企業家協会会長 中国科学技術省海外専門家顧問団メンバー 米国際情報融合学術大会（第 1，2 回）主席
陳　宏	中国西安大学コンピュータ学部卒 米ニューヨーク州立大学コンピュータ博士	米 GRIC 社（ナスダック市場上場）CEO	アジア・アメリカン製造業協会（AAMA）会長
王忍峰	吉林大学化学学部卒 米国密蘇理大学バイオ博士 米国西北理工大学 MBA	米国バイオ研究所 CEO AgnitioTechnologies, Inc. CEO	シリコンバレーアメリカ華人生物化学学会主席 シリコンバレー四元基金会会長
薛為群	中国河北大学英語学部卒 米国カリフォニア州立大学 Hastings 法学院博士	シリコンバレー弁護士事務所所長	北米中国半導体協会理事・法律顧問 シリコンバレー中国エンジニア協会法律顧問
劉懐竹	中国貴州師範大学物理学部卒 米国カロラタ鉱業学院物理学博士	米 Newnex の CEO シリコンバレー電子 1394 ネット CEO	北米中国半導体協会理事 米中 IT 企業協会理事 シリコンバレー博士企業家協会理事

資料：筆者作成．

人材を呼び戻す「引力」を形成している。ここで，特に指摘すべきことは，2001年の米国IT不況に伴うシリコンバレーのハイテク企業による大規模なリストラが，華人頭脳の大中華地域へ還流するプロセスを加速していることである。

(2) 中国の最も貴重な財産：米国が「預かっている頭脳」

　中国が対外開放政策を実施してから今日まで20数年間に，外国の大学に留学する目的で出国した者は合計35万人に達した。そのうち，約12万人は学業を修了した後帰国したが，残りの20数万人は学業を終えた後，就職，あるいは留学先国で永住権を取得した形で海外に残ったままである。しかもその大半が米国にいる。例えば，米国の大学で理工学博士学位を取得した中国大陸出身の留学生はその46%が米国で就職している（図1）。一方，現在，中国からは毎年，さらに25,000人の優秀な人材が留学，あるいは技術移民として出国している（図2）。2001年2月17～18日，北京で開催された「中国国際教育巡回展示会」では，米国，欧州諸国の22ヶ国，合わせて160の大学が北京地域の若者を対象に留学生を募集する活動を行った。北京とその周辺地域の海外留学の希望者とその親たちが「殺到」し，2月17日だけで，来場者が15,000人に達したという。

　「私の教え子はなぜ戻ってこないのか」。中国の名門大学である清華大学の経営管理学院（ビジネススクール）の院長を兼任している朱鎔基総理は数年前，米国金融業界の訪中団と会見した時，この訪中団メンバーの1人，かつて自分が清華大学で教鞭をとった時代の教え子であった華人専門家に対し，小さい声でこう言った。朱鎔基総理は「毎年，中国の重点大学の卒業生の約3分の2の者が，卒業した後外国に留学に行く」とシンガポールの上級相リークアンユーに説明した。これに対し，リークアンユー上級相は次のように答えた。「台湾の人材還流の経験から考えれば，中国から海外に行った人材は今後の10～30年以内に，科学技術，経営管理のノウハウ，ビジネスの経験をもって中国に還流して帰ってくる。中国にとって，最も重要なのは彼らが欧米の科学者，ビジネスマンとのネットワークをもって母国に帰ってくることであろう」。

　米国カリフォルニア州立大学バークレー校の教授アンナリ・サシェニアは「米

第4章 ブレーン・パワーと中国のイノベーション体系

図1 米国の大学で理工学博士号を取得した後，米国で就職しているアジア系留学生の比率

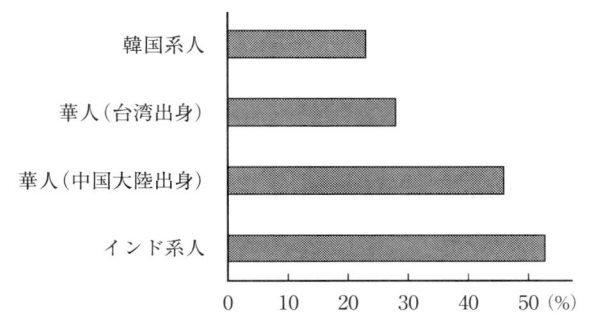

- 韓国系人
- 華人（台湾出身）
- 華人（中国大陸出身）
- インド系人

資料：NSF：Science and Engineering Indicators, 1998より作成．

図2 中国大陸の海外留学のための出国者数と帰国者数の推移

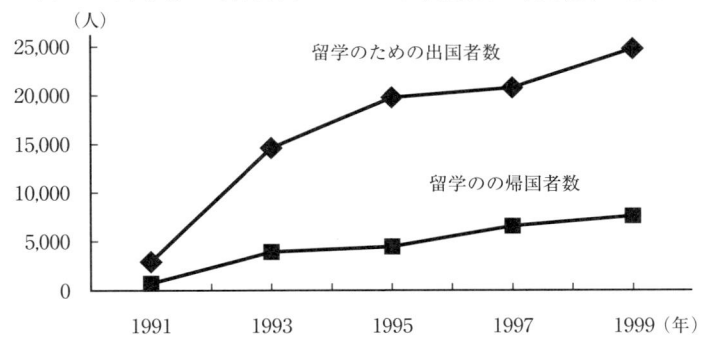

資料：『中国教育年鑑』などを参考して作成．

国に留学した学生や，米国企業に就職した技術移民の帰国が増えると，「頭脳の流出」が「頭脳の還流」というプロセスに取って代わる。これらの技術移民はアメリカに残る道を選んでも，米国と母国との間のダイナミックな技術のビジネスをリンクさせることで，重要な役割を果たすことになる」と指摘している。「頭脳の流出」の流れが「頭脳の還流」の流れに取って代わるまでの間に，1つの中間的なプロセスがあるはずである。筆者はこのプロセスを「頭脳の預かり」のプロセスと呼ぶ。言い換えれば，これから5〜10年後，中国の科学技術と教育，企業経営などの分野で主役を演じられる人材は，その50％強を，「米国に預けている」といっても過言ではない（図3）。中国の最大の財産は海外に預けられている

図3　中国大陸の最も貴重な資産：シリコンバレーが預かっている人材

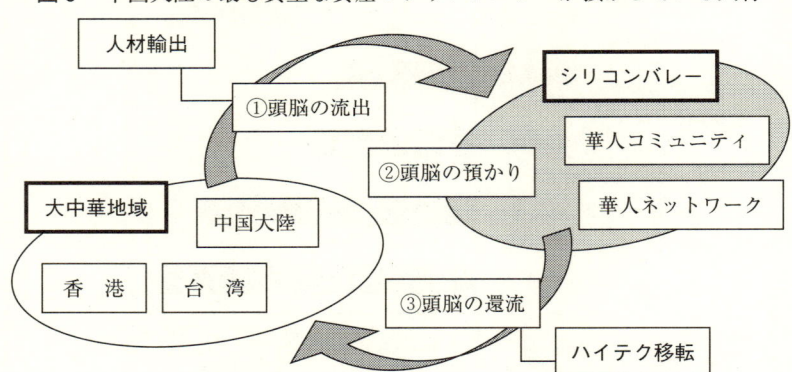

人材輸出
①頭脳の流出
②頭脳の預かり
③頭脳の還流
シリコンバレー
華人コミュニティ
華人ネットワーク
大中華地域
中国大陸
香港
台湾
ハイテク移転

資料：筆者作成．

図4　シリコンバレーの華人エンジニアの帰国意向

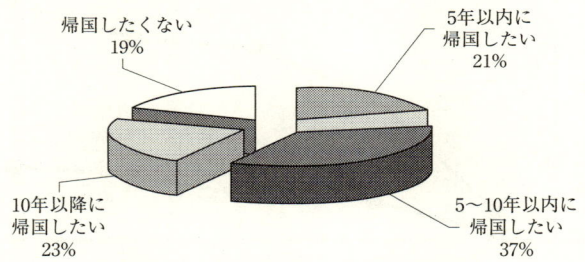

帰国したくない　19%
5年以内に帰国したい　21%
5～10年以内に帰国したい　37%
10年以降に帰国したい　23%

資料：『シリコンバレータイムズ』2000年5月関連記事より作成．

20数万人の「頭脳」である。この巨大な財産は中国の知識型経済の発展，国際競争力の上昇を推し進める最大の原動力となるであろう。

　2000年5月，シリコンバレーのある華人ハイテク組織はシリコンバレーにいる中国大陸出身の華人エンジニア・科学者を対象に，帰国の意向に関するアンケート調査を実施した。その結果によると，「これから5年以内に帰国したい」と答えた者が回答者全員の21%を占め，「5～10年以内に帰国したい」のが37%，「10年以降」が23%，「帰国したくない」が19%となっている（図4）。したがって，今後5～10年間に，米国から大中華地域への華人人材が還流してくるピークを迎えると予想されている。一方，シリコンバレーに住む中国大陸出身の華人エ

ンジニア・科学者にとって,「帰国創業」とは必ずしもシリコンバレーでの仕事・事業,米国での永住権を放棄し,家族を連れて中国大陸に完全に戻ることではない。シリコンバレーの通信関係の企業で働いている芦偉博士はこう述べた。「通信業界は速いスピードで発展している業界であり,知識と技術の更新期間も非常に短くなっている。もし私がシリコンバレーでの仕事を放棄し帰国したら,それは重要な情報源を放棄することに等しい。知識と技術の更新に追いつかないと,すぐこの業界から淘汰される。よって私はシリコンバレーの仕事を決して放棄しない。しかし,帰国創業をやらないとは言えない。中国政府のハイテク産業発展に対する熱意と支援を感じているし,国内の環境もよくわかる。われわれにとって,一番いい方法はシリコンバレーと中国大陸との間を常に往来し,シリコンバレーの最先端の技術と知識を中国大陸にもちかえり,中国大陸とシリコンバレーとの交流を密接化させることである。これによって,われわれは祖国のハイテク産業の発展に貢献することができるし,シリコンバレーにおける現在の研究の仕事を継続して技術の進歩に遅れないようにすることもできる」。

(3) 米国のIT不況と中国の華人ハイテク人材の誘致作戦

　中国が,「経済大国」と「科学技術の強国」となる目標を実現するためには,シリコンバレーをはじめとする海外にいる華人頭脳の中国への還流がどうしても必要となる。中国国内の各地では,すでにシリコンバレーの華人頭脳を標的に,留学人材の争奪戦を準備しはじめている。特に,北京,上海,深圳の3地域は2001年の米国IT不況に伴う米ハイテク企業の大規模なリストラを華人人材誘致の絶好のチャンスとみて,海外人材の「誘致合戦」に全力を投入している。

　中国・北京の中関村科学技術園区は2000年5月,華人ハイテク人材の誘致を目的としてシリコンバレーで事務所を開設した。同事務所はまた華人技術専門家に「帰国創業」へのサポートも提供している。これに対し,中国の経済中心地である上海は「上海—シリコンバレー人材回廊」計画を打ち出して,ハイテク人材の誘致に力を入れている。2001年7月,上海市政府は同市の研究機関,大手企業35社の責任者から構成された「海外人材招聘米国訪問団」を米国に派遣し,

情報技術，バイオ，金融・証券，企業の経営管理分野の専門人材230人を米国から募集しようとしている。上海市はこれらの専門人材に5万～10万ドルの年俸や住宅，医療保険などを提供することを約束している。

華南地域の広州は1998年から，中国科学技術省，教育省と連合して海外留学生を対象とするハイテク人材の誘致，ハイテク成果の取引を行う「広州留学生科学技術交易会」を98年から定期的に開催している。第1回の「交易会」は海外から中国大陸出身の留学生約300人を迎えた。2000年1月に開催された第2回の「交易会」では，海外からの参加者が約800人に急増し，同年12月に開催された第3回「交易会」では海外からの参加者数が1,250名に達した。しかも海外からの参加者はほとんど高学歴を有するもので，博士学位を取得した者が57％，修士学位を取得した者が31％をそれぞれ占めた。中国国内の関心も非常に高く，合わせて39の地方政府やハイテクパークの管理機関，40の国内重点大学，10数の科学技術研究機関が海外の留学人材とその成果を獲得するため，「広州留学生科学技術交易会」を戦場とした争奪戦に参加した。

さらに，中国の対外開放のモデル都市である深圳も，オープンで競争的な環境を海外の留学人材にアピールして手厚い優遇措置を提供する「深圳海外留学人材特区（特別地区）」を設立しようとしている。2001年2月，深圳市政府は米国経済の減速，ハイテク企業の業績の悪化に伴う大手ハイテク企業の大幅な人員削減を，海外の留学人材を誘致する絶好のチャンスと見て，有力な幹部から構成される「深圳市政府米国訪問団」をシリコンバレーに緊急に派遣し，シリコンバレーという華人人材の「宝の山」から優秀な留学人材を「発掘」しはじめている。

地方政府の一連の活発な動きに対応して，中国政府はさまざまな「政策ツール」を生かして，米国に「預けている」人材の還流を加速しようとしている。

2000年7月，中国国務院は「海外ハイレベル留学人材の帰国就業を奨励するいくつかの意見」を公布し，外国の大学に留学して学業を修了した後，留学先で就職し，あるいは居住国の永住権を取得した人材に対し，永住権の留保，短期間帰国などを認める条件で，帰国して祖国の科学技術と教育事業の発展に貢献するように呼びかけている。ここでいう「海外ハイレベル留学人材」とは，海外で留学して卒業した後，外国の金融機関，グローバル企業，大学，研究機関，国際機

構で金融，科学技術研究，経営管理の仕事に従事している人材を指している。これらの人材の帰国を促すため，中国政府は生活条件の改善，入国と出国の自由など，さまざまな優遇策を打ち出していると同時に，その能力の発揮にも手厚い条件を提供している。例えば，留学生に100の国家レベルの実験室を開放し，留学生の国家重点研究プロジェクトへの入札を奨励する。また，留学生の帰国創業を支援するため，中国科学技術省は「中小企業創業ファンド」に留学生のために一定の枠を設けている。さらに中国教育省は「留学帰国者のための科学技術研究スタート基金」を設け，2001年3月までに，7,700人の留学帰国者に3億人民元の援助を提供した。

中国情報産業省も海外ハイレベル人材の帰国創業を支援している。例えば，シリコンバレーの華人技術専門家楊暁東（スタンフォード大学電子工学博士，インテルなど米ハイテク企業の上級研究員を経験），張輝（カリフォニア州立大学電子工学博士，ベル研究所の主任研究研究員を経験）など3人がシリコンバレーで8年間の時間をかけて取得した研究成果，世界最先端のIC特許といわれる「CMOSデジタル撮影チップ技術」（知的財産権）を出資して，中国情報産業省などのベンチャー投資を受け，北京中関村で半導体チップの設計会社「中星微電子公司」を設立した。これらの奨励政策のもとで，2000年12月まで，合わせて11万人の留学経験者が帰国してビジネスを起こしており，今後5～10年間に，海外留学経験者による創業ブームがさらに高まると予測されている。

中国国家人事局は海外ハイレベルの人材の帰国を促進する一環として，中国の「第10次5ヵ年計画（10・5計画：2001～05年）」の期間中に，年間1万人の帰国を実現させる目標を揚げている。この目標を実現するため，中国政府はシリコンバレー華人ネットワークを，華人ハイテク人材を誘致する1つの重要な「チャネル」とみなしている。これについて，中国教育省の「春暉計画」とそれに基づいて設立された「シリコンバレー華人博士企業家協会（Silicon Valley Chinese Overseas Business Association, SOCBA）」を事例として分析してみよう。

「春暉計画」とは，中国教育省が1996年に「留学を支持し，帰国を奨励し，出国・帰国は自由」という国家の留学政策に基づいて策定したものである。同計画は中国の経済発展，教育と科学技術の発展を促進することを目的に，外国の大学

で留学して学業を終了した後，海外の著名な大学で助教授以上の職務を担当し，あるいはグローバル企業や研究機関で重要な成果を取得している優秀な華人人材を対象として，「海外留学人員が休暇を利用して一時帰国し，学術交流と研究を行うプロジェクト」が設立された。同プロジェクトは情報技術，バイオ，新材料，資源環境，エネルギーなど国家の重点発展分野で共同研究・学術交流に参加する招聘対象者に「中国教育省春暉計画特別専門家」の名誉証書を授与し，また，かれらに帰国の費用，滞在費用，職務手当て（中国国内の同レベルにある技術専門家の給料の5～8倍に相当する）を支給し，住宅や医療保険なども無償で提供する。

1998年，「春暉計画」の支援を受け，「シリコンバレー華人博士企業家協会（SOCBA）」が創設された。これは米国の大学で博士学位を取得し，シリコンバレーで活躍している15人の中国大陸出身の華人技術専門家・経営者を中心につくられた中国大陸系の華人ハイテク組織である。会長（1名），副会長（3名），理事長（1名）とも電子工学博士あるいは，生物学博士で，メンバー全員がシリコンバレーにある華人ハイテク企業のCEOである。しかも，メンバーのかかわっている技術分野はコンピュータ・ソフトウェア，ネットワークセキュリティー，マルチメディア，電子商取引，移動通信，半導体設計と製造，新材料，バイオなど，すべて中国が全力で発展させたい分野であるともいえる。

SOCBAは母国の期待に答え，特に「人的交流」に伴うシリコンバレーから中国への「ハイテク移転」や「経営ノウハウの移転」を促すことに注力し，シリコンバレーと中国との「架け橋」の役割を果たしている（図5）。表2に示されている2001年上半期におけるSOCBAの活用予定をみると，この組織が担おうとし

図5　人的交流：中国の「春暉計画」とシリコンバレー華人ネットワーク

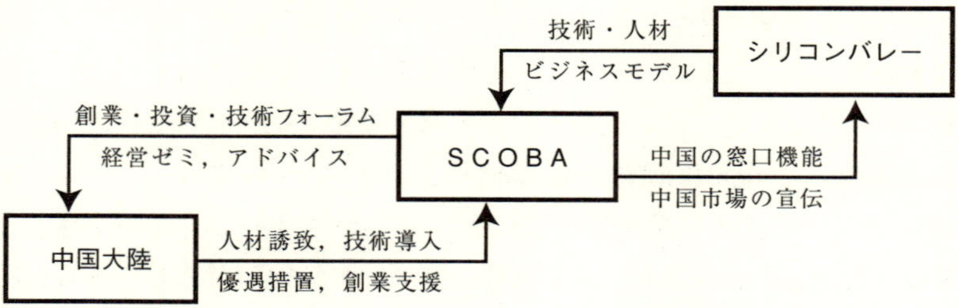

資料：SCOBAホームページより作成．

表2 シリコンバレーと中国との「架け橋」：2001年上半期，SOCBAの活動（一部）

実施期間・地点	活動とその内容	主催／共催者
2001年1月8日（中国・北京）	「2001年ネットワーク技術製品検討会」	中国情報産業省が主催，SOCBAが事務局
2001年1月12（ハワイ）	「中国科学技術2001検討会（China Tech 2001 Conference）」 米国ハイテク業界を対象に中国市場を紹介	SOCBAが主催
2001年5月（中国・北京）	「北京国際ハイテク産業週間：モバイルインターネットと電子商取引部会」	中国情報産業省，対外経済貿易省が主催 SOCBAが事務局
2001年5月（中国・北京）	「北京国際ハイテク産業週間：留学生論壇とデジタル中国論壇」	中国科学技術省，対外経済貿易省が主催 SOCBAが事務局
2001年6月（中国・湖南省）	「中国第一回情報技術と産業大会」 国連UNDPプロジェクト資金を利用し，100名の海外留学生を招待（旅費と滞在費補助） 重点論議分野：①IC産業の設計と製造技術，②通信産業の3G，③ソフトウェア産業のOSシステムと電子商取引ソフト，④情報家電産業，⑤伝統産業のIT化，⑥電子政府など	中国情報産業省，科学技術省，対外経済貿易省，国務院華僑事務弁公室と共催

資料：SOCBAホームページより作成。

ている役割がよく理解できるであろう。また，中国大陸にとって，SOCBAは中国のシリコンバレーにおける重要な「窓口」でもある。例えば，SOCBAは中国政府や地方政府，産業界のシリコンバレー訪問団を受入れるなど，中国政府とアメリカハイテク業界や学者との交流において無視できない役割を果たしている。

2. 中国のイノベーション体系と「華人頭脳」

(1) 鄧小平の「863計画」

海外の華人人材は中国のイノベーション体系の構築においても無視できない存在となっている。例えば，「863計画」と略称されている「中国ハイテク研究発

展計画」では，情報技術，バイオ，新材料を含めた8つの各専門家委員会が組織され，そのメンバーの70%以上は海外留学から帰国した専門家である。2001年3月5日，中国・北京で「863計画15周年成果展示会」が開催された。展示会の紹介文は「863計画」について次のように説明している。

「1986年，世界の新技術革命とハイテク競争の挑戦を迎えるため，王大（珩）など4人の科学者はわが国のハイテク発展を加速する提案書を提出した。鄧小平同志はすぐ決断を下し，同年3月にわが国のハイテク研究発展計画のスタートを自ら指揮した。これが863計画である」……「863計画を実施してからの15年間に，わが国の科学技術者はいくつかの戦略的なハイテク分野において重要な研究開発の成果を獲得した。……これまでに250の研究機関，100以上の大学，数百社の企業が863計画の研究開発に参加し，863計画に携わっている科学技術者は4万人にも達している。しかも，863計画に参加している技術専門家は45歳以下が全体の30%を超えており，863計画における各専門家委員会のメンバーのうち，70%以上は海外留学から帰国した人材である」。これからわかるように，4万人の科学技術者を動員し，10数年間に国内外で2,000以上の特許を取得し，2,000億人民元の間接的な経済効果を生み出した「863計画」には，海外の留学人材も非常に重要な役割を果たしているのである。

具体的に言えば，「863計画」の研究開発分野は情報技術，バイオ，新材料，エネルギー，海洋技術，自動化技術，宇宙飛行技術，レーザー技術の8つの分野，合わせて20のテーマから構成されている（図6）。また，政府の主導で一流の大学，有力な研究機関や国有企業から構成されている15の国家重点実験室，7つの研究開発基地，49の産業化基地が建設され，これによってハイテクの研究開発と産業化の緊密な連携が実現されている。「863計画」の実行部隊は典型的な「産官学の協力体制」により編成されたものであり，海外留学から帰国した人材がこの協力体制の中で主役を演じている（図7）。ここでは，バイオとITという2つの分野を例にして海外留学から帰国した人材の役割を分析してみよう。

バイオとITは「863計画」のうち，最も重要な研究開発分野である（図7）。「863計画」のバイオ分野では，北京大学の副学長陳章良が中心人物としてその名が知られている。1995年，34歳の若さで北京大学副学長に就任した陳章良は

図6　「８６３計画」：研究開発から産業化までのプロセス

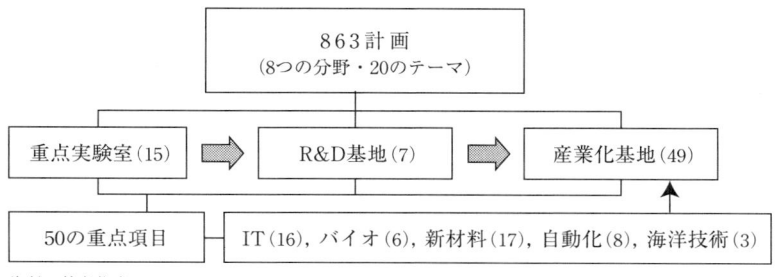

```
            ８６３計画
         (8つの分野・20のテーマ)
    ┌──────────┼──────────┐
重点実験室(15) ⇒ R&D基地(7) ⇒ 産業化基地(49)
    │
50の重点項目 ─ IT(16), バイオ(6), 新材料(17), 自動化(8), 海洋技術(3)
```

資料：筆者作成．

図7　「863計画」の構成：「4万人の科学技術者を動員した産官学の協力体制」

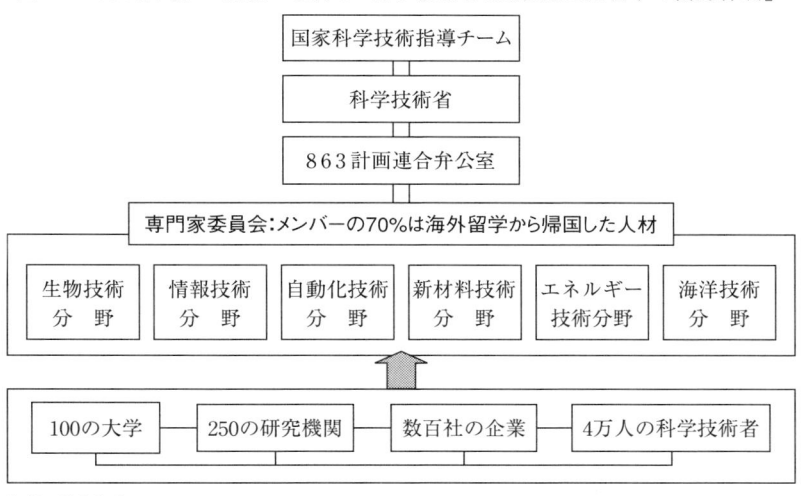

```
       国家科学技術指導チーム
            │
         科学技術省
            │
       863計画連合弁公室
            │
専門家委員会：メンバーの70％は海外留学から帰国した人材
┌─────┬─────┬─────┬─────┬─────┬─────┐
生物技術 情報技術 自動化技術 新材料技術 エネルギー 海洋技術
 分 野   分 野   分 野   分 野  技術分野   分 野
            ↑
┌────┬──────┬──────┬────────┐
100の大学─250の研究機関─数百社の企業─4万人の科学技術者
```

資料：筆者作成．

　現在，「863計画・バイオ分野専門家委員会」の委員，「北京大学生命科学院」の院長，「北京大学タンパク質工学と植物DNAテクノロジー国家重点実験室」の主任，「中国バイオ工学学会」の副理事長，「EU―中国バイオ技術顧問委員会」の委員，ユネスコ（U.N.―ESCO）バイオプロジェクトの主席，「米国Sripps研究所」と「イギリスDe Montfort大学」の兼職教授などの要職を担当している。
　陳章良は87年1月（当時26歳），「863計画」バイオ専門家委員会の要請で留学先の米国ワシントン大学から帰国し，「863計画」バイオ専門家委員会の委員と

なると同時に，北京大学の最年少の副教授に就任したのである。帰国直後，陳章良は中国最初のタンパク質工学と植物DNAテクノロジー国家重点実験室の建設に身を投じて，世界レベルの抗ウィルスDNA研究と応用を展開し，重要な成果を獲得した。95年，すなわち北京大学の副学長に就任した年，陳章良は日本政府が選ぶ「世界10人の最優秀青年」に選ばれ，天皇からの授賞式への招待を受けた。この陳章良は実に，「伝奇的な経歴」の持ち主である。

陳章良は中国福建省のある漁村の貧しい家に生まれ，貧乏のため，9歳になってやっと小学校に入った。陳少年は自分で学費を稼ぐため，何度も冒険して海に出て漁猟した。かれにとって，人生の最大の夢は大学に入ることであった。

1978年，陳章良は中国海南島の「華南熱帯作物学院」に入学し，大学入学の夢を実現した。かれは国から支給された月19人民元の補助金で学生生活を維持しながら，猛勉強し，やがて生物学に強い興味をもつことになった。ある日，陳章良はイギリス『ネーチャー』誌に登載された米国ワシントン大学の教授，米国国家科学院の院士であるマリ・チャルトンの「植物DNAテクノロジー」に関する論文を読んで興奮し，直ちに感想文を書いて手紙と一緒に同教授に送った。陳章良はこの手紙で「植物DNAテクノロジー」の研究に献身する決意とマリ・チャルトン教授の実験室に留学したい意向をつづった。

太平洋彼岸のワシントン大学で，陳章良の手紙と感想文を読んだマリ・チャルトン教授はすぐ同大学のある華人研究者を中国海南島に派遣して陳との面接を行うよう指示した。その華人研究者は貧しい環境で勉強して豊富な生物学の知識を身につけた陳章良に感動し，米国に帰国した後，マリ・チャルトン教授に報告してワシントン大学の陳章良の留学受け入れを強力に勧めた。こうして，1983年に陳章良はワシントン大学生物と医学研究科の博士コースに入学することになった。数年間の留学生活中，陳章良は毎日5時間しか寝ない努力さと勤勉さで生物学の「知識の海洋」を泳ぎ，指導教授の学術レベル以上のすばらしい研究業績を上げることができた。かれは大学の推薦で，世界生物学最高レベルの学術会議で特別講演を行い，「生物学の新しいスター」として注目を集め，また80年代に，米国に留学した中国大陸出身者のうち，最初に博士学位を取得した人となった。

第4章　ブレーン・パワーと中国のイノベーション体系

　1986 年,すなわち「863 計画」がスタートした年に,バイオ専門家を探している中国科学技術委員会は米国のバイオ分野で活躍している陳に注目し,中国の駐米国大使を通じて「帰国して『863 計画』のバイオ専門家委員会委員に就任すること」を陳章良に要請した。母国でより大きいチャンスを求めていた陳章良はすぐ一時帰国して「863 計画」バイオ専門家委員会と接触した後,米国の大学やバイオ研究機関の就職の招聘を断って帰国することを決断した。帰国した後,陳章良は「863 計画」バイオ専門家委員会委員としてバイオ分野の研究開発を主導し,92 年,北京大学で「バイオ技術学部」を創設してその学部長を担任した。かれはまた,バイオの研究成果の産業化を推進するため,「北京大学末名生物工程公司」を創立し,北京市の西側に「北大生物城」の建設,深圳市に「深圳・北京大学バイオパーク」の建設を提案し,これらの計画を次々と実現させている。

　情報技術分野は「863 計画」のもう 1 つの重要な研究開発分野である。この分野のコンピュータ専門家委員会の委員,国家「知能コンピュータ開発センター」の主任,「曙光シリーズ」大型コンピュータの総設計師,中国科学院計算技術研究所の所長である李国傑は,1981 年,35 歳で中国科学技術大学の大学院・コンピュータ専門の修士号を取得した後,米国に留学し,コンピュータ専門の博士コースに入った。1987 年に,同コースを修了した李国傑はすぐ帰国して中国科学院計算技術研究所でコンピュータの研究開発を継続し,まもなく「863 計画」・「知能コンピュータ専門家チーム」の責任者に就任した。3 年後の 1990 年に,かれは中国「国家知能コンピュータ研究開発センター」の設立準備を担当し,また同研究開発センターの主任に就任した。李国傑をはじめとする専門家の努力によって,1993 年,「863 計画」情報技術分野の重大研究成果として,独自の知的財産権を有する初めての大型コンピュータ「曙光 1 号」が誕生し,2 年後の 1995 年,「曙光 1000」スーパー・パラレル・コンピュータシステムの開発にも成功した。さらに,2000 年に,最高演算速度が毎秒 4,032 億回に達する「曙光 3000」スーパー・パラレル・コンピュータの開発も大成功をとげた。2001 年 2 月,北京で開催された『863 計画』情報技術分野の成果発表会で,李国傑は,「曙光 3000」の市場競争力は高く,国内の高性能コンピュータ調達入札ですでに何度も外国勢との競争に勝ち,外国勢は価格の引下げに追い込まれていると,誇

りをもって述べた。

(2) 中国のイノベーション体系とその3つの柱

中国は「863計画」を実施すると同時に，1986年に，「中国ハイテク産業発展計画（略称『火炬計画』）」，97年に「中国国家重点基礎研究発展計画（略称『973計画』）」をそれぞれスタートさせた。この3つの計画は現在，中国イノベーション体系の3つの柱となっている（図8）。

筆者の分析によれば，中国のイノベーション体系は「メイン・システム」と「サブ・システム」から構成されている。そのメイン・システムはまた「863計画」，「火炬計画」などの上述した3つの柱から構成されている。一方，「サブ・システム」は技術サービス・仲介，技術成果物など知的財産権の取引，知的財産権関連の法制度と実施・監督機関，イノベーションファンド，「創業市場（準備中の中国版ナスダック市場）」などから構成されている（図9）。現在，中国のイノベーション体系はまだ構築途上にあるが，そのメイン・システムの構築は1980年代の初期からすでに開始され，基盤ができている。またハイテクの研究開発とその産業化を推進するための「産官学の協力体制」もよく機能している。これに対し，1990年代中期から開始されたサブ・システムの構築は遅れ，現在，またさまざまな課題に直面している。とはいえ，21世紀のグローバル大競争に備え，アジア太平洋地域の主要国・地域がイノベーションの政策と計画を相次いで発表，実施しているなか，科学技術大国を目指している中国は独自のイノベーション体系の構築においてすでに軌道に乗ったといってもよい。

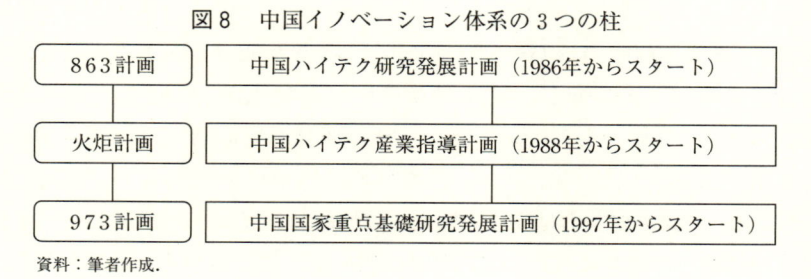

図8　中国イノベーション体系の3つの柱

863計画	中国ハイテク研究発展計画（1986年からスタート）
火炬計画	中国ハイテク産業指導計画（1988年からスタート）
973計画	中国国家重点基礎研究発展計画（1997年からスタート）

資料：筆者作成．

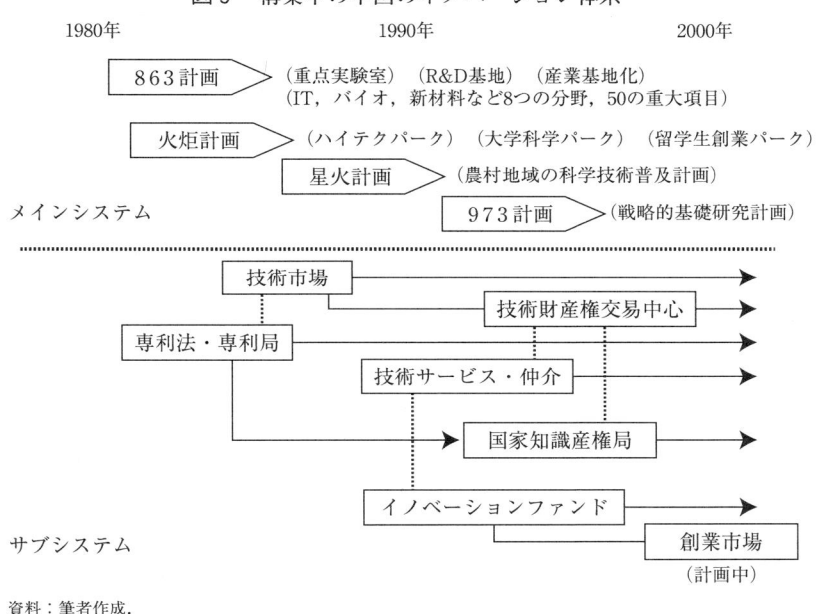

第4章　ブレーン・パワーと中国のイノベーション体系

図9　構築中の中国のイノベーション体系

```
1980年                1990年                2000年

    ┌─────────┐
    │ 863計画 │─→（重点実験室）（R&D基地）（産業基地化）
    └─────────┘   （IT，バイオ，新材料など8つの分野，50の重大項目）
      ┌─────────┐
      │ 火炬計画 │─→（ハイテクパーク）（大学科学パーク）（留学生創業パーク）
      └─────────┘
          ┌─────────┐
          │ 星火計画 │─→（農村地域の科学技術普及計画）
          └─────────┘
メインシステム  ┌─────────┐
               │ 973計画 │─→（戦略的基礎研究計画）
               └─────────┘
```

（サブシステム：技術市場、専利法・専利局、技術財産権交易中心、技術サービス・仲介、国家知識産権局、イノベーションファンド、創業市場（計画中））

資料：筆者作成．

(3) 「火炬計画」：「ハイテクパーク」と「大学科学技術パーク」

　中国イノベーション体制の構築における重要な特徴は従来の科学技術研究体制を改革して，活力があり，効率的な新しいモデルを創造することである。中国の「従来の科学技術研究体制」とは旧ソ連のモデルに基づいて構築された「計画経済的，国家主導の科学研究体制」である。市場経済へ移行している中国にとって，この従来の研究体制は，「2つの遊離」という問題がある。すなわち，① 研究項目の設定と産業発展・市場との遊離，② 研究活動と実体経済との遊離である。特に国有の研究機関の研究活動は実体経済と遊離し，年間数万件の研究成果を取得しているといわれているが，産業化に結びつくのはわずか数％程度にとどまっている。また，科学技術研究において豊富な人的資源を有しているが，研究活動の効率が低く，資源が無駄に使われている。中国イノベーション体制の重要な柱

である「中国ハイテク産業指導計画，すなわち『火炬計画』」は科学技術研究機関や大学の研究室の研究成果（知的財産）をハイテク産業に活用させ，これと同時に，研究機関や大学の研究活動自体への支援も行う総合的な計画で，「2つの遊離」を解消すべく設計されている。

具体的にいえば，「火炬計画」は全国56のハイテクパーク，10の国家ソフトウェアパーク，15の大学科学技術パーク，33の留学生創業パーク，100のインキュベータ機能をもつ創業センターから構成される中国のハイテク産業化の体系である（図10）。この体系はハイテク研究成果の産業への「転化」を実現することを最大の目的に，全国をカバーしているハイテク企業のインキュベータを通じて情報技術，新材料，新エネルギー，環境保護などのハイテクの産業化を推進している。2001年度に，中国科学技術省は1,841件の国家級「火炬計画」プロジェクトの申請を受理した。分野別に申請状況をとってみると，情報技術が23.6％，バイオと新医薬が14.8％，新材料とその応用が27.3％，光電技術が21.2％，エネルギーが7.1％，環境が6％となっている。また，申請企業の分類では，中小型ハイテク企業による申請件数が全体の76.6％にも達しており，また，ハイテクパークに進出している企業による申請件数が全体の36.8％を占めていることがわかった。

「火炬計画」の中核を構成しているのは「国家高新産業技術開発区」と呼ばれる複数のハイテクパークで，北京の「中関村科学技術園」，上海の「張江科学技術園」，深圳の「深圳高新科学技術園」がその代表である。1991年5月，中国国

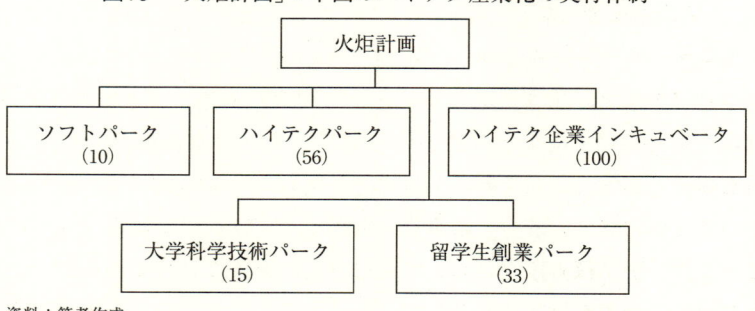

図10 「火炬計画」：中国のハイテク産業化の実行体制

資料：筆者作成．

務院が第一陣として26の「国家高新産業技術開発区」の設立を許可した。それから2001年5月までの10年間に中央政府の許可で設立された「国家高新産業技術開発区」は合わせて53になっている。中国科学技術省の2001年5月の発表によると，53のハイテクパークには，ハイテク企業が20,796社存在し，その80%が国有企業ではなく，いわゆる「民営企業」である。北京中関村の連想集団，四通集団，方正集団，深圳の華為通信集団などがこれらの民営ハイテク企業の代表である。また，53のハイテクパークには留学生が創業した企業が5,000社，大学や研究機関の創業した企業が2,000社余り進出している。2000年には，これら53のハイテクパークにおける工業生産高が7,942億人民元，輸出による外貨収入が180億ドル，技術・産業・貿易の収入総額が9,209億元，財政収入額が460億元となった（表3）。

中国科学技術省の副大臣徐冠華はこれらのハイテクパークがすでに中国の30の省・直轄市・自治区の経済成長の牽引車となり，中国の知識型経済を推進する

表3　中国のハイテクパークとその実態

項　目	実　態
①ハイテク企業数	20,796社
②ハイテク企業における民営企業の比率	80%
③代表的ハイテク企業	連想集団，四通集団，方正集団（北京・中関村）華為通信集団，中興通信集団（深圳高新科技園）
④留学生創業企業	5,000社
⑤大学系企業	2,000社
⑥ハイテク中小企業のインキュベータ	300個
⑦53のハイテクパークの工業生産高（2000年）	7,942億元
⑧53のハイテクパークの輸出による外貨収入（2000年）	180億ドル
⑨53のハイテクパークの技術・産業・貿易の収入総額（2000年）	9,209億元
⑩53のハイテクパークの財政収入額（2000年）	460億元

資料：中国科学技術省『国家高新技術産業開発区10年建設と発展状況』。

原動力となっていると指摘している。しかし、これらのハイテクパークは必ずしも均衡ある発展をしていない。それぞれのハイテクパークの間に実力の差が大きいという現実がある。その格差を生み出す原因はハイテクパークの運営体制といった制度上のもの以外に、技術イノベーション力の根幹となる人的資源の差にもあると考えられている。

既に述べたように、「火炬計画」は中国のハイテク産業化を推進するための総合的な実行体系である。この実行体系には、いわゆるハイテクパークのほか、2つの「中国の特色」をもつ構成部分がある。1つは「大学科学技術パーク」であり、もう1つは「留学生創業パーク」である。

中国のイノベーションにおいて、大学は重要な役割を果たしている中国「国家自然科学技術基金」プロジェクトの3分の2、「863計画」重大プロジェクトの3分の1が、豊富な人的資源をもつ大学によって担当されている。また、全国の職務発明特許の申請総件数をとってみると、大学と科学研究機関の占める割合は非常に高い（図11）。要するに、大学は中国の重要な研究開発の基地でもある。大学科学技術パークは大学の研究成果を産業に活用させると同時に、大学の運営や研究開発を支援するために建設されたものである。

2000年6月現在、中国には15の大学科学技術パークがあり、進出している大

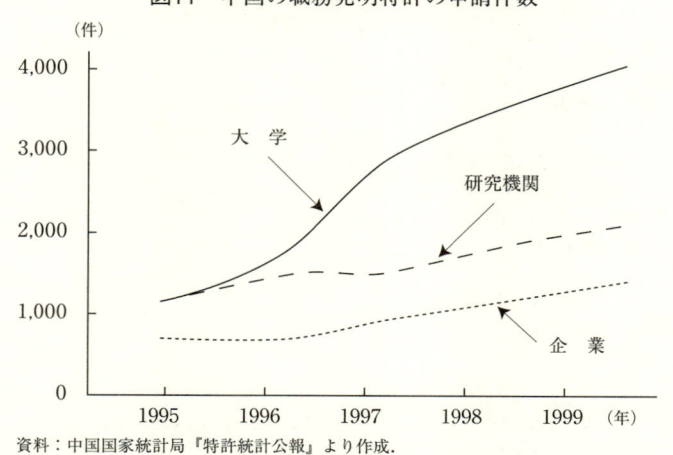

図11　中国の職務発明特許の申請件数

資料：中国国家統計局『特許統計公報』より作成.

学系ハイテク企業は2,645社（年間売上高が295億人民元）に達している。この15の大学科学技術パークは以下の15の国家重点大学により建設されたものである。すなわち，① 北京大学，② 清華大学，③ 上海交通大学，④ 天津大学，⑤ 東北大学，⑥ ハルビン工業大学，⑦ 東南大学，⑧ 浙江大学，⑨ 合肥大学，⑩ 武漢大学，⑪ 湖南大学，⑫ 華南理工大学，⑬ 四川大学，⑭ 雲南大学，⑮ 西安交通大学である。中国の目標は，2010年まで，100の大学科学技術パークを建設し，そのうち，10の大学科学技術パークを世界一流のレベルにすることである。

大学科学技術パークは大学の人材と研究成果，ベンチャー投資の資金という3者を結びつけるインキュベータでもある。ここで，北京大学・科学技術パークと清華大学・科学技術パークを例として分析してみよう。

北京大学・科学技術パークは北大方正と北大青鳥（IT），北大未名（バイオ），北大資源（インキュベーション事業）という4つのハイテク企業グループを中核に構成されている。各企業グループの中核企業はそれぞれ香港と上海の証券市場に上場している。たとえば，北大方正は香港で上場し，方正科技，青鳥天橋などが上海で上場している。北京大学はまたITとバイオ分野の研究成果の産業化を加速するための一環として，深圳市政府や香港科学技術大学と共同で，深圳で「深港産学研（産業・大学・研究）基地」を建設し，北京大学副学長陳章良はこの基地の主任に就任している。

2001年4月29日，中国の理工学の名門大学といわれる清華大学は創立90周年を迎えた。大学主催の記者会見で，同大学の学長王大中は「清華大学は研究型の大学として成長している」と宣言した。2000年に，清華大学の科学技術研究経費は7億人民元に達し，これは1990年における同大学の研究経費の10.5倍に相当している。清華大学は現在，「863計画」の研究プロジェクト140件，国家自然基金の研究プロジェクト100件を担当し，また，「973計画」の研究プロジェクト20件に参加している。大学による国家レベルの研究開発プロジェクトを担当する件数で見ると，清華大学は全国のトップとなっている。2001年7月，海外留学して帰国した専門家，清華大学の呉建平教授を責任者とする「中国高速インターネット研究実験ネットワークNSFCNET」プロジェクトが専門家委員会

の審査で合格した。中国「国家自然科学基金」による援助を受けた同プロジェクトの完成は中国の次世代インターネット研究と建設を促進するうえで，重要な意味があると指摘されている。

清華大学は5,000人の科学技術研究者，15の国家レベルの実験室，4つの国家レベルのエンジニアリングセンター，国内外の有力な企業と共同で設立される40の共同研究開発センター，およびGE，モトローラ，シーメンスといったグローバル企業との間に構築される長期的な協力関係といった研究開発の資源を活かして，膨大な研究開発の成果（知的財産）を産業化させるために，清華大学・科学技術パークというインキュベータを運営している。

「清華大学・科学技術パーク」は1994年に建設されたもので，その中核が95年に設立された「清華大学産業集団」である。現在，同産業集団は情報，バイオ，エネルギー，環境，化学工業，材料などの分野に事業を展開している33社のハイテク企業（うち，上場企業2社）を有している。上海証券市場で上場している清華同方は大学の科学技術研究成果を活用し，コンピュータネットワーク，省エネルギー，オフィスオートメーションなどの分野でビジネスを拡大し，売上利益が創業当初の数万人民元から2000年の50億人民元に増加してきたハイテク企業である。

清華大学の学生は「エリート中のエリート」であるといわれている。毎年，中国の大学統一試験で，各地方の上位10位に入る合格者のうち，約75％が清華大学を希望して同大学に入学する。また，同大学における2万人の在学生のうち，3,000人が「情報科学技術学院」に在籍している。清華大学は米国・シリコンバレーとの人的つながりも強い。現在，米国のハイテク企業で働いている清華大学の卒業生は約1万人もいるという。その影響で，在学中の学生の創業意欲も高い。清華大学は学生の創業活動を支援するために，科学技術パーク内に「学生創業園」を建設した。現在，この「学生創業園」は，グローバルのベンチャーキャピタル，香港の華人資本からのベンチャー投資を受け，同大学の学生によって創立された企業30数社をインキュベーションしている。

(4)「留学生創業パーク」と「Utstar.com」のビジネスモデル

「留学生創業パーク」は中国イノベーション体系において「大学科学技術パーク」と並んで特色ある構成部分である。実際には，「留学生創業パーク」は情報技術，バイオ，新材料，環境保護などの先端技術と企業経営のノウハウをもつ海外人材の帰国創業に，よい条件と優遇措置を提供していくためにつくられた一種のインキュベータである。現在，中国各地には33の「留学生創業パーク」ある。2001年1月，中国国家科学技術省，人事省，教育省は連合して「北京，上海など都市の留学生創業パークを国家留学人員創業パークのモデルとして建設することに関する通知」を公表した。現在，上海市は国家により認定された3つの「海外留学生創業パーク」を設立しており，それらに進出している企業は1,300社に達し，また留学生の帰国創業による会社の設立が月10社のペースでなされているという。

北京市も5つの留学生創業パークを建設し，進出済みの留学生企業は350社である。ここで，北京中関村科学技術園区における海外留学者創業パークの事例をとってみよう。

「中国のシリコンバレー」といわれる北京中関村科学技術園区は73の大学，232の研究所，6,000社のハイテク企業を有するハイテクコミュニティである。シリコンバレーから華人技術専門家を誘致するため，2000年6月，北京中関村科学技術園区はシリコンバレーで事務所を開設し，北京中関村の環境を紹介すると同時に，華人技術専門家の中関村科学技術園区での創業を支援している。シリコンバレー事務所は設立されてからの1年間に，シリコンバレーで70の「華人専門家帰国創業考察団」を組織し，北京中関村科学技術園区の創業環境を視察させたという。

2000年6月，北京中関村科学技術園区管理員会は「中関村科学技術園区留学人員帰国創業サービス体系方案」を公表し，海外人材の帰国創業を奨励し，また，留学生の創業を支援するため，「グリーンサービスチャンネル」を設け，企業設立のための申請，許可，登録などの時間を従来の2ヵ月から6日間までに短縮し

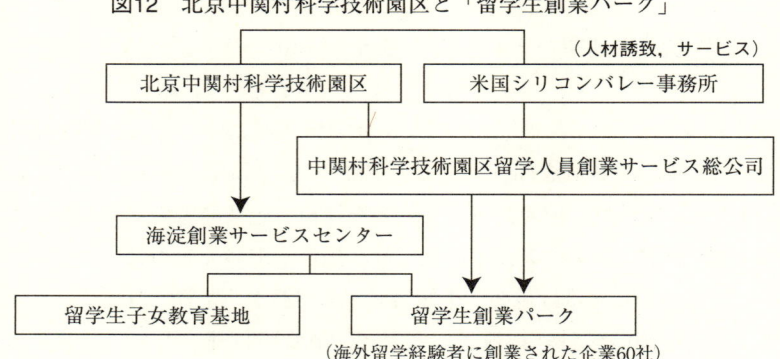

図12　北京中関村科学技術園区と「留学生創業パーク」

```
                                              （人材誘致，サービス）
    ┌──────────────────┐        ┌──────────────────┐
    │ 北京中関村科学技術園区 │        │ 米国シリコンバレー事務所 │
    └──────────────────┘        └──────────────────┘
                    ┌──────────────────────────────┐
                    │ 中関村科学技術園区留学人員創業サービス総公司 │
                    └──────────────────────────────┘
            ↓
    ┌──────────────────┐
    │ 海淀創業サービスセンター │
    └──────────────────┘
        ┌───────────┴───────────┐
    ┌─────────────┐      ┌─────────────┐
    │ 留学生子女教育基地 │      │ 留学生創業パーク │
    └─────────────┘      └─────────────┘
                        （海外留学経験者に創業された企業60社）
```

資料：筆者作成．

表4　北京中関村・海淀科技パーク「留学生創業パーク」の操業現状（2000年6月）

（単位：社）

留学先	IT関係企業数	バイオ関係企業数	その他	企業数（合計）
米　　国	22	11	4	37
欧　　州	7	2	1	10
日　　本	3	—	7	10
そ の 他	2	1	—	3
合　　計	34	14	12	60

資料：現地ヒアリングより作成．

た。2000年6月現在，北京中関村科学技術園区の「海淀創業サービスセンター」に建設された「留学生創業パーク」には，海外留学経験者に創業された企業60社が進出している（図12）。そのうち，半分以上は米国留学の経験者により創立された企業で，しかもITとバイオ関係の企業が全体の8割を占めている（表4）。「海淀創業サービスセンター」はまた，留学生たちの帰国子女の教育を支援するため，清華大学と共同で「留学生子女教育基地」を建設し，運営している。

　2001年7月，北京中関村科学技術園区管理員会は中国科学技術省，情報産業省，中国工程院と共同で，同科学技術園区に進出している留学生創業企業である「中芯系統技術有限公司」によって開発された32ビット実用型CPU「方舟―1」が専門家委員会の技術鑑定を通過したことを発表した。専門家委員会は，「方舟―1」開発の成功は国産のチップがない時代の終わりを告げたことを意味すると

指摘している。「中芯系統技術有限公司」は北米から帰国した留学人材李徳石によって創立された会社である。この会社は3年間の研究開発を経て独自の知的財産権をもつ32ビットCPU「方舟—1」を完成した。同社の設計ルールが0.25ミクロンで，製品の処理速度が速く，集積度も高いうえにコストが低い。現在，李徳石はさらに集積度が高く，高速の「方舟—2」を開発している。

　北京中関村科学技術園区で成功しているもう1つの留学生創業企業は「Utstar.com（中国）」という会社である。これは米国に留学した2人の中国人留学生がそれぞれ創立した「Unitech」社と「Star.com」社を合併してつくった電気通信分野のハイテク企業であり，米ナスダック市場での上場を成し遂げた最初の中国留学生企業の1つでもある。

　Utstar.com（中国）のCEO呉鷹は1985年に30ドルを持って米国に渡った留学生であった。翌年の86年に，呉鷹はベル研究所に入社し，95年に，華人エンジェル（ベンチャー投資者）の誘いで創業にチャレンジした。Utstar.comは，従業員が95年の300名から2000年には1,000名に増え，売上高は95年の1,000万ドルから98年には1億8,000万ドル，年間200～300％の伸び率で急成長し，98年に北京中関村の「10大納税企業」の1つとなった。

　Utstar.comの成功は海外華人の帰国創業における新しいビジネスモデルを創造した。このビジネスモデルは華人技術専門家の創業精神を基礎に，① シリコンバレーのハイテク研究開発能力，② 米国のベンチャーキャピタル，③ 中国大陸の巨大市場と豊富な人材，④ 中国政府の支援（優遇策）といった要素を有機的に結びつけ，華人ハイテク企業をつくりあげたことに特徴づけられる。Utstar.comは米シリコンバレーで本社と2つの研究開発センターをもちながら，同時に中国で3つの研究開発基地と2つの生産基地を有している。米国では，企画，マーケティング戦略，研究開発，製品の設計を担当しているのに対し，中国では，市場の開拓，応用開発，製造と販売を行っている。しかもシリコンバレーにある研究開発センターと北京中関村にある開発基地，生産基地は，インターネットを通じた24時間の運営体制でフル稼動している。華人専門家は巨大市場の開拓力とハードの生産能力，ソフトウェアの開発力と情報サービス力の双方を活用できる有利なポジションに立ち，太平洋に跨って企業の経営を自由自在にコントロー

ルしている。

　このビジネスモデルに注目したベンチャーファンドは Utstar.com に積極的に投資していた。1995年，シリコンバレーで創立されて以来，Utstar.com は合計2億2,000万ドルのベンチャー投資を受けた。第1期の投資はシリコンバレーにある華人系ベンチャーキャピタルによる650万ドルで，その後，ソフトバンクによる3,000万ドルの投資を受けて事業が拡大された。2000年3月3日にナスダック市場に上場する4ヵ月前，戦略パートナーを求めるため，インテル，松下電器，三菱電機の3社から合計5,500万ドルの戦略投資を受けた。上場の当日，Utstar.com の時価総額は一気に60億ドルに達した。これにより，インテルなどの戦略パートナーは10倍の公開益を獲得し，Utstar.com は市場から2億ドルの事業資金を調達することができた。

　グリーンカード（米国永住権）をもち，「work in U. S. A and China（米国と中国で仕事をする）」の華人専門家による対中投資の急増に伴い，「頭脳の還流」とハイテクの移転が「留学生創業パーク」で「花を咲く」時代を迎えている。

3. 華人ネットワークと中国のベンチャービジネス

(1) 留学生の帰国創業と華人ベンチャー投資家

　Utstar.com（中国）の成功には，留学生の創業精神，シリコンバレー華人ネットワークからの支援，中国政府の留学生帰国創業への優遇策，そして留学生の創業活動を資金の面から支える「華人天使投資家（エンジェル）」やベンチャーファンドの存在が無視できない。言い換えれば，① 知的財産（研究開発の成果），② 創業精神，③ ビジネスアイディア，④ シリコンバレー華人ネットワークの資源，⑤ 華人エンジェル・ベンチャーファンドといった要素は華人技術専門家の創業とその成功において非常に重要な役割を果たしている（図13）。

　上述したように，Utstar.com の CEO 呉鷹は華人エンジェルの誘いで，創業精神が喚起され，シリコンバレーで起業をし，シリコンバレーと中国大陸との双方

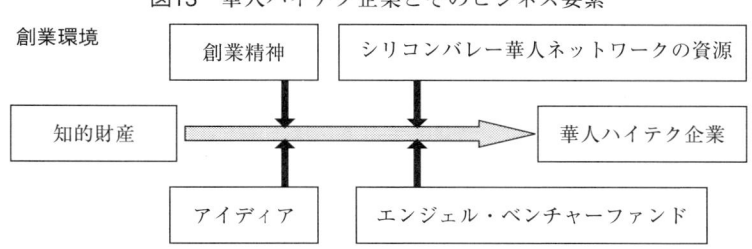

第4章　ブレーン・パワーと中国のイノベーション体系

図13　華人ハイテク企業とそのビジネス要素

創業環境　創業精神　シリコンバレー華人ネットワークの資源

知的財産　→　華人ハイテク企業

アイディア　エンジェル・ベンチャーファンド

資料：筆者作成.

の経営資源を活かしてビジネスを拡大してきたのである。呉鷹のような創業精神をもつ華人技術専門家の起業活動を支援している華人エンジェルと華人系ベンチャーファンドはシリコンバレーで活躍しているだけでなく，華人「頭脳の還流」に伴い，中国大陸にも進出し，中国のベンチャービジネスにおいても重要な存在となっている。

シリコンバレーから太平洋を越えて中国大陸に「上陸」している華人ベンチャーファンドのうち，名がよく知られているのは徐大麟をCEOとする「アメリカ漢鼎ベンチャー投資公司」と劉宇環を会長とする「中経合創業投資グループ」である（表5）。徐大麟と劉宇環は華人ベンチャービジネス世界の「双雄」ともいえる。アメリカ漢鼎ベンチャー投資公司は1968年にサンフランシスコで設立された「ハイテク分野の投資銀行」である。85年，IBMの研究開発の仕事に従事していた徐大麟はIBMを辞め，アメリカ漢鼎ベンチャー投資公司に加盟し，投資家として台湾に戻り，そこにベンチャービジネスの種を撒いた。それから10数年間の間に，徐大麟はシリコンバレーと大中華地域を往来する「宇宙人」のように両地方でベンチャービジネスを展開し，アジアのベンチャー企業に13億ドルの資金を投資した。徐大麟は99年から中国大陸に進出しはじめ，中国でベンチャー投資の「啓蒙教育」をしながら現地の有力な中小ハイテク企業に投資を行っている。

もう1人の重要人物で，「アジアベンチャー投資の第一人者」と称されている劉宇環は北京生まれ，台北育ちの華人ベンチャー投資家であり，最初にベンチャー資金を台湾新竹科学園区に導入した人物でもある。1970年代に，劉宇環

表5 中国大陸に進出している華人系ベンチャーファンドの「双雄」

項　目	漢鼎ベンチャー投資公司	中経合創業投資グループ
①ファンドの規模	17億ドル，中国大陸向けは2億ドル	2億ドル
②投資地域	アジア太平洋地域	大中華地域
③投資分野	ソフトウェア，広帯域値とワーク，半導体，バイオ・医薬，無線通信，光ファイバーなど	ネットワーク，通信，バイオ
④投資の段階	発展期（Development）	種子期（Seed）と発展期（Development）
⑤投資金額	1,000万～5,000万ドル	50万～500万ドル
⑥中国大陸での投資件数（2000年末まで）	10件 （上海半導体，科星公司等）	50社（大中華地域）
⑦特徴と強み	シリコンバレーのバックグランド 投資の経験が豊富 グローバルのベンチャー投資ネットワークを有す 「資源の統合」：米国の先端技術を中国にもちこみ，中国の有力企業と結びつけ，ベンチャー投資の成功率をアップ	シリコンバレーのバックグランド 政府との関係を重視し 高成長分野に専念 「人脈」は武器・優れたチーム

資料：筆者作成．

は米「Walden Investment Group」の執行役員として台湾に対するベンチャー投資を主導し，シリコンバレーの技術，経営ノウハウ，ベンチャー資金を台湾に導入し，台湾のハイテク産業の発展に大きく貢献した。92年から，劉宇環は目を故郷の中国大陸に向け，それから2000年までの8年間に，シリコンバレーと中国大陸に往来した回数は70回にも達した。

　1996年に，劉宇環は中国大陸とシリコンバレーの華人ハイテク企業を投資の対象とする「中経合創業投資グループ」を創立した。劉宇環の説明によると，「中経合」とは「中国人の経済合作」の略で，中華経済の統合，IT革命時代におけるシリコンバレーと大中華地域との連携を推進するため，架け橋の役割を果たす意味を含めている。シリコンバレーに本社を置く「中経合創業投資グループ」は4つのファンドを運営し，その規模は2億ドルで，現在，ネットワーク，通信，バイオなどの分野の華人ハイテク企業50社に投資をしている。同投資グループ

のシリコンバレーに対する投資は，約8割が中国大陸出身の華人技術専門家による創業企業を対象としたもので，しかも半分以上の企業がビジネスをシリコンバレーから中国大陸へと拡大している。劉宇環はまた北京市政府の投資企業である「北京控股」，アジア華人企業グループの「新鴻基地産」，「信得グループ」「中策グループ」と手を組んで「北京ハイテク発展ファンド」を共同で設立し，留学生の帰国創業を支援している。さらに，「中経合創業投資グループ」は，IBMなど米ハイテク企業との連携を通じて5億ドルの資金を募集し，中国の電子商取引市場に投資しようとしている。

　華人ベンチャー投資家はさまざまなファンドを運営してベンチャー企業に投資しているが，実は，そのファンドの資金源はアジアの金融・流通・不動産といった伝統産業の華人資本からきたものが多い。言い換えれば，アジアの伝統産業の華人資本はシリコンバレーの華人ベンチャー投資家とその投資企業に運用資金を提供する形でハイテク分野に間接的に参入しているのである。一方，自らベンチャー投資企業を設立し，ハイテク企業に投資することを通じてハイテク分野に直接参入しているアジアの華人資本もある。例えば，不動産投資を本業とする香港「恒隆グループ」の会長陳啓宗はベンチャー投資企業を設立し，1990年代後半から米国と中国大陸でハイテク産業への投資を開始した。2000年まで，陳氏のベンチャー投資企業は中国大陸で米国留学経験者により創立されたハイテク企業に約5億ドルを投資した。

(2) 中国のベンチャービジネスと各種のベンチャーファンド

　留学生の創業企業をはじめとする中国の中小型ハイテク企業を標的に，ベンチャービジネスを展開しているのは華人ベンチャー投資家とその投資企業だけではない。アジア太平洋地域（日本を除く）最大のITマーケットを狙ってさまざまなベンチャーファンドが中国でベンチャー事業を展開している。筆者の分析によると，これらのベンチャーファンドは「政策型ファンド」と「ビジネス型ファンド」という2大種類に分けることができる。

　ここでいう「政策型ファンド」とは中国のイノベーション体系の一環として，

中央政府の関係省庁や地方政府がハイテクの産業化を促進するために設立されたファンドを指している。そして，「ビジネス型ファンド」とは中国のITマーケットとハイテク企業の株式公開益などを狙って中国に進出しているベンチャーファンドである。この2つはファンドの運用目的が違うので，そのビジネスの特徴も自然に違ってくる。ここで，中国でベンチャービジネスを展開している各種のベンチャーファンドの特徴を以下に分析してみる。

①各種ファンドの運用上の特徴

ベンチャーファンドの運用上の特徴を分析する場合，まず説明しなければならないのはベンチャー企業の発展段階である。一般的に言えば，ベンチャー企業の発展段階によってベンチャー資金の投入もいくつかの段階に分けることができる。要するに，どういう段階にベンチャー資金を投入するかによって各種のベンチャーファンドの運用上の特徴を判明することができるはずである。

一般的に言えば，ベンチャー企業の発展段階は「種子期 (Seed)」，「起動期 (Start-up)」，「発展期 (Development)」，「上場前 (Pre-IPO)」という4つの段階に分ける。市場経済にふさわしいビジネス環境，ベンチャー投資関連の法制度，ベンチャー投資資金の「撤退」の手段・チャンネルなど側面から中国のベンチャービジネス環境を評価すると，その点数は非常に低いといわざるを得ない。言い換えれば，中国でベンチャービジネスを行うことは米国のシリコンバレーより，リスクがずっと高いわけである。ハイテクの産業化を実現するため，中国政府はそのハイテク産業化の担い手となる中小型ハイテク企業を資金面から支援しなければならない。したがって，政府の出資をメインとする「政策型ファンド」はハイテク企業の「Seed期」と「Start-up期」といったビジネスリスクが比較的に高い段階で投資をし，そのリスクを負うことになる。一方，利益追求を第一目的とする「ビジネス型ファンド」はビジネスリスクが比較的に小さい「Development期」，「Pre-IPO期」といった段階で投資をするものが多い。これは中国における「政策型ファンド」と「ビジネス型ファンド」との最大の相違点である（図14）。

②「政策型ファンド」とそのビジネス展開

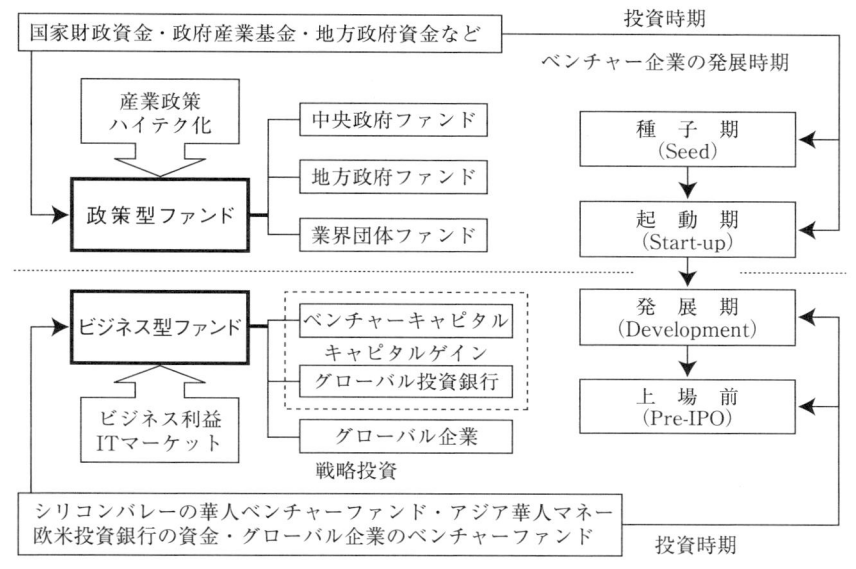

第4章　ブレーン・パワーと中国のイノベーション体系

図14　中国でビジネスを展開している各種のベンチャーファンドとその特徴

```
国家財政資金・政府産業基金・地方政府資金など          投資時期
                                          ベンチャー企業の発展時期
  ┌産業政策┐      ┌中央政府ファンド┐      ┌種　子　期┐
  │ハイテク化│      │地方政府ファンド│      │ (Seed)  │
  └───┬──┘      │業界団体ファンド│      └────┬─┘
  ┌政策型ファンド┐                        ┌起　動　期┐
                                          │(Start-up)│
                                          └────┬─┘
  ┌ビジネス型ファンド┐ ┌ベンチャーキャピタル┐   ┌発　展　期┐
                     │キャピタルゲイン    │   │(Development)│
  ┌ビジネス利益┐    │グローバル投資銀行  │   └────┬─┘
  │ITマーケット│    └グローバル企業      ┘   ┌上　場　前┐
                        戦略投資              │(Pre-IPO) │
                                              └──────┘
シリコンバレーの華人ベンチャーファンド・アジア華人マネー
欧米投資銀行の資金・グローバル企業のベンチャーファンド    投資時期
```

資料：筆者作成.

　ハイテクの産業化を推進するため，その担い手である中小ハイテク企業に金融面からの支援を行う目的で，中央政府あるいは地方政府の出資により設立されているイノベーションファンドとベンチャーファンドが「政策型ファンド」である。現在，中央政府の関係省庁（科学技術省を中心）により設立されているファンドには「ハイテク型中小企業イノベーションファンド」，「中国科学技術発展ファンド」，「中国火炬計画ファンド」などがある。一方，地方政府の出資によって設立されているファンドには「中関村科学技術投資基金」，「上海イノベーションファンド」，「広州ハイテク型中小企業ファンド」などがある（表6）。これらの政策型ファンドはハイテクパーク，ソフトウェアパーク，大学科学技術パーク，留学生創業パークから投資対象企業を厳選し，情報技術とバイオ，新材料，環境分野の中小ハイテク企業を対象に，「Seed期」と「Start-up期」の段階からベンチャー投資を積極的に行っている。例えば，上海市政府は，約20億元のベンチャー資金を集め，「Start-up」段階にあるハイテク中小企業に資金と融資担保を提供し

表6 政策型ファンド：国家の産業ファンドと地方の創業ファンド

(1) 主要な国家産業ファンド

代表的ファンド	規模	出資者	投資分野・対象	投資案例
中国科学技術発展基金	2億ドル	中国科学技術省 シンガポール科学技術財団 祥峰投資有限公司	情報通信分野 (1件の投資規模は100万～500万ドル)	IT分野の企業7社
中国火炬ファンド	1億ドル	中国科学技術省 香港上海銀行	発展期のハイテク企業 (1件の投資規模は400万ドルくらい)	IT, バイオのハイテク企業12社
科学技術型中小企業技術イノベーションファンド (1999年6月設立)	10億人民元/年	中国財政省 中国科学技術省	シーズ期のハイテク型中小企業 分野：IT (29%)，バイオ (18%) など 対象：863計画 (21%)，産官学項目 (26%)，設立18ヵ月以内のハイテク企業 (26%)，留学生企業 (10%) 無償援助の投資上限が1,000万元	1999年には，投資件数は1,000件，投資金額が8.2億人民元

(2) 主要な地方創業ファンド

代表的ファンド	規模	出資者	投資分野・対象	投資案例
中関村科学技術投資基金（北京）	1.2億ドル	北京控股・中国光大 Morgan Stanley（米） 長江実業（HK） 中経合（米）	中関村パーク内のハイテク企業	―
中関村青年科学技術創業投資公司（北京）	8,000万人民元	北京市政府	中関村地域にある大学のベンチャー企業	―
上海イノベーション基金	1億人民元	上海市政府	ハイテク型中小企業（種子期の企業を中心）	―
深圳イノベーション科学技術投資公司	10億人民元	深圳市政府	IT, バイオ分野のハイテク企業	14件（2億元）
広州ハイテク型中小企業基金	3億人民元	広州市政府	種子期のハイテク中小企業	―

資料：筆者作成．

ている。

③「ビジネス型ファンド」とそのビジネス展開

ベンチャー投資が1つのビジネス活動であることは当然であるが，ここでいう「ビジネス型ファンド」は上述した「政策型ファンド」という中国独特のベンチャーファンドと区別するために名前をつけたものである。この種のファンドをさらに，華人系ベンチャーファンド，欧米投資銀行系ファンド，米国ベンチャー

第4章　ブレーン・パワーと中国のイノベーション体系

表7　中国でビジネスを展開している主要な華人ベンチャーファンド

代表的ファンド	規　模	特　　徴	投資分野・対象	投資案例
中経合集団ファンド	2億ドル	シリコンバレーを根拠地の台湾華人ベンチャーファンド	中国の電子商取引，インターネット産業	50件投資
アジア太平洋ファンド	1.5億ドル	台湾中華開発とシンガポール，香港の華人資本による設立	IT分野の中国企業	—
李嘉誠ファンド	2億ドル	香港最大の華人財閥と米国Internet Capital Groupとの連合	IT分野の中国企業	—
Cyber Works Ventures	6億ドル	香港IT大手企業のファンド	IT分野の中国企業	35件投資
新世界北大情報技術発展ファンド	1億ドル	香港華人財閥と北京大学青鳥ソフトウェア系統公司による設立	北京大学のハイテク企業	—
元成基金創業投資公司	2億ドル	香港を基地，シリコンバレーを資金源，中国を市場のファンド	IT分野の中国企業	—
普訊中華創業投資公司	1億ドル	台湾資本と中関村科技発展公司による設立	北京のIT企業	—
高陽科技ファンド	20億香港ドル	香港華人資本による設立	北京のハイテク企業	中関村に4億香港ドル投資
億勝投資集団	2.5億ドル	シンガポール華人資本による設立	北京と深圳のハイテク企業	—
アジアディジタル連盟（香港）ベンチャー基金	10億香港ドル	香港華人資本による設立	北京のハイテク企業	—

資料：筆者作成.

キャピタル，グローバル企業系ファンドという4種類に分けて分析してみる。

まず，華人系ベンチャーファンドを見てみよう。中国大陸に進出している華人系ベンチャーファンドは2つの流れから構成されたものである。1つはシリコンバレーを本拠地に，先端技術とベンチャービジネスのノウハウを有し，シリコンバレー華人ネットワークから全面的なバックアップを受けている北米の華人系ベンチャーファンドであり，もう1つの流れは不動産，金融・流通，小売など伝統産業にビジネス基盤を置きながら，ハイテク産業に参入しようとしているアジアの華人系ベンチャーファンドである。この2つの流れが合流している華人系ベンチャーファンドはベンチャービジネスを展開する場合に必要とするすべての資源を有し，しかも米ハイテク企業，欧米投資銀行，中国政府・大学との幅広い「人脈」をもち，中国のハイテク産業の発展を支える重要な勢力として発展している（表7）。

表8 中国に進出している主要な欧米投資銀行系のファンドと
アメリカのベンチャーキャピタル

代表的ファンド	規模(億ドル)	投資分野・対象	投資案例
欧米投資銀行系ファンド			
WALTON International Investment Group（中国）	5	中国の情報・通信分野のハイテク企業（創業基金の提供）	20件（1.4億ドル）
Gold sachs China	2	インターネット・EC関連	（四通利方ソフトウェア，力健電脳，広東科龍，無錫小天鵝など）
オランダ ING（アジア）	2	中国 IT 企業	China.net，SINO.net など（米ナスダック上場）
Morgan Stanley（中国）	2	中国 IT 企業	創維集団（Web TV）など Suho.net など
CITIBANK Group	—	中国の電子商取引	（米ナスダック上場）米ビジネスネット（美商網）等
米国のベンチャーキャピタル			
Pacific Technology Venture Fund China（PTVC）	12	中国 IT 企業	40件（2億ドル投資，利益率35％）（金蝶ソフト，連邦ソフト，冠日科技，SUHU.net など）
Cyber City Capital	10	中国 IT 企業 深圳ソフトウェアパーク	4件（5,000万ドル）（北京利馬信息技術，北京万聖達信息技術，深圳知恵ソフトなど）
ChinaVest	2	中国 IT 企業	沿海地域のハイテク企業を対象に長期投資（四通利方，亜信，徳康通信技術）

資料：筆者作成.

　次は欧米投資銀行系ファンド，米国ベンチャーキャピタルである。これらのベンチャーファンドは規模，投資実績，運用手法，ベンチャー投資のノウハウなどの面で有利なポジションに立ち，華人専門家を中国ビジネスの最前線に送りこみ，かれらの広い「人脈」を生かし，また欧米のハイテク企業との連携を緊密にしてベンチャービジネスを活発に展開している（**表8**）。

　最後に，グローバル企業系ベンチャーファンドについて考察する。インテルベンチャーキャピタル（中国）といったグローバル企業系ベンチャーファンドは前述した欧米投資銀行系ファンド，米国ベンチャーキャピタルと違って，投資対象企業の株式公開益をねらうよりも，むしろ事業拡大のために潜在的な戦略パートナーをつくることに重点を置いている。要するに，グローバル企業系ベンチャーファンドは自社製品・技術・サービスの普及，新しい技術とビジネスモデルの吸収を主な目的として，中国の中小ハイテク企業にベンチャー投資を行っている

ケースが多い。現在、同じ目的で IBM，サン・マイクロシステムズ，コンパック，デル・コンピュータなどのグローバル企業も中国向けのベンチャーファンドを設け、中国 IT マーケットに参入すると同時に，ベンチャービジネスを展開している。ここで、インテルベンチャーキャピタルの事例を取ってみる。

インテルベンチャーキャピタル（中国）はインテル米国本社の「企業投資部」に属するグローバル企業系ベンチャーファンドであり、その規模は約5億ドルである。インテルの中国ベンチャービジネスの一部はベンチャー投資とはいえ、実際には研究開発の投資である。したがって、インテルベンチャーキャピタルはインテルの事業発展戦略に対応し、IT インフラ、第3世代移動通信（3G）、無線技術、電子商取引（B2B）、PDA などの分野に焦点を絞り、これらの分野における中国ハイテク企業にベンチャー投資を行うと同時に、投資対象企業に技術支援とマーケティング支援も提供する。実のところ、中国のベンチャービジネス環境はまだ完全に整備されていない。そこで、インテルベンチャーキャピタルもリスクをできるだけ最小限にするため、いくつかの投資原則を守っている。すなわち、① 欧米投資銀行系ファンド、米ベンチャーキャピタル、他のグローバル企業系ベンチャーファンドと共同で投資をし、単独での投資をしないこと、② 1件当たりの投資金額で1,000万ドルを上限とすること、③ 投資の可否を自社技術・製品との相関度で判断すること、そして最後、④ Pre-IPO（上場前）の段階で投資を行うことなどである。2000年8月まで、インテルベンチャーキャピタルは中国で、留学生の帰国創業によるハイテク企業（AsiaInfo，UTStarcom）、大学系ハイテク企業（復旦微電子）などの70社のハイテク企業に投資をし、投資されている企業のうち、米ナスダック市場、香港の創業市場で上場している会社も含めている。留学生による帰国創業のモデル企業となっている UTStarcom に対する戦略的投資は中国におけるインテルベンチャービジネスの成功例であるといえる（図15）。

前述したように中国のベンチャーファンドは「政策型ファンド」と「ビジネス型ファンド」に大きく分類され、「ビジネス型ファンド」はさらに華人系ベンチャーファンド、欧米投資銀行系ベンチャーファンド、米ベンチャーキャピタル、グローバル企業系ベンチャーファンドに分けることができる。これらのベン

図15 インテルベンチャーファンド(中国)のUTStar.com社への投資事例

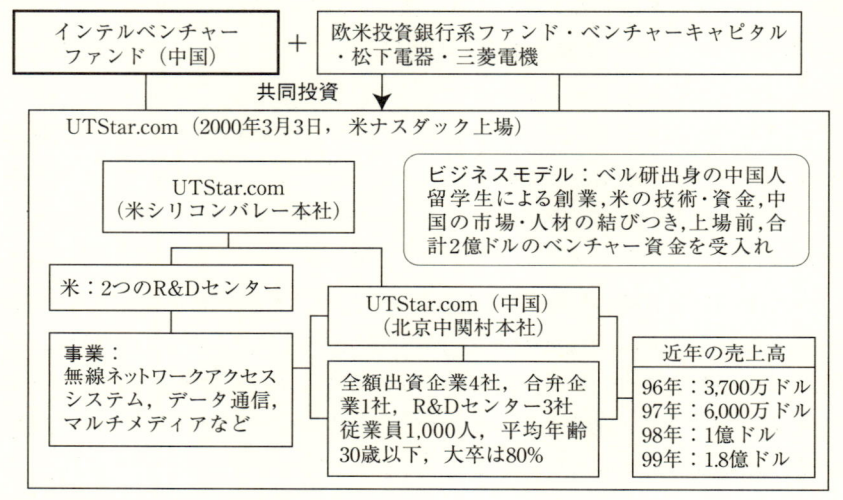

```
┌─────────────────────┐   ┌─────────────────────────────────────┐
│ インテルベンチャー  │ + │ 欧米投資銀行系ファンド・ベンチャー  │
│ ファンド (中国)     │   │ キャピタル・松下電器・三菱電機      │
└─────────────────────┘   └─────────────────────────────────────┘
              共同投資 ↓
┌──────────────────────────────────────────────────────────────┐
│ UTStar.com (2000年3月3日, 米ナスダック上場)                  │
│                                                              │
│  ┌───────────────────┐  ┌──────────────────────────────────┐ │
│  │ UTStar.com        │  │ ビジネスモデル:ベル研出身の中国人│ │
│  │ (米シリコンバレー │  │ 留学生による創業,米の技術・資金, │ │
│  │  本社)            │  │ 中国の市場・人材の結びつき,上場前,│ │
│  └───────────────────┘  │ 合計2億ドルのベンチャー資金を受入れ│ │
│                         └──────────────────────────────────┘ │
│  ┌───────────────────┐                                       │
│  │ 米:2つのR&Dセンター│                                      │
│  └───────────────────┘  ┌──────────────────────┐             │
│  ┌───────────────────┐  │ UTStar.com (中国)    │             │
│  │ 事業:             │  │ (北京中関村本社)     │             │
│  │ 無線ネットワーク  │  └──────────────────────┘             │
│  │ アクセスシステム, │                         ┌────────────┐│
│  │ データ通信,       │  ┌──────────────────────┤近年の売上高││
│  │ マルチメディアなど│  │全額出資企業4社,合弁企│            ││
│  └───────────────────┘  │業1社,R&Dセンター3社  │96年:3,700万ドル│
│                         │従業員1,000人,平均年齢│97年:6,000万ドル│
│                         │30歳以下,大卒は80%   │98年:1億ドル││
│                         └──────────────────────┤99年:1.8億ドル│
│                                                └────────────┘│
└──────────────────────────────────────────────────────────────┘
```

資料:筆者作成.

チャーファンドは中国という特殊の環境のなかで,お互いに補完的な関係にあり,投資家とその「人脈」から構成されているネットワークが各種のベンチャーファンドの緊密な連携を維持する「絆」となっている。そして,そのベンチャー投資の人的ネットワークの中核をなしているのは華人専門家とそのネットワークである。

　中国のベンチャービジネス環境の改善を促すため,補完関係にある各種のベンチャーファンドは同業者間の交流・協力の推進,政策と法制度についての政府や業界への提言などを目的に「連盟」を形成する道をたどっている。その結果,「中国ハイテク創業ファンド協力連盟」が2000年末,中国国家経済貿易委員会,科学技術省,情報産業省,中関村科学技術管理委員会,米国ナスダック国際,EU—BREビジネス協力機構の支援のもとで結成された。同連盟には「ITファンド」「通信ファンド」,「バイオファンド」「新エネルギーファンド」「環境保護ファンド」がそれぞれ設立され,グローバルチームによる運営,海外のベンチャーファンドへの機会提供,事業協力を通じてベンチャービジネスを推進している。一方,政府と民間ベンチャーファンドとのコミュニケーションを強化し,

ベンチャー投資に有利な政策環境をつくることを目的に，2001年2月，中国科学技術省の「火炬計画中心」が発起者として「中国科学技術金融促進会ベンチャー投資専門委員会」というベンチャーファンドの業界団体も発足した。同委員会に加盟している団体会員は132社，個人会員は160人で，中国大陸でベンチャービジネスを行っているベンチャーファンドとその責任者，個人投資家がそろってこの委員会に入っているという。

　ベンチャーファンドの業界団体が最も高い関心をもっていることは，ベンチャービジネスに関する法制度の整備とベンチャー資金「撤退」のチャネルの開拓である。中国イノベーション体系を構築する一環として，中国がベンチャー資金「撤退」のチャネルとして深圳で「創業市場」の開設を準備している。そして関連法制度の整備として，中国は2001年5月，特別法の形式で「産業（創業）投資基金法暫定管理方法」を策定，公布した。その管理方法は外資のベンチャー投資分野への参入を認め，外資の創業資本を「特別法人株」と認める。創業資本を「民間」と「外資」の2大ルートに分け，外資が直接投資したハイテク企業，上場した後，外資の投資（ベンチャー投資）を「特別法人株」として証券市場で自由に譲渡，「撤退」することができると規定されている。

　中国市場で運用されているベンチャーファンドは約20数億ドルで，これは米国市場で運用されている450億ドルのベンチャーファンドと比べると，ほんのわずかのものであると言わざるをえない。しかし，華人頭脳の中国への還流に伴ってシリコンバレー華人ネットワークという「チャネル」を通じて中国市場に進出しているベンチャーファンドは中国のイノベーション体系の構築において重要な意義をもつことは間違いないであろう。

第5章 知識型経済時代の地域間競争

　経済改革と技術イノベーションは成長のモデルを必要としている。米国にこのようなモデルを求めるのは自然なことである。われわれは確かにいくつかの問題を抱えているが，米国のモデルを完全にコピーすることを望んではいない。しかし，米国にはハイテクコミュニティに代表される成功の物語りがある。

米国駐中国大使館公使・商務担当　L・ボウーマ

1. 中国の人的資源とその構造

　知識型経済の時代には，人的資源，イノベーション戦略，イノベーションへの投資，デジタル化への転化のプロセスは経済成長を実現する重要な要素となる。中国の人口は12億人を超え，その絶対数は多いが，知識型経済の発展に必要な人的資源は本当に豊富なのか。ここで，中国の人的資源の現状を分析し，これを基礎として中国の知識型経済の発展を考察してみよう。

(1) 新しい経済地理と人的資源の優位性

　米国連邦貿易委員会の元首席エコノミスト，ハーバード大学ジョン・ケンニジー政治大学院教授 F. M. シャラーは，世界の科学と研究活動の発展を継続させる最も重要なチャンスはインド，中国，および旧ソ連の「人材庫」をいかに有効的に開発するかにかかっていると指摘している。

　1995年に，米国国家経済と社会委員会が発表した「世界教育報告」はインドと中国の人的資源を分析している。それによれば，92年には，人口1万人ごと

表1 1992年,理工学専門の大学生数が最も多い国(トップ10) (単位:100万人)

ランク	国家	理工学専門の大学生数
1	ロシア	2.40
2	米国	2.38
3	インド	1.18
4	中国	1.07
5	ウクライナ	0.85
6	韓国	0.74
7	ドイツ	0.73
8	日本	0.64
9	イタリア	0.45
10	フィリピン	0.44

資料:アメリカ国家経済と社会委員会「世界教育報告」1995年.
『New Perspectives on Economic Growth and Technological Innovation』

の研究開発者数ランキングでは,インドと中国は第19位と第20位にとどまっているのに対し,理工学専門の大学生数のランキングでは,インドが118万人で第3位,中国が107万人で第4位となった(表1)。90年代から,中国は「科教興国(科学と教育による国家の振興)」を国策として教育の発展を強力に推進し,その結果として,中国の理工学専門の大学生数は92年の100万人台から99年には一気に500万人(一般大学と社会人大学)までに急増してきた。

10万人ごとの研究開発者数が何人かという相対的指標で国・地域のイノベーション能力を分析すると,中国とインドといったGDPが5,000ドル以下の国は低い順位にとどまっているが,視点を変えて,在学中の理工学大学生数という絶対的指標で評価すると,人口の多い中国とインドが高い順位に上昇してくる。これらの国の人的資源が,未来の科学技術イノベーションを支える重要な力として注目を集めているのである。ここで,中国の人的資源の構造を分析してみよう。

中国の人的資源の構造は本書の「はじめにの図6」に示されているように,大きく3つに分けることができる。まず1つめは「現有の人的資源」で,現在,研究機関,大学,企業で研究開発の活動に従事している人材である。次は「潜在的人的資源」で,大学に在学している理工学の大学生,大学院と研究機関に在学し

ている理工学専攻の院生など，近い将来にイノベーションを担う人材である。最後は「海外に預けている人的資源」であり，これが外国に留学している中国大陸出身の留学生，学業を終えた後，留学先の国・地域で就職している中国大陸出身の科学技術人材を指している。中国はこの両者を「留学人員」と呼んでいる。

中国の人的資源の構造は，人材の流動チャネルによって，その3つの構成部分が有機的に連接されているダイナミックな構造となっている。「潜在的人的資源」の部分は「現有の人材資源」と「海外に預けている人的資源」の2つの部分に人材を絶えず供給し，中国における人的資源開発の核となる存在であるともいえる。ここで中国の人的資源の構造における3つの部分をさらに詳しく分析してみる。

① 現有の人的資源

中国の現有の人的資源はさらに，①「専門技術人員」，②「科学技術活動人員」，③「研究と開発人員」という3つに分けることができる。

「専門技術人員」とは理工学，農学，医学など自然科学の研究や教育に従事している専門人員と企業の技術者を指す。『2000年中国科学技術年鑑』によると，中国は，2,049万人の専門技術人員を有し，そのうち，35歳以下は全体の50.5%，50歳以下は同86.7%をそれぞれ占めている。

「科学技術活動人員」とは科学技術活動に直接に従事する研究機関や大学の研究者，企業の技術者と研究開発者，および科学技術活動をサポートする人員を指す。中国の「科学技術活動人員」数は288万人を数える。そして「研究開発人員」とは研究開発に直接従事している人員，および研究開発をサポートする人員を指す。中国は166万人の「研究開発人員」を有している。

中国の科学技術人材の分布をみると，人材の研究機関や大学への集中が目立ち，本来，技術イノベーションの主体となるはずである企業が有している人材は全体の3割にも達していないのが現状である。ここで特に注目されるのは，中国における現有の科学技術人材の3割が人材育成の担い手である大学によって抱えられていることである。中国には1,071校の大学があり，3,124の大学付属の研究開発機関を有している。これらの大学付属の研究機関で働いている科学技術者は

表2 中国の大学とその科学技術人材

項　　目	主な内容
大学数	1,071校（一般大学）
大学の科学技術者数	60万人 （ハイレベル科学者は17万人）
大学付属の研究機関数	3,124機関・実験室 （101の国家重点実験室）
大学に担当されている国家重点研究開発プロジェクト数	4,902プロジェクト （国家重点研究開発プロジェクトの総数は8,835プロジェクト）
大学に置いている国家重点実験室で働いている研究開発者数	8,072人 （国家重点実験室で働いている研究開発者の総数は18,745人）

資料：『2000年中国教育年鑑』より作成.

60万人である。2000年に，中国の大学とその付属の研究機関は8,835の国家重点研究開発プロジェクトのうち，4,902のプロジェクトを担当しており，主要な大学に設置してある国家重点実験室で働いている研究開発者数は8,072人（国家重点実験室で働いている研究開発者の総数は18,745人）である（表2）。中国は「科教興国戦略（科学と教育で国を興す戦略）」を実施するため，2000から10年までの10年の間に100の国際レベルの大学を育成しようとしている。その第1陣として，清華大学，北京大学など5つの重点大学が選ばれた。これらの重点大学が国家から研究開発経費，設備購入費用，科学技術者への奨励費用として年間18億人民元の支給を受けて，人材の育成と研究開発に力を入れている（普通，国の大学への補助金は年間2億人民元）。

② 潜在的人的資源：中国の人的資源の開発（育成）

ハーバード大学ジョン・ケンニジー政治学院教授F. M. シャラーは，欧米諸国における出生率の低下や理工学専攻の学位授与者数の低下に伴う人材の供給サイトの変化に注目し，欧米など先進諸国の人的資源の基本的な問題は，未来の科学技術の発展を支えるため，世界的規模で大学教育を受けている潜在的な人材をいかに吸収するかにあると指摘している。要するに，潜在的人材供給が充足しているかどうか，また先進諸国が国内外の潜在的人材をいかに取り込むかを，将来の

第5章　知識型経済時代の地域間競争

イノベーション能力を大きく左右する要素として重要視している。これに関連し，ここで，中国の人的資源の構造における「潜在的人的資源」という部分に着目して分析しておく。

まず，大学の人材育成である。2000年5月に公表された「1999年全国教育事業発展公報」によると，1999年に，中国の大学数は1,942校に達し，そのうち一般大学1,071校，社会人大学871校である。同年，一般大学の新入生は276万人（前年比47.4%増），社会人大学の新入生は116万人（同15.6%増）である。また，大学の在学生は719万人で，うち一般大学に在学している学生が413.4万人，社会人大学に在学している学生306万人である。さらに同年，大学の卒業生数は174万人で，うち，一般大学の卒業生数が85万人，社会人大学の卒業生数が89万人である。2000年末に，一般大学と社会人大学に在学している学生数が1,000万人を突破して1,100万人に達し，そのうち，理工学・農学・医学など自然科学学部に在学している学生数は全体の52%を占め，500万人を超えている。

次に，大学院における専門人材の育成を見てみよう。中国は775の大学院を有し，そのうち，大学系の大学院が446，科学技術研究機関系の大学院が329となっている。1999年には，全国の大学院の新入生が92,000人，うち博士コースの新入生が2万人で，修士コースの新入生が72,000人である。また，全国の大学院に在学している大学院生は24万人に達し，そのうち，博士課程の在学生が54,000人，修士課程の在学生が18万人強である（表3）。専門人材の育成事業の発展に伴って，90年代において，大学院修了者数も年々増えている。例えば，大学院の修了者数は95年の32,000人から99年の92,000人に増えた。そのうち，理工学・農学・医学専門の大学院修了者は95年の25,000人から99年の43,000人に増加している。2001年に，全国各大学院の新規募集の定員数が16万人であるのに対し，大学院統一試験の参加者は定員数の約3倍にあたる46万人に達し，専門人材育成機関としての大学院での教育を希望する若者は非常に多いわけである。

周知のとおり，中国の大学教育は一般大衆向けの普及教育ではなく，一種のエリート教育である。1997年に，全国の大学教育に適齢する若者（18～22歳）の人口は1億弱にも達しているのに対し，その10%しか大学の「ドア」に入れない。

表3　中国の大学と学生数の推移（1992～99年）　　（単位：万人）

年	1992	1993	1994	1995	1996	1997	1998	1999
学部生	218 (60)	254 (57)	280 (64)	291 (81)	302 (84)	318 (83)	360 (82)	413 (85)
院　生	9.4 (2.6)	11 (2.8)	13 (2.9)	15 (3.2)	16 (4)	18 (4.7)	20 (5.1)	23.4 (9.2)

資料：『中国教育統計年鑑』2000年版より作成。
注：（　）内は卒業生数。

入学競争があまりにも激しく，大学生となるものはごく少数の「エリート」たちである。違った視点からみれば，中国の大学は厳しい選抜を通じて潜在的人材になれる若者を選び，一流の人材を育成することができるはずである。例えば，シンガポール交通・情報技術省大臣楊照東は，中国の国家重点大学は膨大な「ハイテク人材倉庫」であり，シンガポールが清華大学といった中国の重点大学から卒業生を募集しなければならないと述べた。毎年の大学統一試験において，全国各地域の試験成績が上位10に入る合格者のうち，約75％の者が清華大学を希望して同大学に入学する。2001年，創立90周年を迎えた清華大学は2万人余りの在学生を有し，そのうち，情報科学技術学院に在籍している学生は3,000人である。しかし，毎年，同大学の卒業生の約半分が留学のために出国し，「流出」している。

　専門人材の育成においては，大学の大学院の役割が十分に発揮されていると同時に，中国科学院など国家レベルの研究機関も活用されている。例えば，中国科学院は現在，「百人計画（100人の45歳以下のトップレベルの優秀な人材を育成する計画）」を実施しており，また中国科学技術委員会が国家人事局と共同で「千百万工程」を実施している。「千百万工程」とは世界一流の科学者100名，優秀人材千名，科学技術研究の基幹人員1万名を育成する計画である。これらのハイレベル人材の育成計画の入選者の半分は海外留学の経験者であるという。ドイツの週刊誌『Die Ziet』は2000年11月に中国の人材育成に関する分析記事を発表し，中国の人材育成計画とハイテク発展計画が順調に実施されれば，5～10年の間に，中国の学術と研究開発の実力が欧州の水準を上回ると予測している。

(2) 専門的技術人材の集積・地域分布

F. M. シャラーは『経済成長と技術イノベーションの新しい原動力 (New Perspectives on Economic Growth and Technological Innovation)』という本で次のように指摘している。「1992年には，全世界でおよそ2,000万人の大学レベルの人材が科学技術の研究開発の仕事に従事している。そのうち，約3分の2の人が豊かな国，すなわち1人当たりGDPが5,000ドル以上の国に生活している」。言い換えれば，人的資源の状況が地域の経済発展の水準に深く関係している。人口1万人ごとの研究開発に従事するエンジニア数ランキング上位は，1人当たりのGDPが5,000ドル以上の国・地域である。また，豊かな国がオープン的な政策を実施すれば，1人当たりのGDPが5,000ドル以下の国・地域から人材を大量に誘致することができる。

一方，国土が広く，経済発展が不均衡となっている中国は，人的資源の分布も地域の経済発展水準と密接に関連してさまざまな特徴を見せている。例えば，全国平均で，人口1万人ごと何人の研究開発者がいるかという指標だけ見れば，他国に比べて，非常に少ないといわざるを得ないが，北京，上海，広東といった1人当たりGDPが5,000ドルに近い地域では，先進諸国と同じレベルに達している。経済発展の進んでいる地域は科学技術と教育への投資が多く，経済発展の遅れている地域から人材を吸収する「磁力」も強いわけである。一般的に言えば，中国では，人材は経済発展の遅れている内陸地域から経済発展の進んでいる沿海地域へと移動，集積し，開放度の比較的に低い北から開放度の比較的に高い南へと移動，集積していく傾向が見られている。人材移動の傾向は中国における専門的技術人材の集積，分布の構造に大きな影響を与えている。1999年に，中国のある人材調査機関は全国16の重点大学の大学院に在学している100名の大学院生を対象に，大学院修了後の就職の希望地域についてアンケート調査を実施した。その結果によると，最も希望している地域として上海 (29％)，広州 (26％)，北京 (21％) が上位3位に選ばれた (図1)。この3地域の大学教育と人的資源の現状を表4に示す。

図1 中国の大学院生の就職希望地域

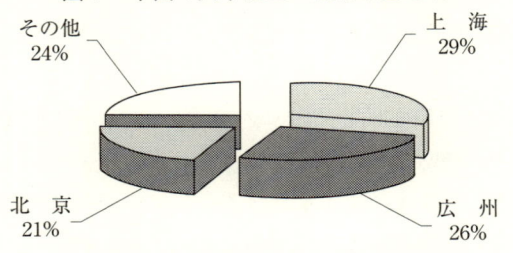

- その他 24%
- 上海 29%
- 広州 26%
- 北京 21%

資料:中国『人材市場報』2000年2月関連記事より作成.

表4 北京,上海,広東3地域の人的資源の現状(1999年)

項　目	北京市	上海市	広東省
人口(万人)	1,382	1,674	8,642
科学者・エンジニア数(人)	12万	11万	19万
研究開発経費支出金額(億元)	121	50	64
研究開発者1人当たりR&D経費(万元)	14	13	15
科学技術研究機関数	432	284	459
特許申請件数(件)	7,716	4,602	16,802
大学数(校)	64	41	50
在学生数(人)	23万	19万	22万
新入生数(人)	8万	6万	8万
卒業生数(人)	5万	4万	5万
大学院在学生数(人)	50,547	24,420	9,602
新入生数(人)	19,445	9,413	38,49
修了者数(人)	12,241	5,620	2,218
修士号取得者数(人)	9,127	4,288	1,817
博士号取得者数(人)	3,114	1,323	371
大学の研究開発機関数	—	309	357
大学の科学技術研究者数(人)		51,139	46,245

資料:『北京市年鑑2000年』,『上海市年鑑2000年』,『広東省年鑑2000年』より作成.
注:3地域の人口は中国国家統計局の「2000年第5次センサス公報」によるもの.

　米国進歩政策研究会(PPI)の技術イノベーションとニューエコノミーチームの主任研究員ロバートD.アトキンソンは『米国ニューエコノミー:連邦と州』という著作で,米国各州のニューエコノミー戦略を分析し,以下の3つの指標で各州の経済成長力を評価している。すなわち,① デジタル経済の発展,② 研究とイノベーションの増加,③ 人的資源である。この3つの指標が米国各州の経済成長の最も重要な要素であると,ロバートD.アトキンソンは指摘しているが,

中国における 30 の省・自治区の状況もまったく同じであると考えられる。特に人的資源では優位をもっている北京，上海，広東の 3 地域は互いに競争しながら，中国の知識型経済発展を共同で推進していくであろう。

2. 知識型経済と華人ハイテクコミュニティ

(1) ハイテクパークからハイテクコミュニティへ

　人的資源が知識型経済の根本であるとすれば，その人材が集積するハイテクコミュニティは知識型経済発展の最も重要な担い手であるといってもよい。

　本書の第 4 章で紹介したように，中国には 53 の「国家高新産業技術開発区」と呼ばれるハイテクパークがある。北京の中関村科学技術園区，上海の張江高新科学技術園区，深圳の高新技術園区はその代表である（表5）。

　53 のハイテクパークはすでに中国の 30 の省・直轄市・自治区の経済成長の牽引車となり，中国の知識型経済発展の原動力となっている。中国のハイテクパークを機能の面から分類すると，①「投資誘致型ハイテクパーク」，②「創業・孵化型ハイテクパーク」，③「総合型ハイテクパーク」という 3 つのパターンに大きく分けることができる。投資誘致型ハイテクパークは中国のハイテクパークの主流である。その代表的存在は「蘇州高新技術開発区」である。この開発区にはたくさんのハイテク企業が進出している。優れた投資環境，魅力的な優遇措置により誘致された外国企業がその中心となっており，しかし，独自で育成した企業はほとんど存在しない。中国の「創業・孵化型ハイテクパーク」は非常に少ない。あえて名が挙げられるのは北京・中関村科学園区だけであろう。自発的な「電子市場」から発展してきた中関村科学技術園は，同地域の大学，科学院の研究所をコアとして，大学系の方正集団と科学院系の連想集団など，大学の先生や研究機関の技術者により創業された有名なハイテク企業を創り出した実績があり，留学生創業パークといったインキュベータにより海外の留学生の帰国創業を支援している。

表5 北京,上海,深圳 3市のハイテクパークとその環境

	北　京	上　海	深　圳
①主な特徴	全国の政治的中心 イノベーションンの能力が強い R&D 投資は全国1	全国の経済的中心 全国の金融センター 産業基盤,ハイテク産業の規模は全国一	対外開放の象徴的存在,香港に近い ハイテク産業の成長スピードは全国一
②全市の GDP (2000年)	2,460億元	4,451億元	1,655億元
③全市の1人当たり GDP (2000年)	2,700ドル	4,180ドル	4,800ドル
④市に立地する大学数 (校)	64	41	1
⑤市に立地する研究機関数	432	284	56
⑥全市の科学者・エンジニア数	12万人	11万人	―
⑦全市の R&D 経費の支出金額 (億元)	121	50	―
⑧全市ハイテク産業の生産高 (2000年)	840億元	1,427億元	1,160億元
⑨市のハイテク分野のイベント	北京ハイテク産業国際週間 (毎年5月)	上海国際工業博覧会 (毎年11月)	中国国際ハイテク成果交易会 (毎年10月)
⑩主要なハイテクパーク名称	中関村科学技術園区	浦東・張江高新科技園	深圳高新技術園
⑪ハイテクパークのモデル	創業孵化型	総合型	総合型
⑫代表的ハイテク企業	聯想集団,四通集団,方正集団	ない	華為通信集団,中興通信集団
⑬ハイテクパーク内の大学と研究機関数	清華大学,北京大学など68の大学 中国科学院を代表とする200余りの研究所	ない	ない
⑭ハイテクパーク内の企業数	6,000社	―	―
⑮ハイテクパーク内のグローバル企業の R&D センタ数	30	24	16
⑯ハイテクパークとシリコンバレーとの連携	「中関村シリコンバレー事務所」を2000年に設置	「上海・シリコンバレーオンライン」を2000年に開設	「深圳市シリコンバレー人材募集活動」を2001年に開催

資料:筆者作成.

　この数年間に,技術イノベーションの重要性が認識され,上海と深圳はハイテクパークの建設において,投資環境の改善,優遇措置の提供による外国企業の投資誘致という従来の手法を維持しながら,創業環境の整備,インキュベーションサービスの提供といった新しい手法を導入し,中小型ハイテク企業の育成に力を注ぎはじめている。これにより,「投資誘致型ハイテクパーク」と「創業・孵化

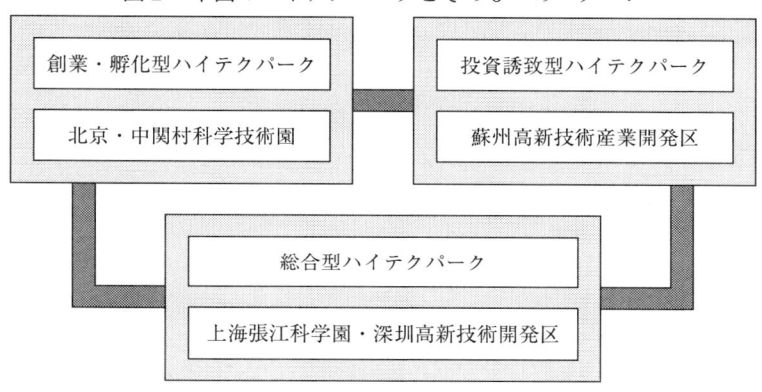

第5章　知識型経済時代の地域間競争

図2　中国のハイテクパークとその3つのパターン

```
┌─────────────────────────┐   ┌─────────────────────────┐
│ 創業・孵化型ハイテクパーク │   │  投資誘致型ハイテクパーク │
├─────────────────────────┤   ├─────────────────────────┤
│ 北京・中関村科学技術園   │   │  蘇州高新技術産業開発区  │
└─────────────────────────┘   └─────────────────────────┘
             ┌─────────────────────────────────┐
             │       総合型ハイテクパーク      │
             ├─────────────────────────────────┤
             │ 上海張江科学園・深圳高新技術開発区 │
             └─────────────────────────────────┘
```

資料：筆者作成.

型ハイテクパーク」の両方の機能を備える「総合型ハイテクパーク」が増えつつある（図2）。上海の張江科学園では独自で育成してきた有力なハイテク企業はまだ頭角を現わしていないが，深圳の高新技術開発区には，華為通信集団，中興通信集団などすでに欧米通信ベンダーと競争できる実力をもつハイテク企業が成長してきた。

創業・孵化型に分類される北京・中関村科学技術園区は「ハイテクコミュニティ」という性格を有するという点で上海の張江科学園，深圳の高新技術産業開発区と比べ，より米国のシリコンバレーに近い。では，ハイテクコミュニティとは何か。

ハイテクコミュニティとは何かを明らかにする前に，まず，コミュニティの概念を説明しなければならない。米国の学者エスター・ダイソンは，コミュニティを「人々が住み，働き，遊ぶ生活空間である」と定義している。また，この生活空間は共有意識，参加意識や仲間意識といったものに加え，何らかの「アイデンティティ」を内在すると指摘している。これに基づくと，ハイテクコミュニティとはイノベーション活動による知識の創造，情報の共有と活用といった共通の意識をもつ人々たちの生活，仕事，遊びの空間でありながら，共通の価値あるいは共通の関心から生じる帰属意識で結ばれるネットワーク型の共同体であると定義することができる。シリコンバレーはハイテクコミュニティの典型的な例である。

(2) ハイテクコミュニティの構造とコミュニティ資本

ハイテクコミュニティは主に，① 地域構造，② 文化・精神，③ コミュニティ資本という3つの部分から構成される（図3）。ここで，ハイテクコミュニティの構成要素をさらに詳細に分析してみる。

① **地域構造**

ここでいう地域構造とは主に大学，研究機関，政府，サービス機構，産業体系とその相互依存の形態を指している。知識の創造や人材の育成の担い手としての大学は，ハイテクコミュニティの地域構造の核心に位置する。また研究機関と大学は技術イノベーションの主体となる。要するに，大学と研究機関は研究成果，人材を提供するだけでなく，ハイテクコミュニティの代表的企業も創り出す。

政府はイノベーションに有利な環境づくりに専念する。ハーバード大学教授，ルイスM. ブランコムは「新世紀のイノベーション政策」という論文で，地域における政府の役割について次のように書いている。「政府はさまざまな機会をつくってコミュニティ資本の総量を増やし，企業，大学，連邦政府，州立実験室などの機構から構成されるネットワークがより大きい活力をもち，より効率的，創造性のある体系になるため，……利用可能なすべての政策ツールを使うべきである」。これらの政策ツールは経済政策，政府規制，標準，知的財産権などを含めている。「政策ツールには2種類がある。1つは直接的なもので，例えば，研

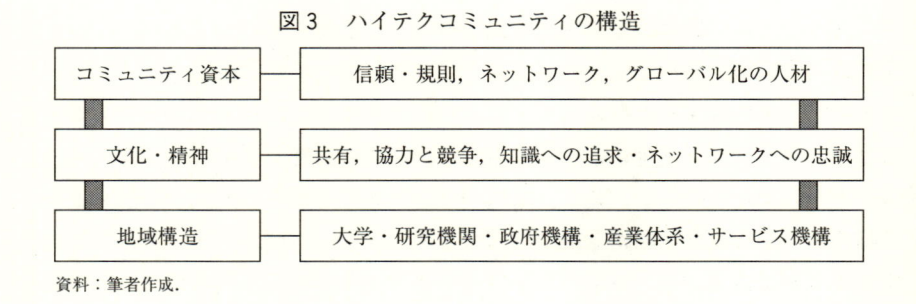

図3　ハイテクコミュニティの構造

コミュニティ資本	信頼・規則，ネットワーク，グローバル化の人材
文化・精神	共有，協力と競争，知識への追求・ネットワークへの忠誠
地域構造	大学・研究機関・政府機構・産業体系・サービス機構

資料：筆者作成．

究開発活動に連邦政府の資金を直接提供して影響力を与えることである。もう1つは間接的な政策ツールである。税制，経済政策，標準，政府調達などはこれに該当する。これらの間接的な政策ツールは民間部門の研究開発分野への投資を刺激し，研究成果を活用する能力を強化することができる」。

そして弁護士事務所，コンサルティング会社，マーケティング調査会社，ベンチャーファンドと個人ベンチャー投資家などが，地域構造におけるサービス機構群として機能する。

産業体系は地域のネットワークを基礎として，協力と競争といった関係にあるハイテク企業群から構成される。これらのハイテク企業が大学や研究機関との間に新しい思想，技術に関する双方向の交流チャネルをもち，非正式な交流を通じて正式な協力，すなわち戦略的関係を構築する。

大学，研究機関，政府，サービス機構，産業体系がネットワークの形態で相互関係していることは，ハイテクコミュニティの地域構造の最も重要な特徴である。

② 文化・精神

ハイテクコミュニティの文化と精神は，創業・イノベーションへのチャレンジの意志，失敗を容認する雰囲気，知識の共有，メンバー間の信頼関係，互助・協調関係と競争関係との共存といった要素から構成される。ネットワークへの忠誠もハイテクコミュニティの文化の一部となっている。「シリコンバレーにおいては，エンジニア達のネットワークへの忠誠は会社への忠誠を超えている。われわれは従業員を公平に扱い，従業員たちも企業に対する忠誠を示す。しかし，もっと高い次元の忠誠がある。すなわちネットワークに対する忠誠である」と，シリコンバレーのあるハイテク企業の技術専門家はいっている。

③ コミュニティ資本

前述したように，ハイテクコミュニティにおいて，政府の1つの役割はさまざまな機会をつくってコミュニティ資本の総量を高めることである。コミュニティ資本は一種の強大な資源である。この資源は有効な社会関係，グローバル規模の社会的絆から発展してきたものである。本書の第2章で取り上げているシリコン

バレー華人ネットワークはその代表である。ブランコム教授によれば，コミュニティ資本は主に信任，規則とネットワークという3つの要素から構成されるが，これに「グローバル化した人材」という要素を加えることができる。共通の文化背景，価値観，言語がコミュニティ資本の基礎となる。パートナーシップとネットワーク関係はコミュニティ資本の1つの形式である。しかもコミュニティ資本は他の形式の資本と同じように，有効に使うと絶えず蓄積を増加させていくことができる。

信任とは，ある個人が一連の相互作用を通じて獲得した「他の個人に対する依頼できる程度」の認識であり，一種の自信でもある。これは時間をかけて獲得したものであり，コミュニティ資本の重要な特徴はこの信任の移転活動にある。AさんがCさんを信任するのはAさんがBさんを信任し，BさんがCさんを信任するからである。こうして，ネットワークにおいて，メンバーの間の直接，緊密な個人の付き合いがなくてもネットワーク全体の信任水準を大きく高めることができる。

一般的にいえば，規則は関係者の行為を規制するものである。コミュニティ資本には互恵という重要な規則があり，これはネットワークを維持する基礎でもある。互恵原則と深く関係しているのはこのような個人意識である。すなわち，メンバーは自分の目の前の個人利益を放棄して行動する。これはネットワーク全体の利益のためだけでなく，その行為者自身の長期的利益のためでもある。

コミュニティ資本はネットワークの参加者に目標の共有，専門的技術と知識の共有，意思決定の分担，分業，リスク分担，信用の共有，成功にもたらすリターンの共有，仕事の分担，優先序列の分担を提供することができる。さらにネットワークの参加者が外部との協力を通じてコミュニティ資本を発展させ，自らのの競争力を増強し，さらに外部のイノベーション成果を吸収する能力を向上させることがある。コミュニティ資本の総量を絶えず増加させることは，ハイテクコミュニティを建設，維持するための重要な課題である。

(3) 華人ハイテクコミュニティとその進化のプロセス

第5章 知識型経済時代の地域間競争

本書の第2章「移民の絆：シリコンバレーの華人ネットワーク」で，筆者はシリコンバレー華人ネットワークは典型的なネットワーク型モデルであると分析し，シリコンバレー華人ネットワークは「専門技術分野のネットワーク」，「地縁のネットワーク」，「学縁のネットワーク」，「総合型ネットワーク」から構成されるものであると指摘している。要するに，ネットワーク型モデルでは，ネットワークのなかにさらにネットワークが存在している。

同じように，シリコンバレーというハイテクコミュニティは1つの巨大のネットワークでありながら，そのなかの各「ノード」が実際には1つ1つのネットワークでもある。シリコンバレーというハイテクコミュニティには，華人ハイテクコミュニティが存在している。言い換えれば，数万人の華人技術専門家・企業経営者，2,000社余りの華人系ハイテク企業などがシリコンバレーにおける華人ハイテクコミュニティを構成している。同じに，この華人ハイテクコミュニティは台湾の新竹科学園区，中国北京の中関村科学技術園区など他の華人ハイテクコミュニティと共同で太平洋をまたがる1つのネットワークを形成している。

シリコンバレーにある華人ハイテクコミュニティは1970年代から自然に形成されたものであるのに対し，台湾にある華人ハイテクコミュニティである新竹科学園区は，目的をもって意図的に創り出されたものである。そして北京中関村科学技術園区はシリコンバレーを模倣して形成しつつある。華人頭脳のグローバルな移動はこの3つの華人ハイテクコミュニティの形成，発展，拡大からグローバルな連携までのプロセスを推進するために最も重要な原動力を提供している（図4）。

シリコンバレー，台湾の新竹，中国北京の中関村にある3つの華人ハイテクコミュニティは周辺の環境の相違により，それぞれ異なる面をもっているが，ハイテクコミュニティの基本的な特徴を共有している。例えば，大学はこの3つのハイテクコミュニティのコア的存在として，知識の創造，人材の育成，有力なハイテク企業の創業などの面で重要な役割を果たしている。シリコンバレー地域のスタンフォード大学，カリフォルニア州立大学バークレー校（この2つの大学は多くの華人技術専門家を輩出している）が技術イノベーションにおいて重要な役割を果たしているように，北京中関村地域の清華大学，北京大学が技術イノベーショ

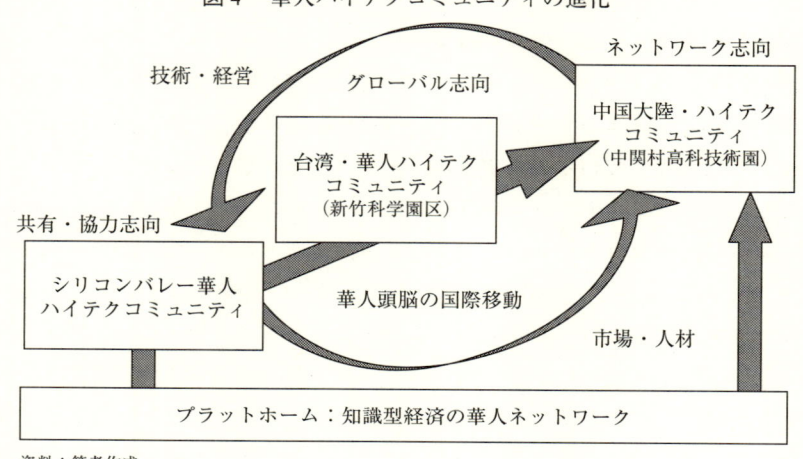

図4 華人ハイテクコミュニティの進化

```
            技術・経営    グローバル志向        ネットワーク志向
                                          ┌─────────────┐
                        ┌──────────────┐  │ 中国大陸・ハイテク │
                        │ 台湾・華人ハイテク│  │ コミュニティ    │
                        │ コミュニティ   │  │（中関村高科技術園）│
    共有・協力志向       │（新竹科学園区）│  └─────────────┘
  ┌──────────────┐    └──────────────┘
  │ シリコンバレー華人 │
  │ ハイテクコミュニティ│      華人頭脳の国際移動
  └──────────────┘                          市場・人材

  ┌────────────────────────────────────────┐
  │  プラットホーム：知識型経済の華人ネットワーク        │
  └────────────────────────────────────────┘
```

資料：筆者作成．

ンの最先端に立っている。しかも清華大学，北京大学の卒業生の多くがスタンフォード大学，カリフォルニア州立大学バークレー校に留学し，その後，シリコンバレーでのイノベーション活動に身を投じ，北京中関村の発展にも貢献している。

　北米，台湾，北京にある3つの華人ハイテクコミュニティに関して，もう1つの共通点としてあげられるのは3者ともネットワークの形態を有していることである。北京中関村のネットワーク形態は図5のとおりである。清華大学，北京大学をはじめとする60余りの大学がハイテクコミュニティのコアとなっている。大学，中国科学院参加の研究所群，ハイテク企業群，留学生が創業した中小型ハイテク企業群，米ハイテク企業の研究開発拠点をはじめとするグローバル企業のR&D拠点群，中関村の原点である「電子市場」，政府機関である「中関村管理委員会」，サービス機構，ベンチャーファンド群はネットワークの形態で相互に関係している。

　もちろん，成熟した北米のシリコンバレーや20年以上の運営経験をもつ台湾の新竹科学園区と比べると，北京の中関村科学技術園区は，ハイテクコミュニティの形をもつようになっているものの，地域構造，文化・精神，コミュニティ

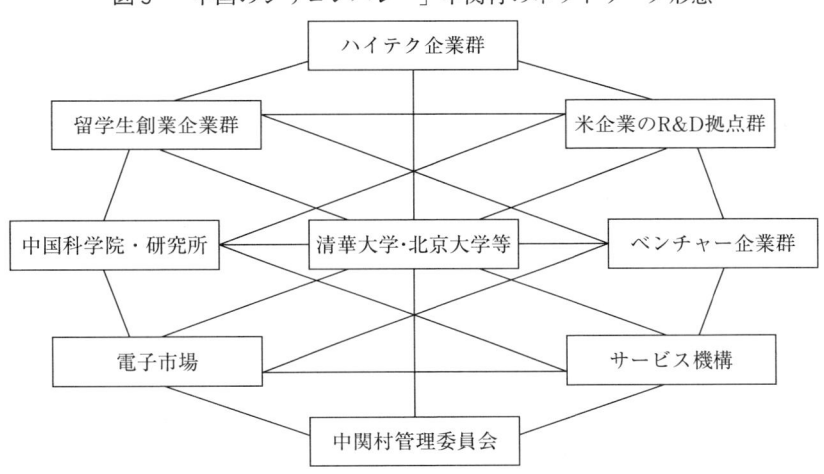

第5章　知識型経済時代の地域間競争

図5　「中国のシリコンバレー」中関村のネットワーク形態

```
                    ハイテク企業群
       留学生創業企業群              米企業のR&D拠点群
  中国科学院・研究所    清華大学・北京大学等    ベンチャー企業群
       電子市場                      サービス機構
                    中関村管理委員会
```

資料：筆者作成.

資本という3つの側面でまたまた未熟である。しかし，前述したように，北京中関村はシリコンバレー，台湾新竹の華人ハイテクコミュニティとの協力を通じてコミュニティ資本を増やし，自らの競争力を増強し，さらに外部のイノベーション成果を吸収する能力を向上させることができる。

一方，北京中関村は豊富かつ優秀な人材を有する面で，シリコンバレーや台湾の新竹より優位なポジションにある。中国科学技術省の副大臣徐冠華は「中関村という数10 km^{2}の空間には60余りの大学，232の研究所，38万人の科学技術者が集積している。その頭脳集積の密度は世界の他の地域にはない」と指摘している。2000年12月末，中国計算機協会とシリコンバレー「華源科学技術学会」が北京で「中関村とシリコンバレーの格差はどこにあるか」をテーマとする学術討論会を主催した。この討論会でシリコンバレーのある華人経営者はこう述べた。「ICという略語は1970年代には半導体技術を意味し，80年代には半導体産業を指していたが，その後，90年代にはインド人と華人を指すことになった。そして新しい世紀には，ICという略語は"Integrated Chinese（華人資源の統合）"ということを指している」。北京中関村は人的資源の優位性をいかに活かしてこのグローバル規模で展開されている「華人資源の統合」に参加し，ハイテクコミュ

ニティのレベルを向上させるのであろうか。

3. 「中国のシリコンバレー」の争い：北京 vs 上海

2001年，米国のIT不況，ナスダック市場の暴落，ハイテク企業の大規模な人員リストラが深刻化しているなか，中国にはシリコンバレーのようなハイテクコミュニティを建設するブームが広がっている。北京，上海，武漢，西安などの地域は「中国のシリコンバレー」，「華中シリコンバレー」，「西部シリコンバレー」の目標を挙げて，知識型経済の発展における優位性を確立するため，ハイテク産業発展の地域戦略をそれぞれ打ち出している。北京と上海との間の「中国のシリコンバレー」の座を目指す競争は，新世紀の中国における地域間の大競争の幕を開いた。

シリコンバレーといえば，その原点はシリコン，すなわち半導体にある。「中国のシリコンバレー」の座を目指すとすれば，半導体産業の確立からスタートしなければならない。したがって，北京と上海との競争はまず，半導体産業基地の建設から展開されることになった（**表6**）。

(1) 上海：シリコンバレーから発せられた挑戦状

2001年春，「中国のシリコンバレー」の座を目指す北京と上海の熾烈な競争は遂に表面化した。2月，上海市のハイテク産業担当の副市長蒋以任はシリコンバレーを訪れ，「北米中国半導体協会（NACSA）」，「華人アメリカ半導体協会（CASPA）」により主催された説明会で，上海市の半導体産業発展計画を紹介した。かれは15年に，上海市が台湾の新竹科学園区に次いで世界一の半導体生産基地となるという大目標を，シリコンバレーの華人技術専門家やハイテク企業の華人経営者に宣言した。その大目標を実現するため，上海市は今後5年間（2001～05年）に，情報産業に1,500億元を投資し，そのうちの750億元を半導体産業に投資することを計画している。具体的にいえば，浦東新区で，「上海微電子産業基

表6　北京と上海の「中国シリコンバレー」をめぐる大競争

	北　京	上　海
①半導体産業を発展する目標	今後10年間，200億ドルを投資し，20ラインの半導体生産ラインを稼働させる 2010年に，世界レベルの国家半導体研究開発センターを形成する 2010年に，10の8インチ・0.25ミクロンの半導体生産ラインを稼働させる 2010年に，国産IC市場の5割を占める	今後5年間，1,500億元を投資して情報産業を発展し，そのうちの750億元を半導体産業に投資し，10の生産ラインを稼働させる 張江科学技術園区を中心に，中国のシリコンバレーを形成 2010年に，国産IC市場の8割を占める 2015年，台湾新竹科学園に次ぐ世界一の半導体生産基地へ
②半導体産業基地名称	「北方微電子産業基地：北方微電子技術研究開発基地と北方集積電路生産基地」	「上海微電子産業基地・張江集積回路産業パーク」
③半導体産業基地所在地	北京経済技術開発区	浦東・張江科学技術園区
④半導体産業を発展する優遇措置	免税5年間，減税5年間 プロジェクト融資に財政による2％の利息補助を提供 土地の無償利用（30年間）	免税5年間，減税5年間 プロジェクト融資に財政による1％の利息補助を提供 土地リース代金の減免
⑤半導体産業を発展する強みと弱み	中央政府のバックアップ 「産・官・学」一体の支援体制，特に大学と科学院の支援 水資源が不足	全国金融センターの優位 産業基盤 水資源が豊富
⑥代表的プロジェクト（1）	北京華夏半導体製造股份有限公司 事業主体：北京市政府，首都鉄鋼集団，米AOS半導体 責任者：張復興（台湾系） 投資総額100億ドル，2010年に8ライン（8インチ・0.25ミクロン）を稼働 第1期，14億ドルを投資し，2ライン（8インチ・0.25ミクロン）を稼働	宏力半導体製造股份有限公司 （王文洋・江綿恒プロジェクト） 事業主体：台湾資本 投資総額：60億ドル，4ライン 第1期：16億ドルを投資し，1ライン（8インチ・0.25ミクロン）
⑦代表的プロジェクト（2）	北京信創集積電路股份有限公司 事業主体：北京電子控股，香港アジア太平洋科学技術開発など 責任者：李顕栄（香港系） 第1期：2億ドルを投資し，6インチ・0.35ミクロンの生産ラインを建設	中芯国際集積電路製造股份有限公司 事業主体：北大青鳥，富士通，高盛，台湾系企業 社長：張汝京（台湾系） 計画：8ラインを建設 第1期：15億ドルを投資し，1ライン（8インチ・0.25ミクロン）
⑧共通の特徴	シリコンバレー華人ネットワークと台湾専門家の参加 アジア華人ネットワークの資金投入	

資料：筆者作成．

地・張江集積回路産業パーク」を建設し，05年には，10社の半導体生産工場を稼働させる。そして10年には，国産品の半導体市場の80%のシェアを目指し，さらに15年には，世界一の半導体生産基地となるとしている。中国金融センターと経済センターの存在，健全な産業基盤，豊富な水資源など，上海市には半導体産業の発展において有利な要素が多いという。特に半導体産業において，上海市はすでに研究開発，設計，製造，組立て，テスト，設備，材料などの技術を蓄積し，産業を集積している。しかも2000年には，中国国産半導体市場の40%のシェアを占めている。蒋以任副市長の米国シリコンバレーでの宣言は太平洋の彼岸から国内の最大のライバル北京市に送り出した挑戦状であるともいえる。

(2) 北京：「S+1」の対抗策

実は，北京は上海とほぼ同時に，中国の半導体産業基地を建設する計画を発表している。北京市は半導体産業基地の建設を同市の「第1号プロジェクト」と位置づけている。2000年10月，中央政府のバックアップを受けた北京市は「北京微電子国際会議2000」を開催し，「北方微電子技術研究開発基地」と「北方集積回路生産基地」からなる「北方微電子産業基地」の構想，今後10年間に200億ドルを投資し10の半導体生産ラインを稼働させる計画を発表した。北京市は2010年には，世界レベルの国家半導体研究開発センターを形成すると共に，10の半導体生産ライン（8インチ・0.25ミクロン）を稼働させ，中国国産半導体市場に50%のシェアを占めるという目標を挙げている。北京市の計画は中央政府関係省庁の強力なバックアップと「産・官・学」一体の支援を受けており，強気な内容となっている。例えば，北方微電子産業基地の建設指導チームは，北京市の3人の副市長と，情報産業省の2人の副大臣から構成されている。また，清華大学，北京大学，中国科学院の研究所など中関村に集積している大学と研究機関は人材育成，研究開発の側面から北京の計画を支えることを約束している。しかし，砂漠化の深刻化に伴う砂嵐の北京への頻繁な襲来，水資源の不足といった半導体生産に不向きな自然条件は北京の半導体産業発展計画の致命的な弱点となるかもしれない。

第5章　知識型経済時代の地域間競争

中国では，産業発展における地域間の競争が優遇措置や政策上の「対抗」に至ることがある。中央政府は半導体産業の発展に関する統一の税減免政策「ソフトウェア産業と集積回路産業発展を奨励するいくつかの政策」を公表しているので，地方は土地の利用や，プロジェクト融資に対する地方財政による利息補助といった面でお互いに「対抗」する。上海市はプロジェクト融資に地方財政による1％利息補助を提供しているのに対し，北京市は「S+1」の優遇措置を打ち出している。ここでの「S」とは上海（Shanghai）を指し，「S+1」とは上海市が1％の利息補助を提供する場合，北京市が1％をプラスし，すなわち2％の利息補助を提供するということである。華人資本の「香港アジア太平洋科学技術開発」は当初，健全な産業基盤，進んだ市場環境，優れた金融サービスを有する上海を選んで半導体産業への投資を行う予定であったが，北京市の「S+1」優遇措置の誘惑により最終的に北京で会社を設立することを決めたのである。

(3)　「北方微電子産業基地」構想 vs「上海微電子産業基地」計画

2000年12月16日，北京市政府傘下の投資会社「北京電子控股」と「香港アジア太平洋科学技術開発」が台湾資本と連合して「北京信創集積回路股份有限公司」を設立し，2億ドルを投資し，6インチ・0.35ミクロンの半導体生産ラインを建設しはじめた。これにより，「北方微電子産業基地」構想が実現に向かって第1歩を踏み出した。数日後，北京市政府系の北京市国有資産経営公司，首都鉄鋼集団公司がAOS半導体，JOSHUA半導体など3社の米国ハイテク企業と共同で13億ドルを投資し，「北京華夏半導体製造股份有限公司」を設立し，第1期として8インチ・0.25ミクロンの半導体生産ラインを2ライン建設する計画を発表した。同公司は2010年までに100億ドルを投資し，6～8ラインの8インチと12インチのウェハ生産ラインを建設することを計画している。

北京の「北方微電子産業基地」構想がスタートした1ヵ月前の2000年11月，上海の「上海微電子産業基地」計画がすでに始動していた。「王文洋（台湾「経営の神」王永慶の息子）・江綿恒（江沢民国家主席の息子）プロジェクト」といわれる「上海宏力半導体製造有限公司（Shanghai Grace Semiconductor Manufacturing

Corp., GSMC)」と「中芯国際集積回路製造（上海）有限公司」がそれぞれ設立されたのである。前者は投資総額60億ドル，4ラインの半導体生産ラインの建設を計画しており，第1期として，16億ドルを投資し，1ラインの8インチ・0.25ミクロン以下のウエハ生産ラインを建設する。後者は北京大学系の北大青鳥，米国投資銀行の「Gold Sachs戦略投資」，富士通，台湾のあるITメーカにより設立されたものである。同社は第1期として15億ドルを投資し，8インチ・0.25ミクロン以下のウェハ生産ラインを建設する。

4. 中国の半導体産業の台頭とIC（華人資源の統合）

シリコンバレーの半導体分野の華人技術専門家や華人経営者の組織である「北米中国半導体協会（NACSA）」，「華人アメリカ半導体協会（CASPA）」は「中国のシリコンバレー」の座をめぐる北京と上海との競争における「見えない主役」であるといえる。シリコンバレー華人ネットワークからみれば，北京と上海との競争は知識型経済を発展させるための「良性の地域競争」であり，この地域競争は中国経済全体にとってプラスになるはずである。したがって，シリコンバレー華人ネットワークは北京と上海の双方を支援しなければならない。2001年春，この2つの協会は北京と上海の半導体産業基地の責任者・投資企業の経営者を招いて，シリコンバレーで中国半導体産業とその発展戦略に関するシンポジウムを開催した。シリコンバレーが米国のIT不況に襲われている最悪の時期に開催されたこのシンポジウムは中国人留学生や華人技術専門家の大きな関心を呼んで，600名以上の参加者を迎えた。張汝京，張復興，David N. K. Wangという3人のシリコンバレーの華人技術専門家・経営者は北京と上海のプロジェクトの参加者として講演し，中国半導体市場の需要と半導体産業の将来性を分析したうえで「中国の半導体産業に身を投じよう」と，シリコンバレーの華人技術専門家によびかけた。

(1) 「中芯国際」の華人専門家軍団

「上海微電子産業基地」に進出している「中芯国際半導体製造公司」のCEOに就任している張汝京は中国河北省に本籍をもつシリコンバレーの華人専門家である。張氏のキャリヤの原点はテキサス・インスツルメンツの半導体設計エンジニアであり，米国半導体業界で23年の経験をもち，台湾の半導体ファンドリビジネス会社「WSMC」の創業者でもある。2000年に，張汝京はシリコンバレーと台湾の華人技術専門家からなる「中芯華人専門家軍団」を率いて上海に進出し，中国大陸で半導体ファンドリビジネスを展開しようとしている。「中芯国際半導体製造公司」のビジネスを軌道に乗せるため，張汝京はまず，研究開発に強い米国華人，財務・会計に強い香港系華人，企業の運営とマーケティングが得意な台湾系・シンガポール華人，合計約300人の華人専門家を上海に集めた。最近，台湾「宏宇半導体」の元社長劉忠が研究開発チームを率いて張汝京の軍団と合流した。「中芯国際半導体製造公司」は米国のIT不況というタイミングで幅広い選択肢から極めて低いコストで半導体生産設備調達を行ったという。「ITバブルの崩壊は上海プロジェクトをスタートする好機となった」と張汝京は述べた。

(2) 両岸三地のハイテク顧問

「北京華夏集積回路製造有限公司」の総裁，台湾出身の半導体設計の専門家張復興は中国大陸に進出するまで，シリコンバレーIC設計会社 Alpha & Omega の CEO であった。数年前，張復興は北京の首都鉄鋼集団公司にいる親戚の紹介で，半導体産業を育成しようとしている北京市政府との関係をつくりはじめた。かれはシリコンバレーの半導体分野における長い経験を生かして，台湾の対中ハイテク投資制限，米国の対中ハイテク輸出管理の壁をいかに突破するかに智恵を絞り，中国大陸で「アナログ・パワー」半導体ウェハのファンドリビジネスをスタートすることを決意したのである。

David N. K. Wang は世界最大の半導体設備会社アプライトマテリアルのグロー

バル市場担当副社長で,現在,上海市政府顧問と上海市ハイテク顧問委員会主席,北京中関村管理委員会顧問委員会委員を同時に担当している米国ハイテク企業の華人経営者である。David N.K.Wangのように,両岸三地（中国大陸・台湾・香港）を往来しているシリコンバレーの華人技術専門家や華人経営者は近年増える一方である。香港出身の華人半導体技術専門家胡正は1976年から,アメリカの半導体分野の専門家として台湾工業技術研究院・電子研究所の顧問に就任し,新竹科学園区の半導体産業の育成に貢献していた。95年から,胡正は中国政府の顧問となり,シリコンバレー,台湾新竹の半導体産業発展の経験とノウハウを中国側に教えている。シリコンバレーの華人技術専門家は,80年代には台湾に還流して創業し,台湾のIT産業振興の主力となった。20年後,すなわち新世紀を迎える時期には,華人技術専門家はシリコンバレーと台湾新竹から中国大陸に「上陸」し,大陸というより広い空間で新しいビジネスを起している。

　もちろん,シリコンバレーから中国の半導体産業に進出している華人技術専門家や経営者が台湾出身者だけでなく,中国大陸出身者も増えている。例えば,北京にある半導体設計会社「中星微電子有限公司」がシリコンバレーで8年以上の半導体設計の経験をもつ中国大陸出身の華人技術専門家により創立されたものである。現在,中国大陸はかつての台湾と同じように,シリコンバレーの華人専門家から先端技術のみならず,かれらの米国ハイテク業界における幅広い人脈も吸収している。したがって,人の交流,あるいは人的つながりという側面から考えると,今後の急な発展が見込まれる中国の半導体産業において,米国の背景をもつ勢力が主導権を握ることになるであろう。

　中国の半導体市場は2003年に270億ドルの規模に達し,10年に米国に次いで世界第2の規模に成長すると予測されている。中国大陸は巨大市場,基礎研究能力,低コストの製造能力,豊富な人的資源に優位性をもっているのに対し,台湾は新技術を産業化する能力,製品の市場開拓力で優位をもち,そして香港は金融サービスの人材とノウハウ,法制度で優位性をもっている。両岸三地のこの補完的関係が中国の半導体産業発展において,華人資源の統合を通じていっそう緊密となっている。中国の半導体産業の発展戦略は「超韓赶台（韓国を超え,台湾を追いかける）」であるが,華人資源のグローバル的統合はこの戦略の実現に大き

第5章　知識型経済時代の地域間競争

な現実味をもたらしている。

　半導体生産基地に関する「北京の構想」と「上海の計画」には1つの共通の特徴が見られる。それはシリコンバレー華人ネットワークとアジア華人資本の参加である。シリコンバレー華人ネットワークの太平洋を越えて「東への拡張」，台湾資本と半導体産業の台湾海峡を越える「西への進出」，香港華人資本の「北上」は，中国大陸における北の「北方微電子産業基地」と南の「上海微電子産業基地」で相互に統合しつつある。そこで，前述したように，本来「集積回路」の略語として理解されている「IC」は同時に，「Integrated Chinese（華人資源の統合）」という意味をもつに至った。中国の半導体市場の巨大な需要，政府の半導体産業育成の方針・優遇措置，優れた人材を背景に，イノベーションを代表するシリコンバレー華人ネットワークと伝統を代表するアジア華人ネットワークが「中国のシリコンバレー」でグローバル規模の華人資源を統合するプロセスを共同で推進しているのである（図6）。

図6　「中国のシリコンバレー」：2大華人ネットワークのグローバル的統合

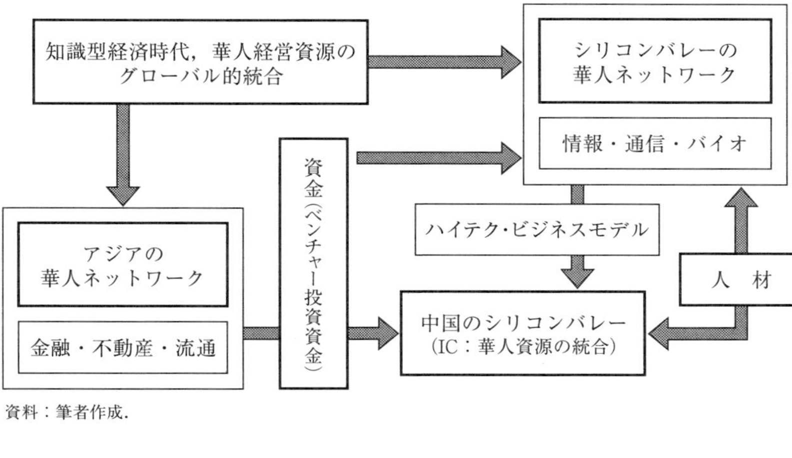

資料：筆者作成．

第6章　世界一の通信市場と欧・米・中の大競争

　中国市場の実質的な成長はあらゆる予測を大幅に超えるものであった。1992年に，すなわちノキアが中国への投資を拡大しようとした時期に，われわれは2000年に中国の携帯電話ユーザ数が4,500万人に達すると予測した。多くの専門家はこの予測が「高すぎる」と批判し，われわれを嘲笑した。実際には，われわれもわれわれを嘲笑した専門家も間違っていた。2000年に，中国の携帯電話ユーザ数は8,500万人にも達したのだ。

ノキア副CEO，ノキア（中国）社長　オフィャー

　モトローラが確固たる方針で中国事業を大きく推進する理由は，中国の巨大な市場チャンス，豊富な人的資源，安定した政治ならびに経済環境にある。……われわれは中国の電気通信分野と消費者向け電子機器市場のさらなる高成長を予測している。今回，19億ドルを投資して建設される半導体生産基地は中国では最も先端的，かつ世界最大の生産基地の1つとなる。この生産基地は中国とモトローラとの「距離」を縮小させ，モトローラもこれにより多くの発展チャンスを獲得することができる。

モトローラCEO　クリス・ゴルヴェン

1.　「デジタル北京」とその経済成長のエンジン

(1)　市長顧問の提言・グローバル市場競争の宣言

「北京は豊富な人的資源を有している。中国におけるソフトウェアエンジニアの3分の1，ソリューションや半導体設計などの専門家の2分の1は北京にいる。北京はこの優位性を生かして経済のリーディング分野を発展させるべきである」。

2001年5月10日,「北京ハイテク産業国際週間」の「北京市長国際企業家顧問会議」で,市長顧問団のメンバーであるエリクソンの総裁兼CEOカドセンはこのような提言を行った。

　カドセンは移動体通信産業を「経済のリーディング分野」とたとえ,さらに次のように指摘している。「周知のとおり,IT産業は他の産業よりはるかに勢いのある発展を経験している。しかもIT産業のうち,成長が最も速いのは移動体通信産業であり,中国でも同じことがいえる。中国では,携帯電話ユーザ数が1995年の363万人から2000年には8,526万人までに急増し,同年には新規ユーザ数が4,100万人にも達した。さらに,01年に入って,毎月400万人のペースで増加している。中国情報産業省の予測によると,04年に,中国の携帯電話ユーザ数は2億5,000万人に達する。中国市場の実際の成長速度はわれわれの予測をはるかに超えている。……われわれの経験からみれば,移動通信産業こそ北京が優先的に発展させるべきリーディング分野である。……エリクソンは今後5年間で対中投資を倍増させる5ヵ年計画を策定した。この計画は,① 対中投資の金額を現在の24億ドルから05年には51億ドルへ,② 中国からの輸出を現在の14億9,000万ドルから05年には45億ドルへ,③ 研究開発と人的資源への投資を現在の2億9,000万ドルから05年には5億7,000万ドルへそれぞれ増やすものである。われわれは北京に対して優先的に投資する。……エリクソンはこれからも北京の発展を全力で支援していくことを市長に対し,ここに約束する」。

　「北京市長顧問団のメンバーとして皆さんと一緒に『デジタル北京』の将来ビジョンを展望することを,光栄と思う」。エリクソンの中国移動体通信市場における最大のライバルであるノキアの会長兼CEOジョマ・オリラーは「デジタル北京」をタイトルとした講演で,最先端の技術をもって北京の発展に貢献する意欲を表明し,次のように述べた。「2000年末までに,ノキアの対中投資はすでに17億3,000万ドルを超え,その投資の大部分は北京に集中している。われわれの中国市場における優位がすでに確立され,北京におけるさらなる発展に向け強化しようとしている。……周知のとおり,技術こそはノキア発展のコアである。過去1年間に,ノキアの研究開発への投資は20億ドルにも達した。中国はわれわれのグローバル研究開発ネットワークの一部として,非常に重要な役割を果た

している。1998年に，ノキアは北京で研究開発センターを設立した。現在，このセンターは150名の研究者を有し，中国側の10の大学，20の研究機関との間に研究協力の関係を構築しており，第3世代移動通信（3G），IPv6，ブロードバンド技術，最先端の移動体通信用端末などを研究し，開発している。われわれは北京市政府の支持のもとに，北京のブロードバンドネットワークの建設に参加し，……北京がデジタル経済のモデル都市となることに多くの協力を行う」。

北京市長顧問会議におけるエリクソンとノキアからの提言は，世界トップクラスの2大電気通信メーカが世界一の電子通信マーケットをめぐるグローバル大競争に挑む宣言であるといってもよい。

(2) 世界一の電気通信市場とその成長の原動力

「この数年間，移動体通信の中国における急速な発展ぶりを見ると，われわれはもう中国市場の巨大さを否定できない。現在，中国は毎年2,000万回線以上の電話回線を敷いている。イギリスが2,000万回線の電話回線を敷くためには100年間もかかった」。ブリティッシュ・テレコム（BT）のCEOマーテン・オッドナは中国電気通信市場の急拡大を感嘆し，欧州の電気通信業者の代表として中国電気通信市場への参入に強い意欲を示している。

7％台の経済成長を続けている中国では，電話ユーザ数は「ジャンプ式」に急増している。現在，固定電話の新規加入ユーザ数が1日当たり平均15万台，携帯電話の新規加入者数は1週間当たり25万人のペースで増えている。2001年7月，中国では携帯電話ユーザ数が1億3,000万人に達し，米国の1億1,000万人を超え，世界一の携帯電話市場となった。05年には，中国の携帯電話ユーザ数は3億人に及ぶ（図1）。また，2006年には，世界一の第3世代移動体通信（3G）市場となると予測されている（図2）。

中国では，電話（固定電話と携帯電話の両方）ユーザ数の大台更新に要する時間は短くなっている。200万台から1,000万台まで増えるために要した時間は13年間，1,000万台から1億台で6年間である一方，1億台から2億台までの時間はわずか2年間であった。しかも，中国の1人当たりのGDPは現在わずか850

図1　中国携帯電話ユーザ数の急増（1997～2005年）

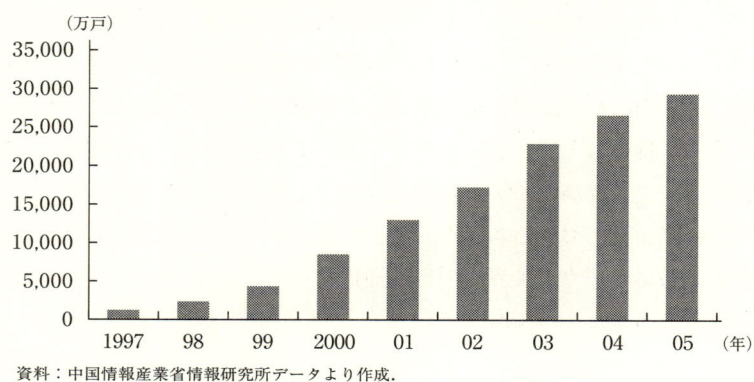

資料：中国情報産業省情報研究所データより作成．

図2　中国：世界一のモバイルインターネット市場へ

2001年
中国は世界一の携帯電話市場
→
2006年
中国は世界一の3G市場へ

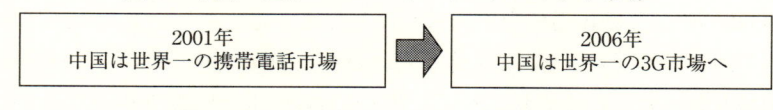

図　中国携帯電話ユーザ数

- 1,323万（1997）
- 2,386万
- 4,324万
- 7,800万
- 1億2,000万
- 1億6,000万（米国を抜き世界第1位）
- 2億（2003）
- 日本を抜き世界第2位

資料：日立総研．

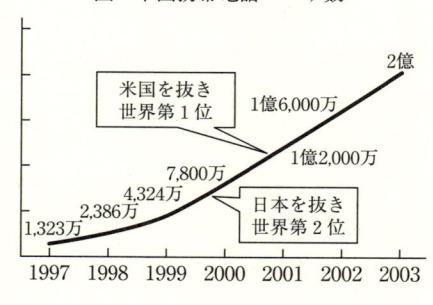

表　2006年の3Gユーザ数予測

国　名	2.5Gユーザ数（100万）	3Gユーザ数（100万）
中　国	48.9	26.3
日　本	14.4	21.5
ドイツ	16.0	8.6
イギリス	14.7	7.9
フランス	12.3	6.6
イタリア	10.5	5.7
米　国	11.1	2.8
スペイン	7.6	4.1
韓　国	5.3	5.3

資料：Raskerville『グローバル移動通信マーケット予測』．

ドルであるが，中国のユーザは，すでに1人当たりのGDPが1万ドルあるいはそれを超える先進諸国で導入したばかりの電気通信サービスを享受しているのである．

　では，なぜ発展途上国の中国で，電気通信市場が驚異的な成長を短い時間で実現し，米国など先進国と肩を並べることができたのか．

第6章　世界一の通信市場と欧・米・中の大競争

　中国の電気通信市場が急成長を遂げる原因として，エリクソン，ノキア，モトローラの「ビッグ3」をはじめとする欧米のベンダーが，世界最先端の情報通信技術を欧米市場とほぼ同じタイミングで中国に導入していることが一因であると考えられるが，最も重要なのはやはり中国国内の変化にあると指摘しなければならない。

　中国経済の安定的かつ持続的成長を実現させる発展戦略は，電気通信市場の急拡大を加速する主要な要因であると考えられる。現在，「西部大開発」，「情報化」，「WTO加盟」は中国経済の安定的かつ持続的成長を牽引する3つのエンジンである。「西部大開発」と「情報化」は内需拡大という効果をもたらし，「WTO加盟」は市場開放に伴う大競争を促す効果がある。電気通信分野では，内需拡大の一環として，近年，情報通信インフラへの投資が急増しており，WTO加盟に伴う電気通信市場の対外開放に備え，競争原理の導入による電気通信事業者間の競争と市場の活性化が促されている。大競争が通信料金の引下げやサービスの多様化といった効果をもたらし，電気通信の大衆消費者が登場して市場競争の恩恵を受け，新製品，新しいサービスへの需要が高まり，これによって市場が絶えず拡大する。要するに，① 新技術の導入，② 情報インフラ投資の増加，③ キャリアの大競争と市場の活性化，④ 大衆消費者の登場は，中国電気通信市場の驚異的な成長の4つの原動力となっている。

2. 通信インフラ投資の急増とキャリアの大競争

(1) 5年間で15倍以上拡大してきた移動体通信ネットワーク

　中国には，当初，電気通信インフラ投資は，内需拡大策の一環として実施されたものであった。しかし，近年では，電気通信市場における消費者の絶えず高まる需要に対応する形で投資がいっそう加速されている。特に，移動体通信分野では，携帯電話新規加入者数の急増が移動体通信インフラへの投資に膨大な圧力をもたらしている。なお，電気通信インフラへの投資が急増しているにもかかわら

ず，電気通信事業者にとって，通信ネットワーク容量の拡大は常に大問題となっている。電気通信事業各社は通信ネットワーク容量の拡充を経営の重要な課題と位置づけ，競争の基盤を固めようとしていた。その結果，1995年から2000年6月までの約5年間に，中国移動体通信インフラの能力は，移動交換機の容量が15倍，移動通信局が18倍，チャネルが20倍と拡大された。

通信サービス市場における新規加入者の獲得を狙う電気通信事業者間のサービス競争，携帯電話市場における端末メーカーによる技術競争は新規加入契約料金や通話料金，ならびに携帯電話価格の引下げを加速させている。この競争により新規加入者がさらに急増する。その結果，通信ネットワーク容量の問題がまた通信事業発展のネックとなり，インフラ投資が市場の需要に催促される形となっている。こうして，中国の電気通信市場において，市場の需要，通信ネットワーク容量の拡大，通信インフラの投資という3者の間には，好循環が形成されている。

(2) 競争原理による電気通信事業の再編と顧客獲得の大競争

中国の電気通信市場で，サービス競争の激化は市場の需要と通信インフラ投資の好循環を促進する要因の1つとなっている。1994年に，中国は「中国連合通信（略称：中国連通）」の設立を通じてそれまで「中国電気通信（略称：中国電信）」による1社独占経営の局面に終止符を打ち，電気通信市場における中国電信と中国連通の2社による競争経営の体系を形成した。その後，総合電気通信業務の経営権をもつ「中国ネットワーク通信有限公司（略称：中国網通）」と国家公共経済情報通信ネットワークを運営する「吉通通信有限公司（略称：吉通）」がそれぞれ設立された。また，2000年4月，WTO加盟に伴う電気通信市場の開放に備えて，中国は電気通信事業の改革と再編を行い，その一環として従来の中国電信を，固定電話業務を中核事業とする「中国電気通信集団」，移動体通信を中核事業とする「中国移動通信集団（略称：中国移動）」，衛星通信を業務とする「中国衛星通信集団」，ポケベル通信を専門とする「中国ポケベル通信集団」に4分割した。さらに，01年に，「中国鉄道通信信息有限責任公司（略称：鉄通公司）」が電気通信事業者として認められ，電気通信市場に正式に参入した。これを契機

第 6 章　世界一の通信市場と欧・米・中の大競争

表 1　世界移動体通信サービス業社（契約ユーザ数）ベスト 10

(単位：1,000 人)

ランク	通信業者名	国・地域	システム	契約ユーザ数
1	中国移動通信	中　国	GSM, TACS	50,785
2	NTT DoCoMo	日　本	PDC	30,933
3	Verizon	米　国	CDMA, AMPS	25,642
4	Telecom Italia Mobile	イタリア	GSM, TACS	19,975
5	T-Mobil	ドイツ	GSM, C 450	14,400
6	Mannesmann Mobilfunk	ドイツ	GSM	13,790
7	Omnitel Prono Italia	イタリア	GSM	12,500
8	SBC	米　国	TDMA, GSM, AMPS	12,221
9	AT&T	米　国	TDMA, AMPS	11,700
10	SK Telecom	韓　国	CDMA	11,509

資料：GartnerDataquest（September 2000）より

に，1994年からスタートした中国電気通信事業の再編が一段落し，WTO加盟に伴う市場開放の前夜に，「戦国7雄」による巨大市場の「分割戦争」の幕が開かれ，電気通信市場における「群雄割拠」の局面が定着してきた（2000年初，中国電信がさらに「南北分割」された）。

　移動体通信分野では，中国移動と中国連通との2社による「楚漢の争い」がいっそう激化し，移動体通信市場をめぐる事業環境が大きく変化している。

　2000年9月，世界移動体通信事業者ランキング1位にランクされた中国移動は中国移動体通信市場の7割以上の市場シェアを握って絶対的優位を保ちつつある（表1）。2001年には，GPRS（汎用パケット無線システム）と呼ばれるモバイルインターネットサービスを導入して新規加入者を獲得しようとしている。これに対し，電気通信事業再編の「産物」であり，中国の「新電電」と呼ばれる中国連通は政府による「特別の支援」を後ろ盾に，最大手の中国移動に攻勢をかけている。政府の「特別の支援」とは，中国政府が競争原理による電気通信事業者間の競争を促し，市場の活性化を図るため，中国連通の「業務収費（サービス料金など）」を中国移動に比べて10～20%のディスカウントすることを許可するなど，中国移動と中国連通に対し，「非対称的管制」を行うことを指している。中国連通はまた，2001年から北米のCDMA（符号分割多元接続）方式による移動体通信システムの導入を契機に，3年後には，中国移動通信市場におけるシェアを35%にアップすることを目標としている。

中国連通は市場シェア拡大のために，サービスと料金の面で「挑発的な」競争を仕掛けた。その仕掛けが功を奏し，中国連通は中国移動通信市場におけるシェアが1997年の3.6%から2001年3月には22.8%にまで拡大し，新規加入ユーザのうち39%のシェアを占めることができた。

移動体通信市場における2社競争体制の実現により，音声サービスから電子メール，ゲーム配信，データ検索までさまざまな新しいサービスが次々と導入された。これと同時に，移動体通信の加入契約料が数年前の数千人民元から現在の数百人民元へと大幅に下落し，特に競争の激しい地域では無料となった。また，通話料も次第に引下げられ，月130分間の無料通話時間をセットしたサービスプランも顧客獲得手段の1つとなっている。

移動通信市場におけるキャリアの大競争は単に技術とサービスの競争だけでなく，競争者の「体力」の勝負でもある。70%の市場シェアを握って先行者利益を守りたい中国移動と事業拡大を至上命題とする中国連通はともに香港，ニューヨーク市場での上場による資金調達を果たし，通信ネットワーク容量の拡大のために，投資を拡大している。また，新しい技術と経営手法を導入するため，中国移動はイギリスの電気通信業者ボーダフォングループの資本参加を受け入れる一方，中国連通は世界的規模で電気通信業務を拡大している香港の和黄グループを戦略パートナーとしている。WTO加盟に伴う市場開放の「前夜」に，中国移動体通信市場における中国移動と中国連通との激しい競争では消費者が最大の「勝者」となっている。

3. 移動体通信「大衆消費者」の登場

(1) 個人所得の増加と大衆消費者の登場

中国の携帯電話ユーザ数は米国を抜き世界一となっている一方，その普及率はわずか6.7%で，米国と比べるとまだ低いレベルにとどまっている。しかし，市場拡大の余地は非常に大きい。なぜなら，安定した経済成長に伴う個人所得の持

続的増加が携帯電話などハイテク製品への高い需要を支えているからである。新しい世代の経済学者の代表人物と称される，クリントン元米国大統領の首席経済顧問，世界銀行の首席経済専門家J. E. スティグリッツ教授は，新版『経済学』のなかの「中国語版の序言」で中国と他の国との比較を行うことによって，世界経済における中国の経済成長がもつ重要な意義を強調している。J. E. スティグリッツ教授は中国，米国，イギリス，日本，韓国，インド，ブラジルの1人当たりGDPの1978～92年における伸び率を比較している。その結果は，中国は1人当たりGDPの平均年間伸び率が7.9％に達し，世界最高の水準での成長を続けてきたことを示すものである。

実際には，この成長速度は1992年から2001年の現在までも続いている。例えば，中国市場における最も重要な消費者である都市部住民の1人当たり年収入をとってみると，1985年から1999年までの14年間で，5倍以上も増加していたことがわかる（図3）。

また，個人所得が持続的に増加していると同時に，1世帯1人当たりの平均所得も着実に増えている。中国国家統計局の「2000年全国都市部世帯収支調査」の結果によると，2000年に，中国都市部における1世帯の平均人口が3.1人，1世帯の平均就業人口が1.7人，1世帯1人当たりの平均所得（月，手取り）が618元となっている。しかし，沿海地域と内陸地域との間に所得の格差が存在している（表2）にもかかわらず，中国全体としては1世帯当たりの平均人数が減り，

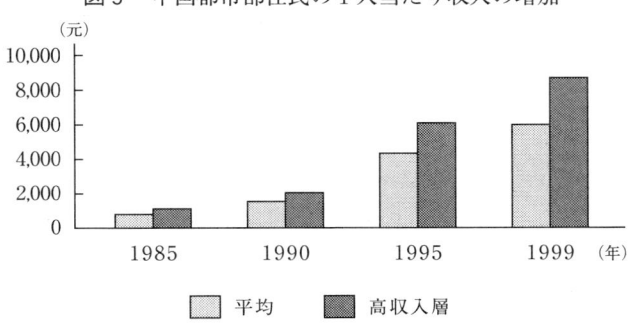

図3 中国都市部住民の1人当たり収入の増加

出所：中国国家統計局『2000中国発展報告』により作成．

表2 中国主要地域都市世帯の1人当たりの所得状況（2000年）

(単位：人, 元)

地域	1世帯の平均人口	1世帯の平均就業者数	1世帯1人当たりの所得（月・手取り）
1. 全国平均	3.1	1.7	618.8
2. 沿海地域			
上海市	3.0	1.6	1069.2
浙江省	2.9	1.6	1033.6
広東省	3.5	1.9	1031.1
北京市	3.0	1.8	1004.5
福建省	3.2	1.8	790.8
江蘇省	3.0	1.6	726.2
3. 内陸地域			
広西自治区	3.2	1.8	654.5
重慶市	3.1	1.7	617.4
四川省	3.0	1.5	584.7
湖北省	3.1	1.8	577.2
陝西省	3.1	1.6	496.2
遼寧省	3.1	1.7	486.0
吉林省	3.1	1.6	434.9

資料：中国統計局データより作成.

表3 中国都市部住民の貯蓄残高とその伸び率

(単位：人, 元)

年	前年比伸び率	前年比の増加額	年末貯蓄残高金額
1995	29,662	8,126	37.7
96	38,521	8,805	29.9
97	46,280	7,759	19.3
98	53,408	6,127	17.1
99	59,622	6,213	11.6
2000	64,870	12,060	8.8
01	71,870	12,080	10.8

資料：中国統計資料より作成.

平均所得が増える傾向がみられる。さらに，都市部住民の貯蓄残高は年間平均10%の伸び率で増え，2000年に6兆人民元を突破し，2001年には7兆人民元に達している（表3）。

所得の増加と電話の普及率との間に高い相関があるということが，中国主要地域における住民の1人当たり収入の状況と主要地域における電話の普及率（図

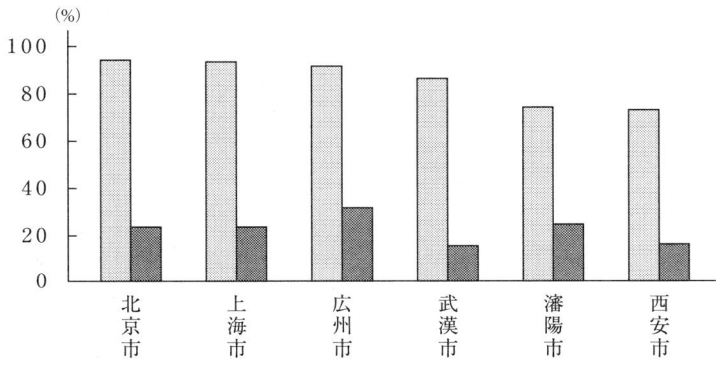

第6章　世界一の通信市場と欧・米・中の大競争

図4　中国6大都市の固定電話・携帯電話の普及率（2000年5月）

［北京市　上海市　広州市　武漢市　瀋陽市　西安市］

■ 固定電話の家庭設置率　　■ 携帯電話の個人普及率

資料：『中国経営報』2000年9月関連記事より作成．

4）に関する分析からわかる．こうして，経済の安定的成長と個人所得や貯蓄の増加は，移動体通信分野に「大衆消費者」の時代をもたらし，この「大衆消費者」の登場は中国移動通信市場の急成長の最も重要な原動力の1つとなっている．

　また，携帯電話端末市場における競争を通じた携帯電話端末価格の低価格化は，移動体通信の「大衆消費者」の需要を喚起するもう1つの要因である．中国では，携帯電話端末の流通経路は日本と異なり，独特の「手機市場（携帯電話端末市場）」が存在している．すなわち，電気通信事業者の窓口で携帯電話端末が買えるところもあるが，代理店経由で携帯電話端末を購入することが主流である．一般的に，消費者は好みの携帯電話端末を小売店で購入し，電気通信業者の窓口にて携帯電話サービスに加入する．このような流通経路であるため，日本と違い電気通信業者のバックマージンの余地がなく，消費者は原価以上の価格で携帯電話端末を購入することになる．また，電気通信事業者が代理店経由で販売することがわずかであるため，携帯電話メーカーが直接代理店に卸し，携帯電話メーカーのブランドを全面に出して販売している．ノキア，モトローラといった大手各社は独自の代理店をもってフルラインアップを展開するが，その他のメーカーは各ブランドを扱う小売店で販売している（図5）．

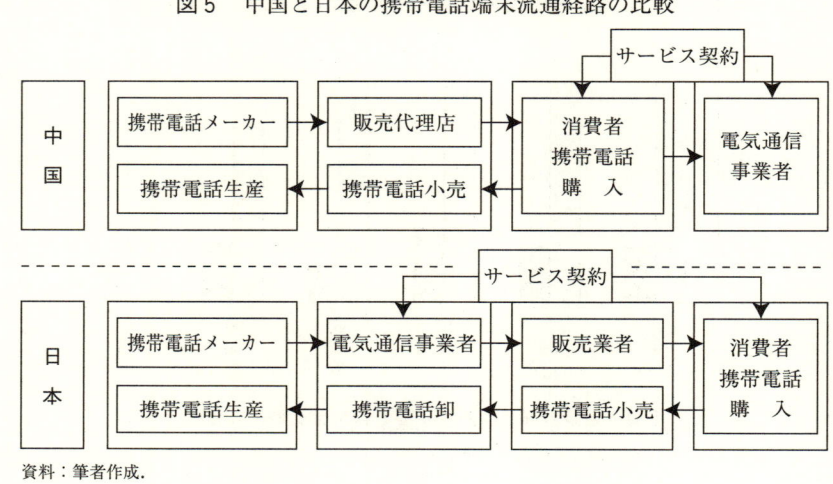

図5　中国と日本の携帯電話端末流通経路の比較

```
中国: 携帯電話メーカー → 販売代理店 → 消費者携帯電話購入 ⇄ 電気通信事業者
     携帯電話生産 ← 携帯電話小売 ←                         サービス契約

日本: 携帯電話メーカー → 電気通信事業者 → 販売業者 → 消費者携帯電話購入
     携帯電話生産 ← 携帯電話卸 ← 携帯電話小売 ←
                    サービス契約
```

資料：筆者作成．

(2) 移動体通信大衆消費者の実像

　近年，中国市場に売り出されている携帯電話のうち，ノキア，エリクソン，モトローラといった「ビッグ3」ブランドの主力機種の価格は2ヵ月間で半額になっている。同時に，「ビッグ3」のブランド品に対抗して，国産ブランドの機種は低価格を武器として市場シェアを着々と拡大している。1990年代初期に「貴族のシンボル」といわれた携帯電話は，現在「大衆消費者の個人情報ツール」となっている。中国情報通信系の調査会社「瑞盟管理顧問公司」が全国の携帯電話ユーザを対象とするアンケート調査を3年連続（1998~2000年）で実施し，この数年間の携帯電話ユーザの変化とその特徴を明らかにしている。このアンケート調査の結果に基づいて中国移動体通信の「大衆消費者」の実像を分析してみよう。

　まず，職業から携帯電話ユーザ構成とその変化を見る。1998年には，私的企業経営者と政府機関の幹部・国有企業の経営管理者が携帯電話ユーザの主流であり，両者の携帯電話ユーザに占める割合は6割であった。しかし，2000年になると，私的企業経営者の占める割合が縮小し，その一方で一般会社員の携帯電話

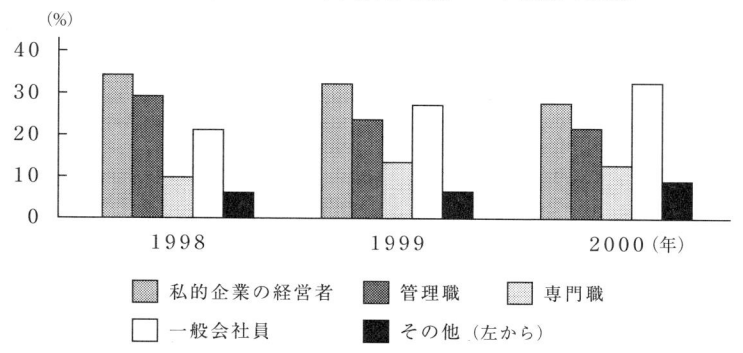

第6章 世界一の通信市場と欧・米・中の大競争

図6 職業からみた中国携帯電話ユーザ構成の変化

■ 私的企業の経営者　■ 管理職　▨ 専門職
□ 一般会社員　■ その他　(左から)

資料:中国瑞盟管理顧問公司「1998〜2000年中国携帯電話ユーザ調査」より作成.

ユーザに占める割合が98年の21.2%から2000年の31.7%に上昇した(図6)。

次に,月収から携帯電話ユーザ構成の変化を分析しよう。月収が「3,000元以上」と「2,000〜3,000元」であるユーザの比率は,98年の28.3%と16.7%から2000年の14.5%と11.3%にそれぞれ低下した。これに対して,月収が「500〜1,000元」と「1,000〜2,000元」であるユーザの比率は98年の15.9%と35.8%から2000年の23.4%と48.3%にそれぞれ上昇した(表4)。さらに,携帯電話ユーザの年齢構成をとってみると,「20〜30歳」と「30〜40歳」のユーザが携帯電話ユーザ全体の70%程度を占めている状況はこの3年間にあまり変わっていないことがわかった(表5)。

要するに,近年,月収が「1,000元以下」あるいは「1,000〜2,000元」である一般会社員や学生などの大衆消費者が年間25%の伸び率で増えており,いまや中国の携帯電話ユーザの主流となっているのである。

さらに,中国には膨大な「潜在的な携帯電話ユーザ層」が存在していることが同調査によって明らかになっている。瑞盟管理顧問公司は北京で,月収が1,500元以上で,まだ携帯電話を持っていないいわゆる「潜在的な携帯電話ユーザ」を対象とする調査を実施した。その結果によると,43.3%は移動通信サービス契約料と通話料が今よりも下がったら携帯電話を購入すると表明し,また,90%は通話料金システムが現在の「双方向料金制(電話をかける方とその電話を受ける方

表4 月収入からみた携帯電話ユーザ構成の変化
(1998～2000年)
(単位：%)

携帯電話ユーザの月収入	1998年	1999年	2000年
1,000元以下	15.9	16.3	23.4
1,000～2,000元	35.8	39.5	48.3
2,000～3,000元	16.7	16.6	11.3
3,000元以上	28.3	24.3	14.5
NA	3.3	3.3	2.5

資料：中国瑞盟管理顧問公司「1998～2000年中国携帯電話ユーザ調査」より．

表5 年齢からみた携帯電話ユーザ構成の変化
(1998～2000年)
(単位：%)

携帯電話ユーザの年齢	1998年	1999年	2000年
20歳以下	1.3	1.7	2.0
20～30歳	37.6	41.2	39.4
30～40歳	38.8	36.3	37.3
40～50歳	17.6	15.8	16.1
50～60歳	4.0	4.3	4.5
60歳以上	0.7	0.7	0.7

資料：中国瑞盟管理顧問公司「1998～2000年中国携帯電話ユーザ調査」より．

表6 中国7大都市の電話普及率と携帯電話の購入意欲をもつ個人の比率
(単位：%)

	北京	上海	広州	重慶	武漢	瀋陽	西安
固定電話の家庭設置率	88.7	89.1	88.3	72.1	83.3	71.4	70.5
携帯電話の個人普及率	23.3	21.8	27.9	14.9	14.0	22.8	14.5
携帯電話の購入意欲をもつ個人の比率	23.1	17.7	19.9	14.1	14.4	18.2	14.0

資料：『中国経営報』2000年7月4日より作成．

とも通話料を徴収するシステム)」から「単方向料金制（電話をかける方からのみ通話料を徴収するシステム)」に変わった場合，携帯電話をすぐ買うと表明している．

2000年7月4日，『中国経営報』が2000年5月の時点で，北京と上海など中国の7大都市における固定電話の家庭設置率，携帯電話の個人普及率，および携帯電話の購入意欲をもつ個人の比率に関する調査結果を報道した（表6）．その調査は，これらの大都市では携帯電話の個人普及率が14%から23%までに達して

第6章　世界一の通信市場と欧・米・中の大競争

いる一方，さらに同程度の人口が携帯電話を購入する意欲をもっていることを明らかにしている。

(3) 今後5年間，市場成長の原動力

1990年代初期から，沿海地域の大都市の消費者が市場を引っ張って中国移動体通信市場は急成長を遂げた。2001年3月に，中国の携帯電話ユーザ数は1億人を突破し，北京，上海，広州などの7大都市における携帯電話の個人普及率は約32%に達している。これを契機に，中国移動体通信市場の成長パターンが大きく変わってくると予想されている。

本書の第1章で述べたように，2001年から，中国の経済と社会は新しい契機を迎えてくる。すなわち，01年は中国が「第10次5ヵ年計画（2001～05年）」と「西部大開発（2001～30年）」をスタートさせる最初の年であり，WTOに正式に加盟し，これに伴って市場開放の第1段階に入る時期でもある。言い換えれば，WTOへの加盟と市場開放，西部大開発と「第10次5ヵ年計画」の実施は中国の経済と社会を発展の新しいステージに推し進めていく。

2001年から05年までの数年間には，中国の経済成長はその重心が東部の沿海地域から中西部の内陸地域へと徐々と移行しはじめ，内需拡大と市場開放により，7%の経済成長が維持されていく。これに伴って，内陸地域の個人所得も次第に増えてくる。中国移動体通信市場はこのような新しい背景のなかで大きな変化を見せるであろう。

ここで，今後5年間，中国移動体通信市場の変化とその傾向を，「主要な地域市場」と「主要な消費者の階層」という2つの側面から予測してみる（図7）。

まず，主要な地域をとってみよう。現在，中国の移動通信の主要な市場と携帯電話の大多数のユーザは東部の沿海地域における大都市に集中し，都市部のユーザとその需要が移動通信市場の急成長を支えてきた。これからの数年間の間には，成長市場は東部沿海地域から中西部内陸地域へ，主要な大都市から一般都市へ，都市部から農村部へと移行していくであろう。移動体通信インフラの建設においては，従来，東部（沿海地域）を中心としていたが，これからは中西部（内陸地

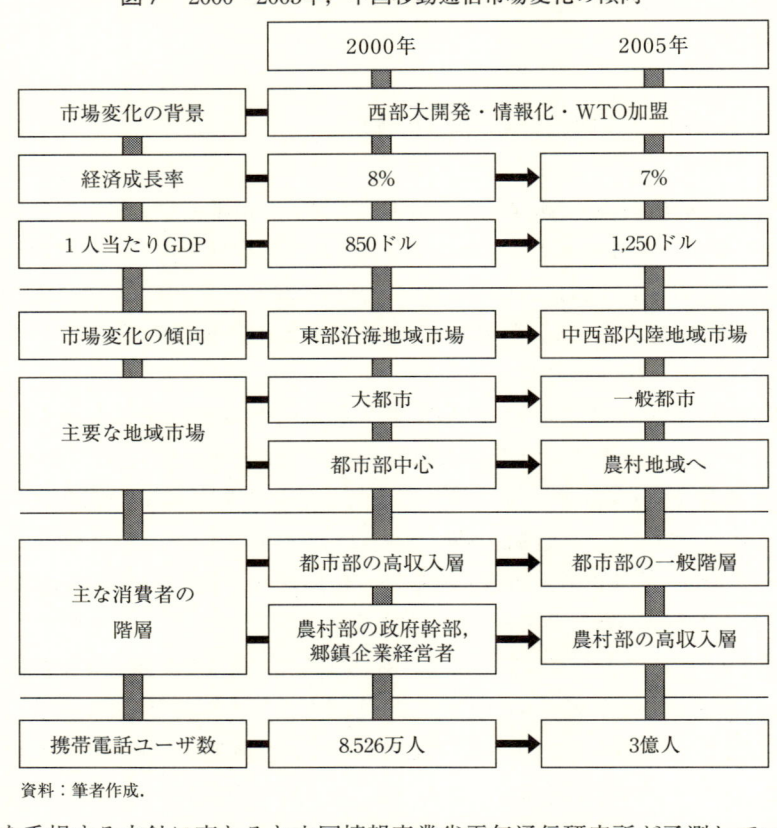

図7　2000〜2005年，中国移動通信市場変化の傾向

	2000年	2005年
市場変化の背景	西部大開発・情報化・WTO加盟	
経済成長率	8%	7%
1人当たりGDP	850ドル	1,250ドル
市場変化の傾向	東部沿海地域市場	中西部内陸地域市場
主要な地域市場	大都市	一般都市
	都市部中心	農村地域へ
主な消費者の階層	都市部の高収入層	都市部の一般階層
	農村部の政府幹部，郷鎮企業経営者	農村部の高収入層
携帯電話ユーザ数	8,526万人	3億人

資料：筆者作成．

域）を重視する方針に変わると中国情報産業省電気通信研究所が予測している。

　次に，主要な消費者の階層とその変化を予測しておく。前述したように，中国の携帯電話ユーザの構成は都市部の高収入層から都市部の一般階層，すなわち大衆消費者へと変わってきた。この傾向は2005年までの数年間でさらに顕著になるであろう。そして，もう1つの重要な変化は農村部における携帯電話ユーザの増加とそれに伴う移動体通信市場の農村部への拡大である。要するに，農村部における携帯電話の主要なユーザは現在の郷鎮企業の経営者や農村地域の政府幹部から富裕の農家へと広がってくる。こうして，今後の数年間には，中西部の内陸地域，一般都市の大衆消費者，農村部の一部の農家の需要は中国移動通信市場成

長の新しい原動力となるであろう。中国で，携帯電話の個人普及率が1％アップすると，少なくとも2,000万人規模の新規ユーザが出てくるわけである。05年に，中国の携帯電話ユーザは2億人増加し，3億人に達すると予測されている。また中国情報産業省の予測によると，01年から05年に，中国移動体通信市場の年間需要は交換機3,000万回線，交換容量4,000万戸，ネットワーク接続設備2,000万回線となるとみられている。

中国移動体通信市場は世界1位の市場に成長し，グローバル企業の注目を集めてきたが，今後5年間，数億人にも及ぶ潜在ユーザをもつ中国の移動体通信市場をねらって，グローバル大競争はさらに激化するであろう。「グローバル市場の制覇は中国で決まる」というスローガンはグローバル企業が中国市場にチャレンジする意欲を表している。

4. 中国通信市場をめぐるグローバル大競争

(1) 中国通信市場の開放をめぐる欧・米・中の政治的攻防

2000年5月，中国のWTO加盟を契機とする巨大市場の開放とその利益をめぐる欧・米・中3大勢力のパワーゲームは最後の攻防戦に突入した。

同年の5月18日，北京では，欧州連合15ヵ国を代表するEU貿易代表団団長のパスカル・ラミと中国対外経済貿易省大臣石広生との間で，中国WTO加盟に関するEU—中国間の激しい交渉が3日間にわたり行われた。半年前の1999年11月，米中合意が妥結し，アメリカが情報技術，農業，サービスなどの分野に関する中国から市場開放の約束を勝ち取ったばかりである。EU代表ラミは「中国の市場開放に関して欧州と米国の大きな目標は一致しているが，中国市場における欧州と米国の利益は異なっている」と指摘したうえでこう述べた。「われわれは米中合意の内容を真剣に分析した。米中合意は欧州側が期待している中国の市場開放に関する内容の80％しか満足できず，欧州にとって中国の市場開放はまだ20％もの足りない。この20％こそ欧州の特別な利害にかかわっている」。

ラミのいう「20%」とはいったい何なのか。

　北京に入る直前，ラミはマスメディアに対して「欧州は中国の移動体通信市場でおよそ90%の市場シェアを占めており，われわれはこの優位を守らなければならない」とEUの交渉方針を説明し，さらに，「What the U. S didn't get was something of this kind on mobile telephone services, on which we are insisting（中国の移動体通信市場において米国が勝ち取らなかったものこそ，われわれが絶対に必要なものである）」と強気な姿勢を示した。実際，欧州ベンダーの中国移動通信設備市場に占めているシェアは9割にも達している。中国が第2世代の移動体通信システムを導入した1994年以来，中国の移動通信設備と携帯電話の2大市場を主導して優位性を確立しているのはノキア，エリクソン，シーメンスといった欧州ベンダーである。94年に，中国は汎欧州デジタルセルラーシステム（GSM）を国内携帯電話の統一基準と決め，これにより，GSMネットワークが数年間の間に中国全土をカバーし，GSM方式の携帯電話を利用する中国のユーザは9,000万人にものぼった。欧州スタンダードの採用はもちろん欧州ベンダーに巨大な利益をもたらした。これこそEU—中国の貿易交渉で，欧州代表ラミが中国移動体通信市場における欧州の「特別な利害」を強調した原因である。

　中国の移動通信の市場開放については，米中間で，中国がWTOに加盟した5年後，移動体通信サービスの合弁企業における外国側の出資比率を49%にすることで合意している。しかし，中国の移動体通信市場で「絶対的優位」を占めている欧州は外国側の出資比率を50%に引上げるべきと主張している。これに対し，中国は49%という「最後のガイドライン」を必死に守り，双方の交渉は膠着状態に陥った。5月19日，ラミがホテルをチェックアウトする予定の日が近づいていた。

　ちょうど同じ時期，米国のワシントンでは，1週間後に控えている米国下院の「中国貿易法案（China Trade Bill）」審議をめぐってクリントン政権と下院反対派のパワーゲームが行われていた。下院反対派は労働組合を有力な政治パートナーとして中国への恒久的正常貿易関係（PNTR: Permanent Normal Trade Relation）を核とする貿易法案に猛反対し，立場をまだ決めていない議員に対して同法案が米国に80万人の失業者をもたらすと力説していた。一方，ホワイトハウスはハイ

第6章　世界一の通信市場と欧・米・中の大競争

テク業界との間に強い連盟を結成したうえで，PNTRが米国のニューエコノミーに対して重要であり，かつ米中合意に基づいた中国市場参入への不可欠の条件であると，米国全土で宣伝攻勢をかけていた。「中国貿易法案」の審議がどういう展開になるか予測できない段階で，PNTR推進派はまた，北京で難航しているEU—中国の交渉が米国下院の審議にとってどのような「変数」となるかと懸念していた。5月15日からの数日間に，米国通商代表部バシェフスキー代表は毎日のように，太平洋を越える国際電話を通じて北京にいるEU代表ラミと情報を交換し，お互いの対応策を協議していたという。

　5月19日，北京。EU—中国交渉に劇的な展開がみえた。この日の昼ごろ，朱鎔基総理はEU代表ラミと会見し，「あなたはEUと中国の協議を必要とするか」と聞いた。ラミから肯定な回答を得た後，朱鎔基総理は「では，われわれがこの交渉を終わらせよう」と双方の政治的決着を促し，EU—中国交渉に終止符を打った。「移動通信，保険などの分野に関して，朱鎔基総理はその権威をもってEU—中国合意を妥結させた」と，ラミはマスメディアに交渉が妥結した経緯を説明した。このEU—中国合意では，欧州側が中国市場における自らの「特別な利害」にかかわる「20％」の交渉目標を16％しか実現できなかったという。ラミは中国の移動通信市場開放における外国側の出資比率を50％まで引上げることができなかったが，市場開放の時間を米中合意の5年間から3年間に短縮させることができ，国内通信回線のリースサービス市場の開放，北京・上海・広州の大都市間通信市場の開放などの新たな約束を中国から勝ち取ることができた。この合意で「ネズミを捕った」と，ラミは中国の改革・開放の父である鄧小平の名言「白猫であろうが，黒猫であろうが，ネズミを捕る猫はいい猫だ」を引用してこの合意では，「われわれがネズミを捕った」と強調した。

　「EU—中国合意は米国下院のPNTR関連法案審議に積極的な役割を果たすだろう，なぜなら，われわれが勝ち取ったこの合意は米国にとっても重要な意味があるからである」と，ラミは欧州側がEU—中国交渉で米国下院の中国貿易法案審議を利用して中国に圧力をかけたことを否定して，EU—中国合意の米国への「圧力」とその影響を強調した。5日後の5月24日，米国下院は237対197の賛成多数で「中国貿易法案」を採決した。

2000年5月,欧・米・中のパワーゲームの結果として実現された米国下院の中国貿易法案採決とEU―中国合意は欧米企業にどのような利益をもたらすのか。世界一の市場として成長している中国移動体通信市場をめぐるグローバル大競争の現状からそれを分析しよう。

(2) 中国の通信市場と競争モデル

「No China No Today's Nokia (中国がないと,今日のノキアがない)」という言葉に表現されるように,グローバル通信市場を制覇している「ビッグ3 (ノキア,モトローラ,エリクソン)」は中国ビジネスの拡大に伴って今日の成長を実現したといっても過言ではない。中国における売上高比率が10%にも達しているグローバルプレーヤにとって,中国市場におけるパフォーマンスは企業全体の利益を大きく左右することになっている。

「中国のマーケットサイズと潜在的可能性は巨大であり,世界中のすべてのプレーヤ (グローバル・プレーヤとローカル・プレーヤ) がそろってこの市場に参入して争っている。このようなビジネス環境で競争を勝ち取るのは,われわれにとって大きなチャレンジである」と,ノキアの会長兼CEOジョマ・オリラは中国移動体通信市場をめぐるグローバル大競争の激しさを指摘している。「グローバル市場の制覇は中国で決まる」というスローガンを打ち出している欧米ベンダーは最先端の技術,製品とサービスを駆使して中国の通信市場に参入し,この「大舞台」で勝負しようとしている。

社会主義市場経済の政策を実施している中国で,グローバルプレーヤはどのような競争を行っているのであろうか。ここで,「参入障壁」,「代替のリスク」,「キャリアの脅威」,「サプライヤの脅威」,「ライバルの脅威」という5つの要素から構成される「中国移動体通信市場の競争モデル」を使って中国のビジネス環境を分析し,このような環境のなかで「ビッグ3」と呼ばれるノキア,エリクソン,モトローラの競争戦略とそのパフォーマンスを考察してみる (図8)。

①参入障壁

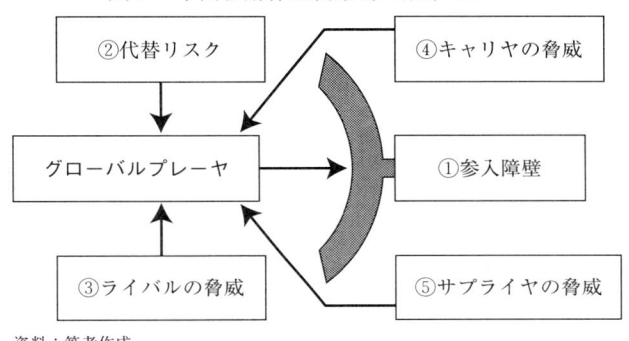

第6章　世界一の通信市場と欧・米・中の大競争

図8　中国移動体通信市場の競争モデル

```
②代替リスク          ④キャリヤの脅威

グローバルプレーヤ        ①参入障壁

③ライバルの脅威       ⑤サプライヤの脅威
```

資料：筆者作成．

　グローバルプレーヤは中国移動体通信市場への参入において，まず「参入障壁」に直面する。この「参入障壁」は主に中国移動通体信産業の国産化政策である。

　中国移動体通信産業の国産化政策は2つのキーポイントがある。まず1つは「以市場換技術（市場開放をもって外国の先端技術と交換する）」ということである。すなわち，中国は世界1の市場を武器に，この市場に参入する外国企業に対して，先端技術の中国への移転を条件に，市場参入のチャンスを与えるということである。もう1つのキーポイントは，「以市場促進産業（市場の拡大によって自国産業の成長を促進する）」ことである。言い換えれば，急拡大する市場を通じて自国の通信産業の育成，発展を促進することである。

　中国の移動通信産業の国産化政策は具体的にいえば，①　産業政策，②　新規事業，③　生産計画，④　研究開発，⑤　現地調達という5つの項目から構成されている。これらの項目はグローバルプレーヤの中国通信市場に参入する場合に直面する5つの「障壁」といってもよい（表7）。例えば，移動体通信市場における自国産業のシェアを拡大するため，中国は外資企業の投資指導目録に，移動体通信製品を「制限項目」として指定している。また，中国は1999年末から，外国企業による移動体通信の合弁・独資企業の新規設立申請に関する受理を停止するとともに，操業中の外資系移動体通信メーカーに対し，増産，増資計画の厳しい統制をしている。さらに，外資系通信メーカーに対し，研究開発センターの設立，

表7　中国移動通信産業の国産化政策

	外資に対する政策	国有企業に対する政策
①産業政策	外資企業の投資指導目録に，移動通信製品を制限項目と指定	中国の移動通信産業を重点に育成，60億人民元の移動通信産業特別基金を設立，通信サービス業者の国産製品の採用を奨励
②新規事業	移動通信製品の輸入生産ライン認可，新しい移動通信の合弁・独資企業の設立申請を停止	国有企業9社に対して携帯電話の生産を許可，生産規模の拡大を財政支援
③生産計画	現有の外資系移動通信メーカーに対し，生産規模と増資規模を厳しく統制	2003年に，独自の知的所有権をもつ国産製品の市場シェアを50％にアップ
④研究開発	外資系通信メーカーに対し，研究開発センターの設立，技術移転計画の実施を要請	情報産業省主催の入札により，4つの携帯電話研究開発連盟を結成し，第1期に2億人民元の研究開発経費を提供
⑤部品調達	部品の現地調達率アップを要請	チップの設計，二次電池の開発を含めて，移動体通信の部品産業を育成

資料：筆者作成．

技術移転計画の実施，現地調達率の向上などを強く要請している。

②代替のリスク

　市場競争における優位は恒久的なものではない。技術の急速な発展に伴う製品の世代交代により，グローバルプレーヤはいつも「代替のリスク」に直面しており，その市場における位置づけも「代替のリスク」に対応する競争戦略の実施結果によって変わってくる。中国移動体通信分野において，グローバルプレーヤが直面している「代替のリスク」とは，主に移動体通信方式の「世代進化」とそれに伴う市場シェアの「再分割」というリスクである。

　中国は1980年代後半から，第1世代移動体通信システム，すなわちアナログ方式の移動体通信システムを導入し，中国市場への参入をいち早く果たしたモトローラは中国のアナログ方式の設備と携帯電話端末市場を一時的に制覇していた。しかし，94年に，中国は第2世代移動体通信システムを導入する際，欧州のGSM (Global System for Mobile communicationsの略) 方式を採用した。これにより，ノキア，エリクソンなどの欧州プレーヤが中国市場における優位を獲得し，モト

ローラは一瞬にして中国移動体通信市場の「王座」から追い出されることになった。

2000年から，中国連通のCDMA計画が推進され，その計画の実施はGSM方式を採用している欧州プレーヤにとって1つの「脅威」となっている。また，02年からの中国における第3世代移動体通信システムの導入はグローバルプレーヤに潜在的な「代替リスク」を感じさせている。現在，ITU（国際電気通信連盟）はWCDMA（欧州方式），cdma 2000（北米方式）とTD-SCDMA（中国方式）という3つの方式を第3世代移動体通信の国際標準規格として認められている。中国が最終的にどの方式を採用するか，これはグローバルプレーヤの今後のパフォーマンスを大きく左右する大問題であるともいえよう。

(3) ライバルの脅威

世界中の有力なプレーヤがそろって中国通信市場に参入して争っている。これらのプレーヤはノキア，エリクソン，シーメンスなどの欧州勢力，モトローラ，ノーテル，ルーセント・テクノロジーなどの北米勢力，日本の松下，ソニー，韓国の現代，三星などの東北アジア勢力に，「巨・大・中・華（巨龍，大唐，中興，華為の国有企業4社の略）」をはじめとする「国有企業軍団」からなっている（図9）。

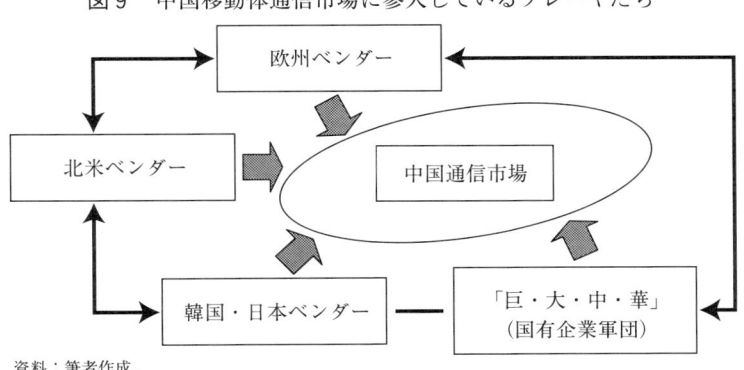

図9　中国移動体通信市場に参入しているプレーヤたち

資料：筆者作成．

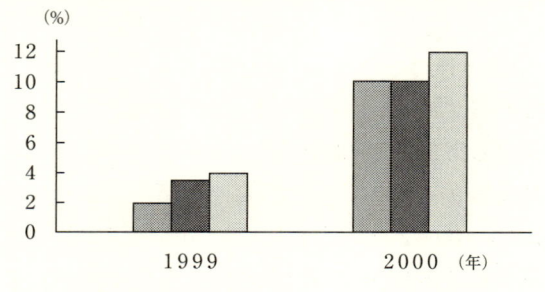

図10 「国有企業軍団」とその中国移動体通信市場での「ゼロ記録の打破」

■ 基地局(%)　■ 携帯電話端末(%)　□ 交換機(%)

資料：中国『経済日報』情報技術週間，2001年3月14日記事より作成.

　グローバルプレーヤの「ビッグ3」は中国移動体通信市場において8割のシェアを占めているが，中国市場の「トップ3」に入る「野望」をもっているシーメンスはこれに挑戦している。また，1999年から，中国移動通信市場の勢力地図を塗り替えるもう1つの重要な勢力が急台頭している。これは中国政府の通信製品業国産化政策のバックアップを受けて急成長を遂げつつある「国有企業軍団」である。99年に，「国有企業軍団」は「ゼロ記録の打破」を実現し，欧米ベンダーが中国移動体通信市場を「主宰」する時代に終止符を打った。「国有企業軍団」の中国移動体通信市場における基地局，携帯電話端末，交換機の3分野の市場シェアは，98年のゼロから2000年の10％，10％，12％とそれぞれ上昇した（図10）。これに伴い，「ビッグ3」の中国移動体通信市場におけるシェアは縮小している。

5. グローバル市場の制覇は中国で決まる

(1) 研究開発の中国展開と人的資源への投資

　「今後，『ビッグ3』の市場シェアが60％に縮小し，新規参入者が残ったパイを分け合うために争う。われわれの目標はこれからの3年間に中国移動体通信市

場で10%のシェアを獲得することである」。アジア太平洋地域本社を上海に移したフランスベンダーアルカテルが，中国の携帯電話ユーザ数が1億人を突破した時点で，新しい段階の大競争を迎えるため，このような目標を打ち出し，「ビッグ3」の優位に挑戦する意欲を示している。

一方，中国市場における「ビッグ3」の優位を揺るがすことはけっして容易ではない。これらのベンダーは中国市場競争で最先端の技術を導入し，現在の優位を獲得したので，その優位に挑戦することはその最先端の技術に対する挑戦であるといってもよい。しかも「ビッグ3」は中国市場における市場優位を確保することに懸命である。ノキア，エリクソン，モトローラは中国市場参入において先行者となっただけでなく，中国での研究開発の展開においても先行している。3社とも中国内での積極的な研究開発投資により，中国市場における先行者利益を守っていく戦略をとっている。

モトローラは中国移動体通信分野で4つの研究開発センターを設立しており，また中国の重点大学と共同で，最先端の移動体通信システム，携帯電話端末を研究開発している。エリクソンは研究開発と人的資源への投資を2000年の2億9,000万ドルから05年の5億7,000万ドルに増やす計画を発表し，現在，中国に6つの研究開発センターや実験室をもっている。ノキアは1998年に北京で研究開発センターを設立し，清華大学や政府系の研究機関と協力してモバイルインターネットの最新技術を研究開発している (表8)。人的資源への投資も「ビッグ3」の中国における事業展開の重要な一環となっている。例えば，ノキアは「ノキア中国学院」，エリクソンは「エリクソン中国学院」，モトローラは「モトローラ大学」をそれぞれ設立しており，さらに「ビッグ3」に挑戦し，中国移動体通信市場の「トップ3」を目指しているシーメンスも負けずに「シーメンス中国学院」を設立している (表9)。

(2) 「No China No Today's Nokia」：ノキアの市場育成・占有戦略

「グローバル的思考・ローカル的オペレーション」。これはノキアCEOジョマ・オリラの中国事業戦略の「精粋」であるといわれている。1994年末，中国

表8 「ビッグ3」の中国における研究開発の展開（2001年10月現在）

企業名	研究開発機関名	研究開発内容
モトローラ	①成都移動通信ネットワークシステム研究開発センター（2000年10月）	移動通信ネットワークシステム 中国の大学，研究機関，電気通信メーカーとの研究協力
	②モトローラ・北大アルパス無線通信アプリケーションソフトウェア連合実験室（2000年3月）	WAP関連技術の研究開発 モトローラの無線通信プラットフォームで，中国無線通信市場に適したアプリケーションソフトウェアを開発 無線通信ネットワークの制御ソフトウェアの開発
	③モトローラ個人通信部北京研究開発センター（1999年3月）	WAP携帯電話 CDMA携帯電話 携帯電話のキーポットによる中国語入力技術 移動通信ソフトウェアの開発
	④モトローラアジア太平洋地域ネットワークシステム部アプリケーション研究開発センター（1995年10月）	アジア太平洋地域向けの移動通信システム，製品の研究開発 第2.5世代と第3世代移動通信の研究開発
エリクソン	①エリクソン深圳モバイルインターネットアプリケーション研究開発センター	モバイルインターネットアプリケーションの研究開発
	②エリクソン上海移動通信研究開発センター	移動通信システムと製品の研究開発
	③エリクソン北京中関村モバイルインターネットオープン実験室	第三者のモバイルインターネット研究開発への協力・支援
	④エリクソン・電気通信科学技術研究所WCDMA技術研究開発センター（1999年）	WCDMA技術と製品の研究開発
	⑤エリクソン北京理工大学移動通信技術研究センター	移動通信システムとソフトウェアの研究開発
	⑥エリクソン北京郵電大学モバイル・マルチメディアオープン実験室	移動通信におけるマルチメディアの応用，アプリケーションの研究開発
ノキア	①ノキア中国研究開発センター（1998年1月）	次世代インターネット技術（Ipv6） 第3世代移動通信の研究開発 モバイルインターネットの研究開発 携帯電話の中国語アプリケーションソフトウェアの研究開発

資料：現地調査資料により作成.

第6章 世界一の通信市場と欧・米・中の大競争

表9 主要グローバルプレーヤの中国事業展開（2001年10月現在）

企業名	投資金額（億ドル）	現地法人と事業拠点数	研究開発展開	教育投資	売上高（億ドル）	売上高比率（％）	輸出（億ドル）	現地調達（億人民元）
ノキア	17.3	合弁9社 独資1社 事業所25	ノキア中国R&Dセンター	ノキア中国学院	28（2000年）	14（1999年）	15（2000年）	40（1999年）
エリクソン	24	合弁10社 事業所24	エリクソン上海R&Dセンター エリクソン北京R&Dセンター 深圳モバイルインターネットアプリケーション開発センター	エリクソン中国学院	30	11	15	149
モトローラ	34	合弁8社 独資1社 分公司26	モトローラ中国研究院（18のR&Dセンターから構成）	モトローラ中国大学	40（2000年）	12	17（2000年）	8.7億ドル（2000年）
シーメンス	12	現地企業50社、うち通信関連9社 事業所28	北京第3世代移動通信R&Dセンター	シーメンス中国学院	16.73（移動通信部：3.5）	移動通信設備の売上高比率は30％以上	―	―
Alcatel	4.5	合弁16社 独資6社 事業所17	Alcatel上海R&Dセンター	―	13.65	6	―	―
Nortel	5	合弁6社 独資1社	―	―	18	―	―	―

資料：筆者作成.

市場に新規参入したばかりであったノキアは，100名の従業員，5,000万ドルの売上高しかなく，中国通信市場で第10位のベンダーにすぎなかった。しかし，6年後の2000年には，ノキアの対中国投資が17億ドルを超え，しかも2000年に実施された新規投資額だけで7億ドル，従業員が約5,000名，売上高が28億ドル，輸出は15億ドルにも達し，全国で800店舗の携帯電話の専売店と250のサービスセンターから構成される強大な販売サービスネットワークを有する，中国通信市場の第2位のベンダーに躍進した。1994年に，中国のGSM方式を国内の第2世代移動体通信の統一基準とする決定がノキアの中国市場における躍進をもたらす要素の1つであったと考えてもよいが，「グローバル的思考・ローカル的オペレーション」という方針に基づいて展開されているノキアの事業戦略が功

を奏したことも否定することはできないであろう。ここで，① 新しい概念の導入による市場創造，②「ノキア＝Made in China」，③「Human Technology」という3つの項目から，ノキアの中国市場戦略とその展開の実態を考察してみよう。

① 新しい概念の導入による市場創造

「これから3年のうちに，すべての参入分野でリーダーとなる」。2001年初め，ノキア（中国）投資有限公司の総裁康宇博は中国での赴任あいさつで，このような目標を打ち出している。参入分野のリーダーになるには，まず市場をリードすることが必要だが，市場をリードするには消費者を誘導しなければならない。ノキアにとって，競争力の源泉はユーザにある。リーダーになれるかどうかは，消費者がベンダーから打ち出される新しい概念の製品とサービスを受入れるかどうかに深くかかわっている。

例えば，一部のベンダーが中国でモバイルインターネットの市場があるのかと疑問をもっているうちに，ノキアはすでにこの市場の開拓に力を注ぎはじめた。「市場がつくるものだ」。ノキアは中国でモバイルインターネット市場の潜在性が非常に大きいと分析し，消費者にモバイルインターネットという概念を理解し受け入れさせるために努めていた。まず，消費者に新しい概念を受入れさせ，次に，新しい概念を基礎とした製品，技術とサービスを提供する。さらに，市場における競争相手，協力パートナーと共同でモバイルインターネット市場の形成のために努力する。これはノキアの市場開拓の手法で，参入分野のリーダーを目指す戦略でもある（図11）。

ノキアによれば，ベンダーの最も重要な仕事は新しい概念で消費者を誘導し，これと同時に，消費者がどのようなサービスを求めているか，これらのサービスをユーザが負担できるかどうかを理解できなければならない。ベンダーはまず，電気通信業者の需要よりも，消費者の需要を把握しなければならない。なぜなら，ユーザが新しい概念を受け入れ，その価値を認識し，新しいサービスを求める場合，電気通信業者はベンダーが提供する新しい製品と技術を採用してユーザに新しいサービスを提供することができるからである。要するに，最終消費者こそは市場の「王様」である。もちろん，この場合，ベンダーは世界最先端の電気通信

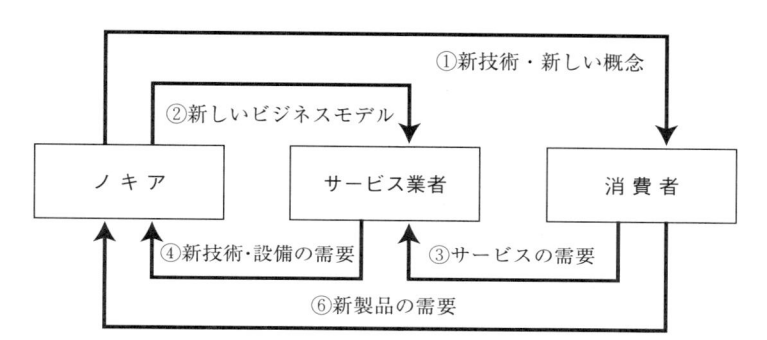

第6章 世界一の通信市場と欧・米・中の大競争

図11 「市場はつくるもの」：ノキアの市場形成・占有戦略

```
                          ①新技術・新しい概念
              ②新しいビジネスモデル
   ┌──────┐      ┌──────────┐      ┌──────┐
   │ ノキア │      │ サービス業者 │      │ 消費者 │
   └──────┘      └──────────┘      └──────┘
              ④新技術・設備の需要   ③サービスの需要
                    ⑥新製品の需要
```

資料：筆者作成．

サービスのノウハウを中国の電気通信業者に提供しなければならない。2000年には，ノキアは「新しい概念の導入による市場創造」という理念で，「吉林省移動通信」から中国の初めてのWAP契約を獲得し，「福建省移動通信」との契約で世界初めてのGPRSネットワークを構築し，開通させたのである。ノキアはまた，中国電信伝送研究所と共同で3G技術のテストを行い，ブロードバンドIP接続ソリューションの先行者として，中国の高速インターネットとブロードバンド接続市場に参入している。

② 「ノキア＝メイド・イン・チャイナ」

「グローバル的思考・ローカル的オペレーション」の1つの具体的な内容は生産の現地化である。ノキアの中国における現地生産は通信設備から携帯端末まで広い範囲で行われている。この数年間に，ノキアは中国で100社以上のローカルのサプライヤを育成し，1999年に，これらのローカル・サプライヤから構成されるサプライチェーンから約40億人民元の部品と資材を調達した。ノキアはまた中国政府系投資機関と共同で100億人民元を投資し，北京の経済技術開発区で「星網国際工業園（Xingwang international industrial Park）」と呼ばれる移動体通信のハイテクパークを建設し，国内外の移動体通信技術の研究開発機関，部品の供給メーカ，通信設備と端末の製造・販売とサービス業者を誘致し，ノキアを中心とする世界最先端の移動体通信の生産・物流基地を形成しようとしている。

③ 「Human Technology」

ノキアの中国市場での成功について，ジョマ・オリラCEOはこう述べた。「中国のビジネスで，ノキアは技術移転，投資，ローカル・オペレーションという3つのキーポイントを始終意識し，これによって成功するチャンスをつかむことができた」，「ノキアは中国で，現地化に焦点をしぼっている。要するに，われわれは中国に対して強い約束をしているのだ。それはわれわれが中国の経済繁栄とともに成長していく決意でもある」。この「中国に対する強い約束」とは2つの要素がある。1つは技術移転であり，もう1つは人材育成である。「Human Technology」という用語はこの2つの要素を体現するものである。

ノキアの対中技術移転は主に研究開発の中国展開を通じて行っている。これに関してジョマ・オリラはこう述べた。「北京にあるノキアの研究開発センターはノキアのグローバル研究開発ネットワークの重要な一部であり，特定分野における最先端の技術を開発することがミッションである。われわれは携帯電話と固定電話，移動体通信ネットワーク，中国語入力技術，次世代インターネット技術，第3世代携帯電話システムの研究開発において成果を上げている。ノキアはモバイル情報社会の開拓で有利なポジションに立っている。われわれは中国における研究開発の戦略の重点を中国の大学，研究機関と協力して次世代インターネット技術と第3世代移動通信技術を開発することに置いている」。ノキアは中国における研究開発を強化するため，現在200名の現地研究開発者を倍増することを計画している。また，「人材の現地化」を加速するため，会社の経営・管理職の現地人登用を推進すると同時に，「ノキア中国学院」を設立し，北京大学と協力して人材の育成に力を入れている。

(3) エリクソン：中国ビジネス「5ヵ年計画」

2001年1月，世界移動体通信業界にインパクトを与えるビッグニュースが市場で大きな反響を呼んだ。それはエリクソンが携帯電話生産をアウトソーシングするという決定である。エリクソンの説明によれば，携帯電話ビジネスは6つのバリューチェーンからなる。すなわち，① 開発，② 設計，③ 生産，④ 供給，

⑤ 販売，⑥ アフターサービスである。エリクソンの新しい事業戦略は ③ 生産と ④ 供給をアウトソーシングし，今後，経営資源を ① 研究開発と ② 設計に集中し，これによって移動体通信産業における技術のリーダー的地位を確保することである。エリクソンは携帯電話の生産を，シンガポールに拠点を置いているフレクストロニクス・インターナショナル（Flextronics）にアウトソーシングすることを決めたが，中国にある2つの合弁生産拠点による携帯電話生産をこれからも維持し，強化していく方針を明らかにした。

エリクソンの携帯電話生産アウトソーシングの決定は赤字を続けている分野から撤退することで，まさに「壮士割腕（武士が腕に怪我をし流血する）」のような行動である。ちょうど1ヵ月前，すなわち2000年12月に，エリクソンは世界移動体通信市場の勢力地図を塗り変えるともいえる重要な戦略を打ち出したばかりである。

2000年12月5日，エリクソンの最高責任者は北京で朱鎔基総理と会い，エリクソンの中国ビジネス「5ヵ年計画（2001～2005年）」を説明した。この計画は「ハイテク投資」，「研究開発と人的資源への投資」，「中国からの輸出」という3つの項目を含め，予定されている投資金額が数10億ドルにものぼっている膨大なものである（表10）。

エリクソンは中国移動体通信市場において，交換システムの市場シェア40％，携帯電話の市場シェア12％を誇る。2000年8月，エリクソンは「中国連通」から，総金額が1億8,000万ドルにのぼる5つの省のGSMプロジェクトのシステ

表10　エリクソンの中国ビジネス「5ヵ年計画」

	予定投資金額	予定投資分野・内容	予定期間
1	51億ドル (2000年10月現在，24億ドル)	エリクソンとそのグローバルサプライヤの対中国のハイテク投資	今後5年間
2	5.72億ドル (2000年10月現在，2.9億ドル)	中国における研究開発 人的資源開発への投資	
3	45億ドル (2000年10月現在，15億ドル)	エリクソン（中国），サプライヤチェーンの中国センターから海外への輸出を3倍増	

資料：エリクソン（中国）ホームページ，中国『経済日報』2000年1月関連記事より作成．

ム供給契約を獲得した。この契約の実施に関して，エリクソンはハードウェア，ソフトウェアとサービスのすべてを中国に設立している現地企業（北京エリクソン，南京エリクソン）によって提供することを宣言し，生産の現地化をアピールした。また，同年9月，エリクソンは「中国移動」から「中国モバイルインターネット」の基幹ネットワークプロジェクトの一部を受注することもできた。さらに，中国のモバイルインターネット市場を開拓するため，深圳で「モバイルインターネットアプリケーション開発センタ」を設立し，オープンなプラットフォームの提供を通じて，中国の電気通信事業者，インターネットサービス業者，国内外の協力パートナーを新技術の開発と応用について支援しようとしている。

エリクソンは中国，北米，欧州，南米で建設された4つの供給センタを基礎に，グローバルのサプライチェーンを形成している。2000年には，エリクソンの中国現地調達は149億人民元に達し，これから中国からの調達率をさらに増加させようとしている。

研究開発の中国展開による技術移転において，エリクソンは中国電気通信技術研究所と共同で「第3世代移動体通信システムの研究開発センター」を設立し，また上海で「通信ソフトウェア研究開発センター」，北京の中関村で開放式の「マルチメディア実験室」をそれぞれ設立している。

2001年3月，中国の電気通信技術の人材と経営管理者を育成するために設立された「エリクソン中国学院」には「情報通信マネジメント修士コース」第2期生（69名）の修了式が行われ，業界からの注目を集めた。この学院はエリクソンが欧州最大のビジネススクール「ノルウェー管理学院」と共同で運営しているもので，上海の復旦大学の協力を受け，中国情報産業省を含めた中央関係省庁，「中国移動」と「中国連通」などの電気通信事業者，エリクソン（中国）合わせて460名の技術者と経営幹部の研修を提供した実績をもっている。

(4) モトローラ：中国ビジネスの「3つの目」と「3つの心」

「ノキアは携帯電話で世界一，モトローラは対中投資で世界一」。
2001年2月，2,800人規模のリストラ計画を発表したばかりのモトローラは

「モトローラ中国電子有限公司」2000年の業績を公表した。それによると，同社は2000年に，売上高が40億ドルを突破し（前年比27.7%増），輸出額が16億5,000万ドル，現地調達額は8億7,000万ドル（前年比58%増），納税額が46億元に達し，中国の外資企業のなかでもトップクラスの業績を上げた。また，中国携帯電話市場では，同社が2年連続で第1位のシェアを維持し，中国携帯電話市場総額の36%を占めた。2000年に，モトローラは19億ドルにのぼる新規投資を行い，これによって対中投資額が累計34億ドルとなり，中国における最大規模の外資企業の座に坐ることになった。「対中投資は百億人民元（10数億ドル）規模のものにならないと，効果が出ない」，モトローラの副社長であり，モトローラ中国電子有限公司の社長の華人経営者頼炳栄は対中投資の規模で最大のライバルであるノキアを押さえようとしている。

「2005年には，中国市場での売上高を100億ドルの大台に乗せる」。2000年に，モトローラのCEOクリス・ゴルヴェンは中国に対する新規巨額投資計画を発表した時，同社の中国事業ビジョンに関してこう述べた。同年7月，『フォーブス』誌が「Motorola Lusts For China」をタイトルとした記事を発表し，こう分析した。「モトローラは中国通信市場に膨大な資金をかけ，19億ドルの新規投資により中国における最大の外資企業となっている。…，最も重要なのはこの会社が重要な政府コネクションを構築し，世界で人口が一番多い国で高い知名度を生み出すために巨額な金を使っていることである」。

2000年に実施されたモトローラの対中新規投資は，天津経済開発区でチップの生産工場や組み立てとテストの工場から構成される半導体生産基地を建設し，無線通信設備，自動車電子製品，消費者向け電子製品用の半導体を生産するものである。この「世界最大の半導体生産基地の1つ」といわれるプロジェクトは，半導体チップの設計，チップの製造，サービスまでの能力をもち，2002年から2,400人の体制でフル稼動すると予定されている。中国の半導体市場は年間20%の伸び率で成長し続けており，しかも電気通信製品向けの製品が半導体市場の40%を占めている。2000年，半導体産業を育成するため，中国政府は「半導体産業とソフトウェア産業発展の奨励政策」を公布し，増値税の税率の半減，企業所得税の減免，生産用資材の輸入関税の免除を含めた一連の優遇措置で半導体産

業への大型投資を奨励している。「通信市場を制覇しようとする場合，半導体への投資を行うのが得策である」という判断もあり，モトローラは中国の優遇措置を活用しながら，中国の半導体国産化政策に協力する形で大型新規投資をスタートし，まさに「一石二鳥」といえる。

2000年から，GE，IBMをはじめとするグローバル各社は「中国のGE」，「中国のIBM」というスローガンをそれぞれ打ち出し，中国政府と巨大市場の消費者に自社の現地化方針と新しいイメージを謳いはじめた。モトローラのスローガンは「中国を我が家とする」である。モトローラ中国電子有限公司の「21世紀の経営目標」は「中国政府と消費者に本当の中国企業と公認させること」である。この目標を実現するため，モトローラは中国ビジネスにおける「3つの心」と「3つの目」を強調している。頼炳栄社長はこれに関して次のように説明した。「中国でビジネスを行う場合，『愛』という字が非常に重要である。モトローラ（中国）の企業文化は『誠心』，『愛心』，『耐心』である。モトローラはこの『3つの心』を基本的な出発点として中国における事業の発展をはかる」。また「中国ビジネスでは，『3つの目』が必要となっている。1つの目で市場を見て，もう1つの目で消費者を見て，さらに1つの目で政府を見るということである」。この「3つの目」論はまさしく社会主義市場経済を実施している中国でビジネスを行う「精髄」であるともいえよう。

モトローラは独自の中国ビジネスの「精髄」をもって，「投資と技術移転」，「経営管理の現地化」，「現地調達と国産化」，「合弁と協力」，という4つの側面から中国ビジネスを展開している。

先端技術の中国への移転では，700名の研究開発者を有する18の研究開発センタから構成される「モトローラ中国研究所」は重要な役割を果たしている。経営管理の現地化では，「モトローラ中国大学」が人材育成，経営管理ノウハウの中国への移転，経営管理者の現地化，中国国有企業経営者の教育訓練で成果を上げている。またモトローラは中国国家計画委員会と協力し，「企業優化センター」と呼ばれる国有企業の経営管理者や技術者の教育訓練機関を設立した。ここでは，いままでに訓練を受けた経営管理者と技術者がすでに数千人に達し，さらに今後5年間で，1,000社の国有企業に経営管理と技術の訓練を提供すること

第6章　世界一の通信市場と欧・米・中の大競争

を計画している。モトローラ中国電子有限公司では，経営管理層の現地化が進んでおり，現在，7割強の経営管理者が現地人である。同社は今後，女性の経営管理者の経営管理者全体に占める割合を40％にすることを計画している。

「現地調達と国産化」では，ローカルのサプライヤの育成，国産化率の向上が推進されている。2000年に，モトローラと取引のある中国内のサプライヤ数は，直接の材料・部品供給メーカーが176社，間接の材料・部品供給メーカーが650社に達し，現地調達額が8億7,000ドルに達した。同社は今後，ローカル・サプライヤを1000社に増やし，中国からの年間現地調達額を10億ドルにすると計画している。ローカル・サプライヤに対しては，モトローラの品質基準と技術水準に基づいた訓練も提供している。これにより，2000年に，モトローラのメイド・イン・チャイナの製品は平均国産化率が65％に達するという。

第1世代移動体通信（アナログ方式）技術で中国市場を一時的に制覇していたモトローラは，第2世代移動体通信システムへの世代進化で，中国の欧州スタンダード採用によって大きな打撃を受け，中国移動体通信市場における「王座」から一瞬にして追い出され，「世代進化」による「代替リスク」を経験した。その後，市場シェアを回復するため，モトローラはGSM方式のシステムと端末を研究開発してノキア，エリクソンなど欧州ベンダーと争い，やっと中国市場における第1位の市場シェアを奪回することができた。しかし，モトローラにとって，今後とも中国市場における第1位を維持していくことは至難の業であるかも知れない。モトローラの最高責任者が北京で対中国19億ドルの新規投資計画を発表した2ヵ月後，エリクソンの最高責任者も北京にやってきて50億ドルにのぼる中国ビジネス「5ヵ年計画」を発表し，モトローラに挑戦状を送った。中国移動体通信市場をめぐるグローバル大競争の激しさはこれらによって物語られている。

第7章 知識生産の競争：米国の知的財産権 vs 中国の国際標準規格

　確かに，米国はニューエコノミーの新潮流をリードしている。しかし，中国は「驚異的な方式」をもって，米国が前進している航路を修正することができる。
　　　　　　　　　　　　　　　『ワシントンポスト』記者　マット・フォニー

　中国の携帯電話はGSM方式を採用しているが，われわれは現在，CDMA方式の採用を準備している。米国，日本，韓国ともこの方式を採用しているので，中国は米国との協力だけでなく，日本，韓国との協力も推進したい。
　　　中国国務院総理　朱鎔基　2000年10月16日，日本記者クラブにて

1.　電気通信市場の「政治経済学」

(1)　米中のパワーゲームと米国知的財産権の運命

　「クアルコム社は中国という12億人の巨大市場を制覇する野望をもち，中国市場に臨んだが，結局，智謀にたける中国政府に征服されることになった。……中国の電気通信市場とその魅力があまりにも大きいので，とても拒否できない。……自らの将来を中国市場に賭けているクアルコム社が中国のゲームに参加してすでに8年目になったが，成功の可能性はいまだ不明である。中国政府は依然として全てをコントロールしている」。これはある西側の記者が米クアルコム社の中国ビジネスを分析する記事で書いた内容である。
　クアルコム社は移動体通信システムの米国方式といわれるCDMA方式の知的

財産権を武器に，現在，欧州の GSM 方式に制覇されている中国市場に参入しようとしている。中国という世界一の携帯電話市場で，90％ の携帯電話ユーザ，約1億人が GSM 方式の携帯電話を使っている。しかし，「この1億人にのぼる GSM 方式のユーザは中国の潜在的市場の5％ にすぎない。クアルコム社はまたまたチャンスがある」と，クアルコム社の経営者は述べた。

「I hope that's a positive sign（これはよい兆候だと期待する）」。2001年5月9日，香港で開催されたフォーチュン・グローバルフォーラムで，中国の国家主席江沢民は60名のグローバル企業 CEO が参加した公開討論において，「CDMA は中国に役立つ。中国市場は競争を必要としている」と述べた。その後，この公開討論に参加したクアルコムの経営者は「彼は世界のビジネスリーダーたちの前で少なくとも2, 3回，『CDMA』という単語を口にした」と強調し，興奮ぶりを見せた。長い間，クアルコム社の中国市場参入を支援し，CDMA 方式の採用で中国政府に圧力をかけ続けてきたクリントン元米国大統領も今回のフォーチュン・グローバルフォーラムに出席し，江沢民国家主席と会談した。2001年は中国移動体通信市場における CDMA 方式の運命が転機を迎える年になるようである。

同年の3月28日には，中国国家計画委員会と情報産業省の主導で，中国連合通信の CDMA ネットワークプロジェクト第1期のシステム設備入札が実施され，1ヵ月後の4月26日ごろ，入札結果の発表が予定されていた。しかし，入札が実施された4日後の4月1日，南中国海上空で，米中両軍の軍用機が衝突し，クアルコム社の運命がまた米中間のパワーゲームに翻弄されることになった。2年前の1999年5月，米軍によるユーゴスラビア中国大使館の爆撃は，クアルコム社と中国連合通信との CDMA 方式導入に関する契約交渉を6ヵ月も延期させたのである。

「Both president Bush and Secretary of Powell have expressed their sincere regret over your missing pilot and aircraft. ……The US side goes on to say that it is very sorry the entering of China's airspace and landing did not have verbal clearance（ブッシュ大統領とパウエル国務長官は中国側がパイロットと飛行機を失ったことに対して心から遺憾の意を示す。……米国側は〈米国軍用機が〉口頭の許可を得ずに中国の領空に進入し，着陸したことを非常にすまないと言い続けている）」。2001年4

第7章　知識生産の競争：米国の知的財産権 vs 中国の国際標準規格　　　　225

月11日，米国側が中国外務省に「very sorry」の外交文書を送り，その後，中国側がすぐ中国に着陸した米軍用機の乗員を米国に送還した。しかし，本来，4月26日に予定された中国 CDMA ネットワークプロジェクト第1期の入札結果の発表は行なわれず，クアルコム社の中国ビジネス計画がまた暗礁に乗り上げたとのうわさが同社の株価を襲った。そんななか，5月9日の香港フォーチュン・グローバルフォーラムで，江沢民国家主席の「CDMA は中国に役立つ」との発言が，何回も絶望を感じたようにみえる同社に新しい期待をもたらした。

香港フォーチュングローバルフォーラムから1週間後の5月15日，中国は CDMA 方式を採用して全国をカバーする新しい移動体通信ネットワークを構築する巨大プロジェクトを正式にスタートした。そしてルーセント・テクノロジー，モトローラ，ノーテルといった北米ベンダーをはじめとした12社のベンダーは中国連合通信と総額121億人民元にのぼる第1期の設備購入契約を締結した。もちろん，CDMA の知的所有権と CDMA システムと携帯端末用チップの専売権をもつクアルコム社はこの契約の最大の勝者となった。一方，勝者となるために払われた対価は実に大きい。

(2) CDMA 方式の導入：「一石二鳥」の功

「CDMA は中国に役立つ。中国市場は競争を必要としている」。江沢民国家主席のこの発言は，米国共和党ブッシュ政権の誕生に伴って米中関係が悪化している時期だけに，中国が米国方式ともいえる CDMA 方式を計画どおり導入する重要な狙いを語っている。すなわち，中国は CDMA 方式の導入を通じて市場の大競争を促進しようとしているのである。

ここでいう大競争には少なくとも2つの意味がある。まず1つは移動体通信市場におけるキャリアの大競争である。すなわち，米国の CDMA 方式を新たな武器とする「中国連通」と欧州の GSM 方式を基盤とする「中国移動」との競争を加速させることである。中国移動体通信市場で，7割の市場シェアをもつ「中国移動」の先行者利益が CDMA 方式の導入に伴う大競争で「過去のもの」になるかもしれない。しかも，「中国連通」と「中国移動」との大競争は WTO 加盟に

伴う電気通信市場の開放に備え，市場の活性化と国内キャリア体質の強化という中国政府の戦略に沿って行われるものである。

　大競争のもう1つの意味は移動体通信産業の勢力地図を塗り替えることである。すなわちCDMA方式の導入を通じて，移動体通信産業における欧・米・中の勢力地図を塗り替え，中国の国有企業に躍進のチャンスを与えることである。現在，欧州のGSM方式をメインとする中国移動体通信市場では，ノキア，エリクソン，シーメンスといった欧州ベンダーがシステム設備と端末の生産・供給を牛耳っている。CDMA方式の導入がCDMA勢力のルーセント・テクノロジー，モトローラ，ノーテルといった北米ベンダーに市場参入のチャンスを与え，これにより欧州勢力の「独占」の局面に終止符が打たれる。これと同時に，「市場をもって技術と交換する」政策に基づいてCDMA方式のシステム設備と携帯端末の国産化を促す。これによって国有企業に自国市場に参入する道を開く。要するに，中国はCDMA方式の導入を契機に，自国の移動体通信産業を育成，発展させ，外国ベンダーが移動体通信設備と携帯端末の市場で80％以上のシェアを握る勢力地図を一気に変えようとしている。

　2001年3月に，中国政府の主導で実施されたCDMAネットワーク設備の入札募集には2つの特徴がある。まず1つは外国企業は中国にある合弁企業，あるいは中国にある事業パートナーを通じて入札募集に「間接的」に参加しかできないことである。例えば，ルーセント・テクノロジー，モトローラ，ノーテルは中国にある現地法人「青島ルーセント・テクノロジー」，「杭州モトローラ」，「広東ノーテル」を通じて入札募集に「間接的」に応募した。もう1つの特徴は国有企業が新しい通信ネットワークシステムを導入する最初の段階から，独自の「知的財産権」をもって，入札募集に参加することができたことである。国有企業軍団の有力企業である中興通信はCDMA分野における独自の「知的財産権」と生産能力をもって10の省で110万戸を対象としたネットワークを建設する設備契約を勝ち取ったのである。このように，CDMA方式の導入は中国移動体通信産業が台頭し，外国ベンダーと競争する新しいチャンスをもたらした。このチャンスは中国政府が自国の産業を育成するために勝ち取ったものである。

2. アメリカン・スタンダードのグローバル市場における「最初の失敗」

「中国は移動体通信ネットワークを懸命に拡張し，電気通信インフラ投資の5割以上の資金を移動通信設備に使っている。しかし，われわれ米国ベンダーの中国移動体通信市場におけるパフォーマンスは非常に悪く，わずかの利益しか得られていない。中国は欧州のGSM方式を採用しているからである。米国ベンダーはこれにより巨大なビジネスチャンスを失った」と，ルーセント・テクノロジーの国際グループCEOマイク・ブッチャーは述べた。2001年3月，1億人を突破した中国の携帯電話ユーザ数は，その87％が欧州方式であるGSMの携帯電話を使っているのに対し，米国方式であるCDMA方式の携帯電話を利用しているユーザは0.1％しかいない。

中国移動通信市場の開拓において，欧州と米国はそれぞれ異なる戦略をとってきた。欧州はオープンな標準規格で中国市場を開拓してきた。これに対し，米国は「閉鎖的な」知的財産権で中国市場を制覇しようとした。中国の場合，情報通信市場の競争は知的財産権と市場パワーとの間に行われるゲームといってもよい。知的財産権が市場の方向性を左右するか，または市場のパワーが知的財産権の運命を決定するか。中国移動体通信市場をめぐるグローバル大競争では，巨大市場を有する中国，異なる技術とスタンダードをそれぞれもっている欧州ベンダーと米国ベンダーという3者間で行われたゲームがこの問題におもしろい回答を提示している。

中国移動体通信市場の開拓で先行してきた欧州は，GSM方式の技術標準規格（ソフトウェア設計を指導する通信協議とハードウェア設計を指導する電子技術と通信技術の双方）を詳細に公開しており，他者も通信ネットワーク上で運用できるソフトウェアを開発することができる。これは中国が欧州の方式を選んだ理由の1つでもある。一方，クアルコム社はCDMA方式の技術と標準規格に関する知的財産権を最大の収益源としてその知的財産権を利用する企業から高い使用料をと

るだけでなく，システム設備と端末用のチップを専売している。同社は「排他的」知的財産権を武器に中国市場を開拓しようとしたが，結果として，少なくとも1994年から2000年まで，すなわち中国の移動体通信市場が爆発的に成長した7年間には，その戦略はうまくゆかず，欧州ベンダーに敗れ，中国市場での商機を失ってしまったと言わざるを得ない。

　実は，1990年代初期においては，中国のCDMA方式への関心は高かった。1992年に，クアルコム社の経営者は中国を初めて訪問し，CDMA方式とその技術の動向に対する中国側の広範な理解を感じていた。2年後の94年，中国とクアルコム社との間で，CDMA方式の導入に関する交渉が正式に行われ，双方が合弁事業（出資比率は中国側49％，クアルコム社側51％）を起こし，中国の5つの省でCDMAネットワークを建設する計画さえを検討することに至った。しかし，CDMA方式の知的財産権，特にロイヤリティ率の問題をめぐって対立し，交渉は決裂した。中国は一転して「オープンな」欧州スタンダード，GSM方式の採用を決定し，これにより，欧州ベンダーは「漁夫の利」を得ることになった。中国のGSM方式の採用は第2世代移動通信市場の大競争において，欧州のスタンダードがアメリカン・スタンダードを押さえ，世界市場を制覇する決定的な要因となったと考えられる。1990年代初期，移動体通信の第1世代，すなわちアナログ方式の時代に，中国で「携帯電話＝モトローラ」という消費者から高い認知度を得た業界の先行者モトローラは，移動体通信の「世代進化」に伴い，「代替のリスク」に対応できず，中国携帯電話市場の王座から追い出されることになった。皮肉なことに，モトローラやルーセント・テクノロジーなど米国ベンダーは絶対的な優位をもつ欧州ベンダーから少しでも市場シェアをとるため，自社のエンジニアに欧州のGSM技術を勉強させ，中国でGSM方式の移動通信設備を生産し，アメリカン・スタンダードを「放棄」せざるをえなくなった。これはグローバル情報通信市場でアメリカン・スタンダードの「最初の失敗」であるともいえる。

　クアルコム社は最初，知的財産権と市場アクセスの関係についてバランスをとれず，しかも中国市場の潜在的可能性を予想できず，「市場をもって技術と交換する」政策をとっている中国に対し，高い代価を要請し，結局失敗した。市場判

断の誤り，戦略の失敗はその対価が大きい。他のスタンダードに優位をもたれている市場にもう一度参入しようとする場合，参入のコストが倍増し，市場の開拓もいっそう難しくなる。しかも，参入しても享受できる利益は大幅に減ってしまう。後述するように，欧州方式の中国市場における予想外の大成功を見て，中国市場にもう一度参入したくなったクアルコム社はその後の数年間に，市場のパワーを有する中国に「叩かれ」，知的財産権に関する交渉で中国側に大幅に譲歩せざるを得なかった。

(2) クアルコム社の「心理作戦」と米中の政治パワーゲーム

中国のGSM方式導入で巨大な商機を失ったルーセント・テクノロジーは依然として中国移動体通信市場に大きな期待をもちつづけている。しかし，その期待の実現は全て中国におけるCDMA方式の採用にかかっている。ルーセント・テクノロジーは中国をCDMA方式の最後の大市場と位置づけ，先行投資として中国で15社の合弁企業を設立し，中国における大規模なCDMAネットワークの建設を熱望している。

クアルコム社も中国市場への参入をあきらめきれず，作戦の対象と手法を変え，米国通商代表部と議会への工作を通じて「政治的な力」を借り，中国のCDMA方式採用に圧力をかけようとした。そのため，同社の「CDMA開発部アジア太平洋チーム」は「政府との重層的ネットワーク関係」をフル稼動させ，議会で繰り返して行われた公聴会を経て「すばらしい心理作戦」を展開した。この心理作戦とは，まず米国通商代表部と議会にCDMA技術のすばらしさとその米国輸出への寄与度を理解させ，次に中国のWTO加盟に関する米中交渉でCDMA方式の導入を交渉の1つのカードとして使えるように米国政府に働きをかけることである。

米国政府はついにクアルコム社が期待したように中国のCDMA方式採用に政治的圧力をかけるようになった。1998年，クリントン大統領が中国訪問の機会を利用してCDMA方式の採用を中国政府に強く要請した。その後，中国WTO加盟交渉において，米国が情報通信市場の開放，特にアメリカン・スタンダードで

ある CDMA 方式の導入を中国 WTO 加盟の１つの重要な条件として中国側に迫ってきた。WTO 加盟に関する米中交渉が膠着状態に陥った 99 年 4 月，米国商務省ティリー長官は米国国務省，商務省，連邦通信委員会の高官，及び米国電気通信メーカ 30 社の CEO を率いて中国を訪問し，広州で開催された「米中電気通信サミット」で，中国側と「米中 CDMA 移動体通信協力協定」という政府間の協定を締結し，中国政府から CDMA 方式導入の約束を勝ち取った。ルーセント・テクノロジー，モトローラはこの「米中電気通信サミット」で中国側と総額 6 億ドルの CDMA 設備の供給契約を結んだ。そして数ヵ月後の 11 月に，WTO 加盟に関する米中交渉が妥結したわけである。

クアルコム社は米国の政治的パワーを借りて中国の CDMA 方式の採用を促してきたが，中国は逆手をとって，CDMA 方式の採用を米国政府との WTO 加盟交渉や議会の米中合意への承認を迫るためのカードとして使った。1999 年から 2000 年までの 2 年間に，中国の WTO 加盟に関して米中が合意し，議会もその合意を承認して PNTR 法案を採決し，クリントン大統領が同法案を署名したが，CDMA 方式の中国における運命は依然としてだれにも予測できないままであった。この取引がなかなか終わらない原因は中国側の交渉戦略によるものであろう。

(3) クアルコム社の「人脈チャネル」と中国における「CDMA の曙光」

「If you don't grasp this opportunity, you will lost it, and then you get zero（もしあなたはこのチャンスをつかまないと，あなたがチャンスを失ってしまい，何も得られない）」。2000 年 2 月初め，CDMA 方式の中国導入に関する米中交渉で，中国連通の交渉代表はクアルコム社の交渉代表をこのように「叩いた」。その結果，中国市場への参入を早急に果たしたいクアルコム社は中国側に譲歩し，2 月 16 日，中国連通との間に「CDMA 知的財産権の枠協定」を締結した。中国連通はこれに合わせて，70 億ドル規模の CDMA ネットワークの建設計画を発表し，米国ベンダーに大きな期待をもたらした。

しかし，アメリカン・スタンダード CDMA 方式の中国における前途は多難なものである。「CDMA 知的財産権の枠協定」が締結されてから 1 週間後，中国連

第 7 章　知識生産の競争：米国の知的財産権 vs 中国の国際標準規格

通の CDMA 技術の導入計画が「一時凍結」されるといううわさは市場に流れ，これを受けて米国ナスダック市場でクアルコム社の株価が一気に 70% 下落した。

中国側がアメリカン・スタンダードの導入を，WTO 加盟に関する EU—中国交渉や同年 5 月に予定されている米国下院の「中国貿易法案」審議への牽制材料としていた見方もあるが，中国とクアルコム社との「ビジネス協力」はまた暗礁にぶつかった。クアルコム社は中国側が 1994 年から要請してきたロイヤルティ率の問題で譲歩したが，今度，中国側は「市場カード」を使って CDMA システムと携帯端末に使う専用チップに関する技術移転についてクアルコム社に迫ってきた。CDMA 方式の専用チップを巨大な利益源としているクアルコム社はこれを拒否した。市場と知的財産権，どっちのパワーが大きいか。クアルコム社が巨大市場の潜在利益に直視してチップの技術移転という問題で中国にもう一度譲歩するか。数ヵ月の間に，株価が 160 ドルから 48 ドルまでに下落したクアルコム社は難局を打開するため，次の手を打って，中国の指導部を対象に「人脈作戦」を展開しはじめた。

アーウィン・ヤコブ CEO は長い時間をかけて「人脈作戦」を準備し，米国共和党の元大統領ジョージ・ブッシュのブレーンであったブレント・スコロフトが中国指導部に通じる最も重要な人脈「チャネル」となった。1989 年 5 月に発生された「天安門事件」によって急速に悪化した米中関係を改善するために，ブレント・スコロフトが米国側の特使として北京に秘密に派遣されたことがある。同氏はその訪中で，米中関係の修復に貢献しただけでなく，中国指導部との間に良好な関係を保つことができたという。2000 年 10 月 6 日，ブレント・スコロフトの斡旋で，アーウィン・ヤコブは訪中し，清華大学で講演する機会を得た。そして「偶然」にも，アーウィン・ヤコブは清華大学で同大学経営管理学院の院長を兼任している中国の国務院総理朱鎔基と会見することができた。

米国のマスメディアに「中国における CDMA の曙光」と喩えられたこの会見には，中国情報産業省の大臣呉基伝と中国連通の総裁王建宙も同席し，朱鎔基総理の注目の下で，難局をいかに打開するかをめぐって双方の会談が行われた。この会談で，クアルコム社が新たな譲歩をしたという報道に対し，アーウィン・ヤコブ CEO はこう説明した。「どんな場合でも，交渉を行うときは，双方とも受入

れられる何かを準備しなければならない。彼らは巨大市場を提供してくれるので，われわれも彼らが要請しているものを与えるしかない」。この会見の2ヵ月後の12月5日に，クアルコム社と中国政府は「中国連通」がCDMA技術を採用することに関する覚え書を締結した。これを歓迎し，ナスダック市場でクアルコム社の株価は7.5％上昇して89.25ドルとなった。「現在，私は慎重な楽観論者となっている」と，アーウィン・ヤコブは言った。中国政府との覚え書を締結するため，クアルコム社は中国に「頭を下げ」，CDMA技術の特許使用料を大幅に下げざるを得なかった。つまり，クアルコム社は通常のロイヤルティ率を「カット」し，中国生産の携帯電話の売上に対し2.65％，設備の売上にわずか1％のロイヤリティ率しか取らないことになった。ちなみに，同社は韓国ベンダーから8％のロイヤルリティ率をとっているという。さらに翌月の2001年1月，クアルコム社は中国におけるCDMAチップの直接販売，基地局設備のテストソリューションの提供，中国でCDMA方式の専用チップを生産する能力の強化のため，2.6億ドルの投資を決定したわけであるのである（表1）。

表1　中国のCDMA計画とその経緯（その1）

時期	CDMA計画の経緯	関連事項
1994	中国郵電部（情報産業省の前身）と米国クアルコム社との間に，CDMA合弁に関して交渉（中国側49％，クアルコム社51％の合弁事業，またクアルコム社が中国の5つの省でCDMA実験ネットワーク建設の内容）	交渉決裂 （主な原因はCDMA知的財産権に関する対立，特にロイヤルティ率の問題） 中国は欧州GSM方式導入 **中国電気通信市場で，アメリカン・スタンダードは失敗**
1995	中国は独自でCDMAを開発，郵電部は移動通信研究開発中心を設立（郵電科学技術研究院と北京郵電大学など参加，中国政府が7000万元出資）	CDMA研究開発プロジェクトは中国のハイテク発展計画（863計画）の重点項目と指定される
1997	郵電部と中国人民解放軍と共同でCDMAビジネスに参入，長城電信公司を合弁 北京で，中国最初のCDMAネットワークが開通，上海，西安，広州もCDMAサービス	モトローラ，ルーセント，ノーテルは4地域にCDMA設備を提供
1998	クリントン大統領訪中，CDMAの導入を中国政府に要請	

第7章　知識生産の競争：米国の知的財産権 vs 中国の国際標準規格　　　233

1999	4月,「米中電気通信ハイレベル会議」(広州)で開催,ティリー米商務長官をはじめ,米国務省,連邦通信委員会の高官,米電気通信メーカ30社のトップが参加 「米中CDMA移動通信協力協定」を締結 6月,中国連合通信はCDMAの営業権,ネットワークの建設権を獲得, 12月,中国連合通信は70億ドルのCDMAネットワーク建設計画を発表(その後,計画中止)	中国電信,広東移動通信と米国ベンダーとの間には,それぞれCDMA設備の供給契約を締結(総金額は6億ドル) 朱鎔基総理訪米,モトローラ本社訪問 11月,中国WTO加盟に関する米中交渉が妥結,中国は電子通信市場の開放を約束
2000	1月,中国普天信息産業集団は863計画の重点項目である「CDMA移動通信基地局システム技術研究開発」を完成 2月,中国連通とクアルコム社との間に「CDMA知的財産権の枠協定」を締結 5月,中国情報産業省主催で,CDMA基地局核心技術研究開発の入札を実施(大唐電信,華為,中興,普天信息産業集団が落札) 6月,中興通信・大唐通信・華為・東方通信・首都通信・海信・浪潮集団・上海羅頓科技の8社はクアルコム社とCDMA研究開発協議書を締結 中国連通は長城電信とそのCDMA事業を吸収 6月,中国電気通信国際展示会(上海)で,中興,大唐電信が独自で開発したCDMAシステムと携帯電話を展示 8月,CDMA計画進行中と中国連通が表明 12月,中国情報産業省とクアルコム社とはCDMA技術覚え書を締結 クアルコム社は通常のロイヤルティ率を「カット」し,中国国有企業による生産の携帯電話の売上に対し2.6%,設備の売上に1%のロイヤルティ率しか取らないと約束	2月,中国連合通信とクアルコム社とのビジネス交渉で,クアルコム社がロイヤルティ率の問題で譲歩 中国情報産業省はさらに,CDMAシステムと端末用のチップに関する知的財産権で,技術移転を要請,クアルコム社が拒否 中国がCDMA計画中止の噂,クアルコム社の株が70%下落 中国WTO加盟に関するEU―中国交渉が妥結 米国下院は中国貿易法案を採決 ITUは中国が独自に開発されたTD-SCDMAを第3世代移動通信の国際標準規格と認定 米国上院はPNTR法案を採決,クリントン大統領はPNTR法案を署名 10月朱鎔基総理はクアルコムのCEOと会見
2001	1月,クアルコム社は中国におけるCDMAチップの直接販売,ONE-SET基地局設備のテストソリューションの提供,中国でCDMAチップを生産する能力の強化のため,2.6億ドルの投資を決定 3月28日,中国国家計画委員会と情報産業省の主導で,中国連通のCDMAネットワークプロジェクト第1期のシステム設備入札が実施,4月26日,入札結果の発表が予定 4月26日,予定された入札結果の発表が行われず5月9日,国家主席江沢民は香港フォーチュングローバルフォーラムの公開討論で,「CDMAが中国に役立つ」と発言	4月1日,米中軍用機衝突事件 4月11日,米国側が中国外務省に「very sorry」の外交文書を送り,その後,中国側がすぐ中国に着陸した米軍用機の乗員を米国に送還 5月9日,米国元大統領クリントンが香港フォーチュングローバルフォーラムに出席し,江沢民国家主席と会談 5月9日,クアルコム社CEOが香港フォーチュングローバル

| ・5月15日,中国はCDMA方式を採用して全国をカバーする新しい移動体通信ネットワークを構築する巨大プロジェクトを正式にスタートし,ルーセント・テクノロジー,モトローラ,ノーテルをはじめとして12社のベンダーが総額121億人民元にのぼる第1期の設備購入契約を獲得 | フォーラムの公開討論に参加
・6月9日,米中両国は,中国のWTO加盟をめぐる多国間交渉について米中間で残った懸案について全面的な合意に達したと発表
12月,中国はWTOに正式加盟 |

資料:筆者作成.

3. 市場再分割の契機と「巨・大・中・華」からの挑戦

(1) 新しい競争ゲーム

2001年5月15日,中国がクアルコム社のCDMA方式を正式に採用する象徴的な出来事として,「中国連通」の子会社「中国新時空移動通信発展有限公司」はルーセント・テクノロジー,モトローラ,ノーテルといった北米ベンダーをはじめとする12社のベンダーとの間で総額121億人民元にのぼる,CDMAネットワークプロジェクト第1期の設備購入契約を締結した。これにより,クアルコム社の8年間にわたる中国市場参入の努力はやっと具体的な進展をみることになった。しかし,米国ワシントンDCに本社を置くコンサルティング会社「政策ビジョン」の創立者アロン・スオウジーはこう分析している。「このゲームはまだ終わっていない。システムのオペレーションが正式にスタートして,はじめて終わることになる」。「政策ビジョン」は複雑な政治環境のなかで,最大の成功を獲得するため,企業がいかに行動すればよいかについてアドバイスを提供する会社として有名なのである。確かに,「政策ビジョン」に指摘されたように,中国全土をカバーするCDMAネットワークが正式に開通する2002年まで,クアルコム社が参加している「ゲーム」が終わるはずもない。

一方,2001年5月15日,CDMAネットワークプロジェクト第1期の設備購入契約の締結を契機に,中国移動体通信市場をめぐるグローバル競争で,もう1つの新しいゲームが始まったことは間違いない。この新しいゲームで,中国はCDMA方式の「北米プレーヤ」を,GSM方式の「欧州プレーヤ」に制覇されて

第7章　知識生産の競争：米国の知的財産権 vs 中国の国際標準規格　　235

いる市場に呼んで来て，また「国有企業軍団」に「正式なプレーヤ」として最初から競争ゲームに参加するチャンスを与えることができた。GSM 方式に主導されている中国の第2世代移動体通信市場で，「国有企業軍団」はプレーヤになることができず，せいぜい「脇役」にすぎなかった。

　2001年3月に実施された CDMA ネットワークプロジェクト第1期の設備入札では，北米ベンダーのルーセント・テクノロジー，モトローラ，ノーテル，欧州ベンダーのエリクソン，韓国ベンダーの三星，国有企業軍団の大唐，中興，華為，金鵬，首都通信，東方通信など 12 社が入札募集に参加した。その結果，北米ベンダーは第1期の設備購入契約の8割を獲得して最大の勝者となった。特にルーセント・テクノロジーとモトローラは4億ドルの受注契約をそれぞれ勝ち取り，ノーテルも2億8,000万ドルの受注契約をとった。ここで，特に指摘したいことはルーセント・テクノロジー，モトローラといった北米ベンダーが 1994 年，中国が GSM 方式を導入して第1世代の移動体通信を第2世代に進化させた時の最大の敗者であったということである。

　北米ベンダーの勝利は，GSM 方式の欧州ベンダーに制覇されている市場に新しい競争勢力を取り入れる中国政府の戦略によるものであり，中国の WTO 加盟に関する多国間交渉の合意を促すための1つの「材料」でもある。2001 年5月までに，中国の加盟に関する2国間交渉がまとまったが，最後に残された多国間交渉が難航し，特に中国と米国との間で農業補助金の上限などをめぐって対立している。アメリカン・スタンダートである CDMA 方式の導入は WTO 加盟に関する多国間交渉と無関係とはいえない。5月 15 日，中国側は CDMA ネットワークプロジェクト第1期の設備入札の結果を発表した時，特に米国との経済貿易関係を重視する意向を強調した。数週間後の6月9日，中国対外経済貿易省石広生大臣と米通商代表部ゼーリック代表との会談が行われた。その後，米中両国は，中国の WTO 加盟をめぐる多国間交渉について米中間で残った懸案について全面的な合意に達したと発表した。米ゼーリック代表は米中「合意はわれわれと他の加盟国が，年内の中国の加盟を実現させるために行う努力に寄与することになる」と述べた。

　このように，CDMA 方式の導入とシステム設備入札の結果は単にビジネス上

の判断によるものではなく，政治的判断によるものであるといってもよい。韓国の三星電子は韓国政府の全面的なバックアップで，今回のCDMAシステム設備の入札で1億5,000万ドルの受注契約を獲得した。中国市場に新しい競争勢力を取り入れるため，朱鎔基総理はCDMA方式の導入に関して，韓国ベンダーの中国移動体通信市場への積極的な参入を呼びかけた。また，韓国ベンダーの受注活動を成功させるため，韓国政府は大統領特使を中国に2回派遣し中国政府に働きかけた。三星電子を代表とする韓国ベンダーは数年後，中国CDMAの設備市場で15%のシェア，携帯端末市場で30%のシェアを獲得する目標をかかげている。これと対照的なのは日本勢力である。ソニー，松下，NECなど日本ベンダーも今回の入札募集に参加したといわれているが，結果的に受注と無縁であった。これは，同年4月に，日本の中国ネギなどの農産物に対するセーフガードの発動により冷却化した日中経済関係の結果の1つであるかもしれない。

(2) 移動体通信産業の国産化政策と「巨・大・中・華」の真価

前述したように，CDMA方式の導入を契機に自国の移動体通信産業をさらに大きく発展させることは，中国の最大の狙いである。国有企業軍団の代表といわれる中興通信は独自の知的財産権により，CDMAネットワークプロジェクト第1期の設備入札募集で，10の省に110万人容量のシステム設備を供給する契約を獲得した。これは今回の設備入札で最大の勝者となった北米ベンダーの受注額と比べものにはならないが，その意義は実に大きいわけである。

いままで，世界一の市場に急成長してきた中国の移動体通信市場は欧米ベンダーだけの競争の場であった。GSM方式が中国に導入された初期から，欧州ベンダーは「囲い込み」の手法で中国各地の移動体通信市場を速いスピードで分割，占領し，最初に参入した地域市場で独自の「Aインターフェース」を採用して他社の参入をできなくしている。したがって，GSM方式の標準規格が「オープン」とはいえ，システム開発と生産で成長をみせた中国の国有企業は欧州ベンダーに分割，占領されている市場になかなか参入できなかったのである。このため中国は通信市場の大国となっているが，通信産業の大国とはなっていない。中

第7章　知識生産の競争：米国の知的財産権 vs 中国の国際標準規格　　　237

国はこの局面を変え，自国の通信産業を育成するため，「市場をもって，技術と交換する」，「市場の拡大によって通信産業の発展を促進する」国家戦略を打ち出し，「巨・大・中・華（巨龍通信集団，大唐電信集団，中興通信集団，華為集団4大国有ベンダーの略）」を代表とする国有企業を支援してきた。

　例えば，1999年，中国国務院は「わが国の移動体通信産業の発展に関するいくつかの意見」という政策文書を作成し，99年から2003年までの5年間に，毎年，電話の新規加入契約料金から5％の資金を吸い上げて「移動体通信製品研究開発の特別資金」にあてることを決め，独自の知的財産権をもつ移動体通信製品の研究開発を資金の面から支援する制度を創り出した。この「特別資金」の支援により，中国の移動体通信産業は大きな発展を遂げ，GSM方式の移動交換機，基地局と携帯端末の3つの重要分野で国産品の市場シェアが1998年の「ゼロ」から2000年の5～10％と伸び，いわゆる「ゼロ記録の打破」を実現した。これにより，ノキア，エリクソン，モトローラといった「ビッグ3」の市場シェアが90％から72％まで低下した。特に強調したいのは，国有企業軍団の「ゼロ記録の打破」により，「ビッグ3」が低コスト競争の圧力を受け，製品価格の引下げを余儀なくされ，市場価格が低下していき，その結果，中国の電気通信事業者が200億人民元の設備調達資金を節約することができたということである。

　市場と産業との関係から移動体通信産業の発展をみると，中国が欧米先進諸国とまったく違う道をたどっていることがわかる。欧米先進諸国は先端産業を基盤として，研究開発による新しい技術・製品で新しい市場を開拓して消費者に多様なサービスを絶えず提供してゆく。これに対して，先端産業の基盤が弱い中国は，新しい市場の拡大から移動体通信産業を発展するチャンスを掴んで，すなわち，市場の拡大により産業の発展を促す道をたどっている。ここでいう新しい市場は，欧米ベンダーによって開拓されるものである。しかし，欧米ベンダーによる新しい市場の開拓は中国の消費者にハイレベルかつ多様なサービスをもたらしただけでなく，新しい技術の中国における浸透と普及という効果ももたらしている。もちろん，欧米ベンダーは慈善団体ではなく，新しい技術を中国に簡単に提供するわけではない。そこで，中国は「市場をもって，技術と交換する」国産化政策を実施し，新しい技術の中国への移転を欧米ベンダーに市場を開放する条件として

いる。これと同様に，中国政府は独自の知的財産権を有するように，「産官学」の体制で国内の移動体通信に関する研究開発を推進し，先端産業を育成している（図1）。

中国の移動体通信産業分野における国産化政策は欧米ベンダーに対する「封じ込め」と国有企業に対する強力なバックアップの「両面作戦」から構成されている。まず，欧米ベンダーに対し，移動体通信分野への新規投資を制限し，欧米ベンダーの中国現地企業の設備や携帯端末の生産拡大などを厳しく統制する。あるいは，中国への技術移転，研究開発センターの設置，中国における部品などの現地調達率の向上を欧米ベンダーに強く要請する。次に，自国の移動体通信産業を育成するため，50億人民元の移動体通信産業特別ファンドの設立，特別国債の移動体通信産業への配分など，資金の面から移動体通信産業の育成を支援し，「官主導」で10数社の国有企業から構成される4つの携帯電話研究開発連盟を形成して国産の携帯電話の研究開発を加速させている。国有企業軍団の移動体通信市場における「ゼロ記録の打破」はこの国産化政策を実施した成果の1つである。「巨・大・中・華」が中国におけるCDMA方式の導入および第3世代移動通信への「世代進化」に伴うビッグ・チャンスをねらって，新しい市場目標を取り上げ

図1　市場と先端産業との関係：中国と欧米との比較

(a) 欧米の先端産業と新市場開拓のモデル

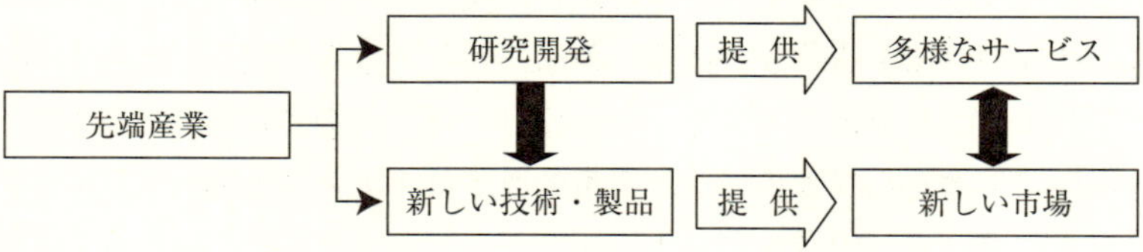

先端産業 → 研究開発 →(提供)→ 多様なサービス
　　　　 → 新しい技術・製品 →(提供)→ 新しい市場

(b) 中国の市場拡大・産業発展モデル

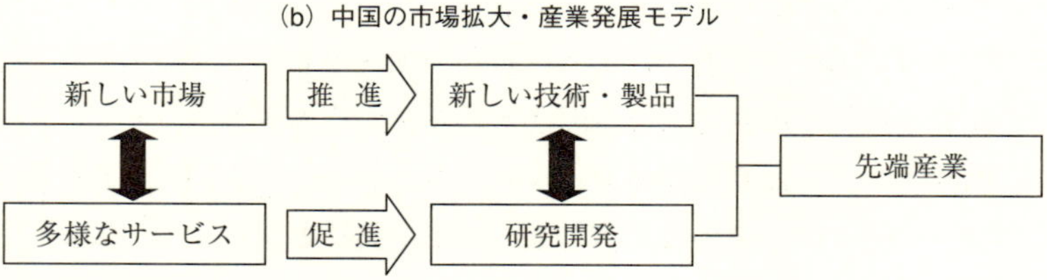

新しい市場 →(推進)→ 新しい技術・製品
多様なサービス →(促進)→ 研究開発 → 先端産業

資料：筆者作成.

ている。

　実際には，中国は1994年に，欧州のGSM方式を導入することを決定したが，米国のCDMA方式を放棄することはしなかった。翌年の95年に，中国政府は7,000万人民元を投資して「産・官・学」一体によるCDMA技術の研究開発組織を発足させ，CDMA技術の研究開発を中国の「863計画（中国ハイテク発展計画）」の重大プロジェクトと指定してその研究開発を推進し始めた。また，97年には，人民解放軍も出資する「長城電信」が設立され，北京，上海，西安，広州の4都市でCDMAネットワークの構築を進め，運営のノウハウを蓄積してきた。一般的に言えば，CDMA方式とその市場をめぐる競争には，3つの勢力が存在している。まず1つはCDMA方式の知的財産権と専用チップの専売権を握っているクアルコム社である。もう1つはCDMAの産業標準規格の決定者でもあるルーセント・テクノロジー，モトローラ，ノーテル，エリクソン，三星といったCDMAシステム設備のベンダーである。最後の1つの勢力は，モトローラ，ルーセント・テクノロジー，シーメンス，ノキア，韓国と日本の一部の企業から構成されているCDMA方式の携帯電話ベンダーである。中国の戦略はできるだけ低いコストでクアルコム社からCDMAシステムと携帯電話の生産・販売許可を獲得し，これと同時にCDMA方式のシステムと携帯電話に関する研究開発を強力に推進し，産業化の能力を向上させることである。

　「官主導」のCDMA技術の「産・官・学」体制を基礎として，「巨・大・中・華」を代表とする国有企業軍団は数年間の時間をかけて，CDMA方式のシステムと携帯電話の研究開発と産業化に努めていた。2000年，中国連通がCDMAネットワークの建設構想を発表した時点で，「863計画」の重大プロジェクトとして推進されている中国のCDMA技術の研究開発もある程度の成果を上げることができていた。同年6月，上海で開催された「電気通信国際展示会2000」で，大唐，中興などの国有企業ベンダーは独自で開発に成功したCDMAシステムと携帯電話を発表した。「巨・大・中・華」のうち，中国国家重点ハイテク企業である中興通信集団はCDMA技術の研究開発で，先頭に立っている。1999年，同社の年間売上高は50億人民元で，年間伸び率が100%，売上高に占める研究開発費の比率は14%に達している。中興通信集団は10の研究開発センタを有し，

そのなかの2つが米国のシリコンバレーとニュージャージー州に設置されている。人的資源の面からみると，同社の潜在的可能性が高いことがわかる。現在，8,000人の従業員の平均年齢27歳で，しかも80%の従業員が大卒であり，修士・博士号学位をもつものは2,400人に達している。中興通信集団はまた，独自の知的財産権のある移動体通信製品の研究開発で，中国移動体通信「特別資金」から最も大きな支援を受けている国有企業であり，GSM技術とCDMA技術で数10項目の特許を取得している企業でもある。同社は95年から5億ドル以上の資金をかけてCDMA方式の技術と製品を研究，開発し，クアルコム社からCDMA方式の設備と携帯端末を生産，販売する許可を取得する最初の国有企業となった。中興通信を代表とする国有企業軍団はCDMA方式の導入という市場再分割の機会を掴んで欧米ベンダーとの激しい競争で勝てるのか，その真価が問われている。

4. 中国初の国際標準規格と第3世代移動体通信市場の主導権争い

(1) 模倣から技術イノベーションへ

2000年6月，世界の電気通信業界にインパクトを与えたニュースが中国の移動体通信産業を興奮させた。ITU（国際電気通信連盟）は中国が独自に開発した第3世代移動体通信（3G）の標準規格であるTD-SCDMA (Time Division-Synchronize Code Division Multiple Address) を，欧州のWCDMA，米国のcdma 2000とともに第3世代移動通信の3つの国際標準規格と定めたのである（**表2**）。電気通信の国際標準規格はいつも「欧米主導の世界」といわれているなかで，中国の電気通信標準規格が国際標準規格として認められることは実に意義が大きい。これは中国の移動体通信産業が「模倣」の段階から「技術イノベーション」の段階に前進していることの象徴であり，中国が次世代の移動体通信発展を迎え，産業と市場の2つの分野で主導権を握る第一歩でもある。

第7章　知識生産の競争：米国の知的財産権vs中国の国際標準規格

表2　ITUが定めた3つの第3世代移動通信国際標準規格

国際標準規格の名称	開発機関 （主な支持者）	特　徴
WCDMA	欧州電信研究所 （欧州と日本のベンダー）	GSM方式の延長 無線通信に優れる 高速データ通信に優れる 固定電話に対応
cdma 2000	クアルコム （北米ベンダー）	技術の成熟性 高速データ通信に優れる ネットサーフィンに適する CDMA 1 S-95 を基礎
TD-SCDMA	中国電信科学技術研究院 （シーメンス）	GSM方式の延長 周波数帯の利用率が高い 現行のGSMインフラの最大限の活用（互換性良い） システム容量が大きく，かつコストが低い 技術の成熟性が低い

資料：筆者作成．

　第1世代（アナログ式）と第2世代（デジタル式）の移動体通信が発展する際，技術イノベーション力も産業基盤も未熟だった中国国有企業は自国の移動体通信市場に参入するチャンスを失ってしまった．中国は第1世代と第2世代の移動体通信を離陸させるために，欧米に特許料，技術使用料などを含め，100億ドル以上の知的財産権の使用料を支払ったという．欧米ベンダーから市場の主導権を奪還するため，中国は「現在，もっているもの」，やむを得ず「放棄するもの」，これから「獲得したいもの」という3点から，産業発展の戦略を考えた．すなわち，欧米ベンダーに中国の第1世代と第2世代の移動通信市場を開放し，その代わりに技術移転を引き出す．また，第3世代の移動体通信技術と製品の自主研究と開発に力を入れ，独自の知的財産権のある先端技術を獲得し産業基盤を確立する．そして「世代進化」の時機をねらって，第3世代の移動通信市場での主導権を獲得することである（図2）．

　中国は第2世代移動体通信のGSM方式を導入した翌年，1995年から，次世代移動体通信技術の研究を準備し始めた．同年，「中国電気通信科学技術研究院」

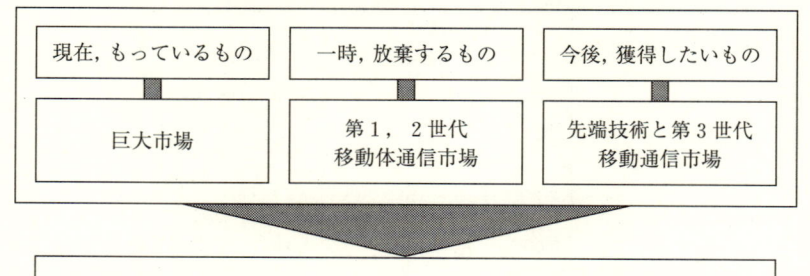

図2 中国の移動通信産業の発展戦略：第3世代移動通信市場で決勝

現在，もっているもの	一時，放棄するもの	今後，獲得したいもの
巨大市場	第1，2世代移動体通信市場	先端技術と第3世代移動通信市場

模倣からイノベーションへ：独自の知的財産権とハイテク産業基盤

資料：筆者作成．

は米国シリコンバレーから2人の華人通信専門家を迎え，スマートアンテナ技術を導入した．96年には，同技術研究院を中心に中国の次世代移動通信技術の研究が正式にスタートすることになった．中国の第2世代移動体通信市場への参入で遅れた欧州ベンダー，シーメンスはやはり中国の次世代の移動体通信市場に注目し，同社の華人通信専門家を中国電気通信科学技術研究院に派遣して中国側との共同研究を推進していた．

中国は次世代移動体通信市場で主導権を獲得するため，「欧米主導の世界」といわれる電気通信の国際標準規格の決定に参加することが最善の途と考えた．したがって，97年に，中国は「3G評価協調チーム」を結成し，次世代移動通信の国際標準規格に関する独自の案づくりに着手し，翌年の98年には，第3世代移動通信の標準規格となるTD-SCDMA方式の研究開発に力を入れ，同方式をITUに提出した．

1998年11月に，国家計画委員会と情報産業省の主導で，中国「863計画・重大産業化プロジェクト」として，産官学一体となる「中国第3世代移動体通信システム総合チーム」が設立された．このチームの主導で，第3世代移動体通信技術に関する研究開発が加速されると同時に，産業化とビジネス運営の構想も確定された．中国の3G構想は2000年までに，3G技術を開発し，01年に，技術の産業化を推進しはじめ，02年から第3世代移動体通信サービスの開始を準備する．この構想を実現するため，1999年3月，中国科学技術省，情報産業省，国

家計画委員会，中国移動，中国連通から構成される「第3世代移動体通信プロジェクト指導チーム」が設立され，また同年6月，「863計画・産業化基地」に指定された大唐電信集団を中核に，国有企業9社が「中国3G技術研究開発知的財産権連盟」を結成した。そして，同年11月に，ITUは「IMT 2000提案」で中国に提出されたTD-SCDMA方式を3G技術に関する5つの国際標準規格案の1つと指定したのである。

2000年に入ると，移動通信の「世代進化」に関する論議が盛んとなり，欧州は第3世代移動通信サービスのライセンスを競売することで，電気通信業界の注目を集め，また，欧米ベンダーが新市場の争いに備え，第3世代移動通信システムと携帯電話の新製品を次々と発表した。3月，中国「3G指導チーム」のリーダー，45歳の東南大学教授優哨虎は「第3世代移動体通信システム・携帯端末の研究開発とインフラの整備を推進するため，中国は今後5年間に，100億人民元を投資する」，また「中国は3G技術の研究開発において，欧米よりは遅れているが，日本や韓国との技術格差はあまりない」と述べ，欧米勢力に挑戦する意向を示した。

ITUのTD-SCDMA方式の国際標準規格採用は中国の3G技術研究とその産業化を大きく刺激することになった（表3）。6月5日の『アジアウォール街報』は国際標準規格となったTD-SCDMA方式を「中国のゴールド・ダック」と喩えた。中国が第3世代移動体通信市場で独自の知的財産権をもつTD-SCDMA方式を採用すれば，市場の主導権を握り，国有企業軍団に成長のチャンスを与えるだけではなく，欧米に知的所有権使用料を支払う必要がなくなり，ネットワーク建設で膨大な資金を節約できる。また欧米ベンダーが中国の第3世代移動体通信市場に参入しようとすれば，TD-SCDMAという国際標準規格を採用しなければならないし，中国に知的財産権の使用料を支払わなければならないということになる。ちなみに，第3世代移動体通信の成長において，独自の知的財産権をもっていない韓国はWCDMA方式の設備と携帯端末の生産許可を取得するため，世界中の200の会社に特許使用料を払い，これらの費用はWCDMA方式の設備と携帯端末の売上高の18％に達するといわれている。

表3 中国3G戦略：TD-SCDMA方式研究開発の経緯

時期 (年)	中国の第3世代移動通信発展の経緯	関連事項
1995	中国電信科学技術院は米シリコンバレーから2人の華人通信専門家と無線通信のアンテナ技術を導入	—
96	中国電信科学技術院を中心に次世代移動通信研究開発を推進 シーメンスが協力意向を表明（同社が華人通信専門家を中国に派遣，共同研究を開始）	—
97	次世代移動通信国際標準の中国独自の案を準備（3G評価協調チームを結成）	—
98	第3世代移動通信国際標準として，中国がITUに対し，独自で開発したTD-SCDMA方式を提出	—
99	1月，情報産業省・国家計画委員会の指示で，「第3世代移動通信システム総合チーム」が結成（産官学チーム，経費は3億元）3G研究開発の目標明確化 ①2000年前，3つの国際標準を研究開発 ②2001～02年，技術の産業化を推進 ③2002年から3Gビジネスの全面的展開へ 6月，「中国3Gシステム研究開発知的財産権連盟」を結成（大唐など国有企業9社中心）	ITUは中国が独自に開発したTD-SCDMA方式を5つの国際標準規格の提案の1つと指定
2000	今後5年間，100億人民元を投入して3Gシステムと端末の研究開発，インフラ整備を促進すると，指導チームが表明 6月，ITUは中国が開発されたTD-SCDMA方式を第3世代移動通信国際標準と認可 シーメンスは今後数年間，10億ドルを投じて中国の移動通信，特にTD-SCDMA事業を推進し，2002年以降の中国第3世代移動通信市場の30%シェアを獲得する目標を示す ノキアは大唐電信との間に，TD-SCDMAの携帯電話を共同で開発することを発表 エリクソンはTD-SCDMA研究開発センターを設立すると発表 8月，「中国TD-SCDMA連盟」が発足（中国移動通信，連合通信，大唐電信，華為，モトローラなどは発案者） 12月，TD-SCDMA技術フォーラムが設立（シーメンス，モトローラ，Nortel，クアルコムも参加）	欧米ベンダーはITUによる中国方式審議を反対 中国はITUが中国の方式を認可しなくでも，TD-SCDMA方式で第3世代移動通信を発展すると表明 欧州側が軟化 欧米ベンダーは一転して，中国方式を支持し，同方式の共同研究開発に参加
01	3月，米国カリフォルニア州で開催された「3GPP TSG RAN第11回会議」がTD-SCDMA標準のすべての技術方案を受け入れることを決定 4月，TD-SCDMAシステムの開通テストが成功 5月，1億ドルの「中国3G電気通信ファンド」が北京で設立（アメリカ「中経合集団」と大唐通信が発案者）	中国は3G方式採用の決定時期を2002年に延期すると表明

資料：筆者作成．

(2) 中国の国際標準規格と「代替リスク」

　移動体通信が第1世代から第2世代に進化した際，中国によるGSM方式の採用はGSM方式と欧州ベンダーが世界市場制覇を実現した決定的な要因の1つであるといっても過言ではない。移動体通信が第2世代から第3世代に進化していく過程で，中国初の国際標準規格の登場と中国の選択が第3世代移動体通信の世界市場における勢力地図の形成に無視できない影響を与えることは間違いない。第3世代移動通信の世界市場の規模は1兆ドルにも達すると予想されている。したがって，欧州のWCDMA，米国のcdma 2000，中国のTD-SCDMAという3つの国際標準規格から形成されている「三者鼎立」の局面で，どういう国際標準規格を選ぶか，これは単にビジネス上の判断によるものだけではなく，政治上の判断によるものとなるであろう。

　実際には，電気通信の国際標準規格の決定自体は単なる技術レベルではなく，国際政治レベルの問題でもある。ITUが第3世代移動体通信の国際標準規格を決定する前，EUの委員長フロディーと米国大統領クリントンはITUに親書をそれぞれ送って「政治的」圧力をかけた。また，欧州と米国は「国際標準規格のクラブ」から中国を排除するため，「技術の成熟性が欠けている」ことを理由に，ITUの場で，中国に提出されたTD-SCDMA方式を討議することさえ反対していた。これに対し，巨大市場をもつ中国は，ITUが中国の方式を認めなくても，中国は第3世代移動体通信でTD-SCDMA方式を採用すると反発し，中国移動体通信市場で優位を確立した欧州がまず態度を軟化させた。そしてITUが中国のTD-SCDMA方式を第3世代移動通信の国際標準規格と定めた2000年6月以降，欧米の「傲慢な」ベンダーは姿勢を一転してTD-SCDMA方式の研究開発を支持，あるいは支援する行動をとることになった。

　2005年まで，中国の第3世代移動体通信市場の規模は200億ドルに達すると予測されている。米国IT専門の市場調査会社Raskervilleは「グローバル移動体通信マーケット予測」で，2006年に，中国の3G市場は世界1の規模に達すると予測している。IDCも2002年から中国の第3世代移動体通信システムの容量

とユーザ数はともに爆発的に伸びていくと分析している。

2000年12月12日，中国移動，中国連通，中国電信という3大電気通信事業者，大唐電信，華為の国有企業2社，モトローラ，ノーテル，シーメンスの欧米ベンダー3社，合わせて8社が発起者となり「中国TD-SCDMA技術フォーラム」が設立された。この技術フォーラムはTD-SCDMA技術の発展を促進し，世界的な規模で電気通信事業者，設備ベンダー，研究機関，標準化組織などにTD-SCDMA技術の交流と共同研究のためのプラットフォームを提供することを主要な目的としている。TD-SCDMA技術の主要な推進者として，同フォーラムの理事会は大唐通信，中興通信，華為，UT star.comといった国有企業と留学生ベンチャー企業を中核に構成され，欧州のアルカテル，シーメンス，北米のモトローラ，クアルコム，ノーテルもメンバーとなっている。TD-SCDMA技術フォーラムが設立されてから数ヵ月間の間に，会員メンバーは一気に200社を超え，電気通信分野における中国初の国際標準規格への世界的関心がいかに高いかを物語っている。

現在，国内外のベンダーにとって，最も重要なのは中国が3つの3G国際標準規格のうち，どれを最終的に採用するかということである。中国が自国が知的財産権を所有しているTD-SCDMA方式を採用せずに，欧州のWCDMA方式，あるいは米国のcdma 2000方式を採用することはまずはないであろうと，欧米ベンダーが判断しており，TD-SCDMA方式の研究開発とその産業化に「協力的な」姿勢を示し，第3世代移動体通信への進化に伴う「代替リスク」をできるだけ回避しようとしている。

例えば，モトローラ，ノーテル，クアルコムといったcdma 2000方式の支持者がTD-SCDMA技術の推進者となっているが，これは真に中国初の国際標準規格を支持しているわけではなく，来るべき「代替リスク」を回避しようとするものである。同じように，WCDMA方式の盟主ともいえるノキア，エリクソンもTD-SCDMA方式の研究開発に急いで着手している。ノキアは大唐電信集団と手を組んでTD-SCDMA方式の携帯電話を共同で開発し，エリクソンはTD-SCDMA技術研究開発センターをわざわざ設立した。

一方，GSM方式で中国市場における優位性を確保している欧州ベンダーは

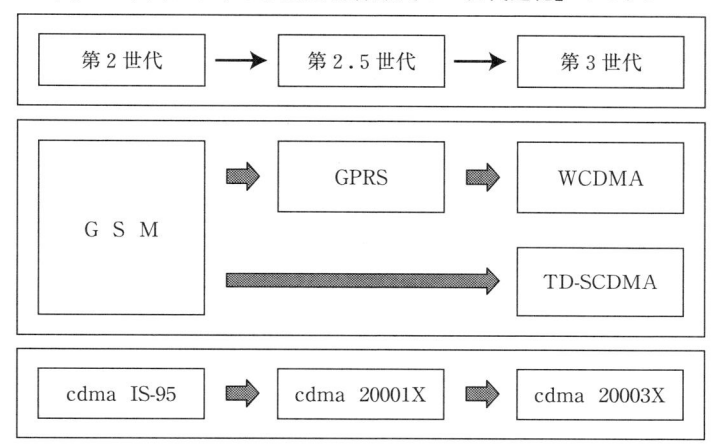

図3 中国における移動通信各方式の「世代進化」のモデル

```
┌─────────────────────────────────────────────────────┐
│  第2世代  →  第2.5世代  →  第3世代                    │
└─────────────────────────────────────────────────────┘

┌─────────────────────────────────────────────────────┐
│              →  GPRS   →  WCDMA                      │
│   GSM                                                │
│              ────────→    TD-SCDMA                   │
└─────────────────────────────────────────────────────┘

┌─────────────────────────────────────────────────────┐
│  cdma IS-95  →  cdma 20001X  →  cdma 20003X          │
└─────────────────────────────────────────────────────┘
```

資料：筆者作成．

WCDMA方式の中国における展開の可能性も十分あると考えているようである。「行動こそチャンスをつかむ」という哲学を信奉しているノキア，エリクソンなど欧州ベンダーは2000年に，中国の主要地域で第2世代GSMシステムから第3世代のWCDMAシステムへ進化していく2.5世代のシステムであるGPRSシステムをいち早く展開して，行動と現実をもって，中国の第3世代移動通信標準規格の採用に影響を与えようとしている。中国移動通信はWCDMA方式を採用して第3世代移動通信のネットワークを構築する意向をはっきりと表明している。他方，2001年からのCDMA方式の導入は米国のcdma 2000方式の中国における展開に希望をもたらしたようにみえる。

では，市場が国際標準規格を選ぶか，または国際標準規格が市場を左右するか，中国における移動体通信の世代進化をめぐる新しい競争ゲームは始まったばかりである（図3）。

(2) 中国3G市場の3大陣営と華人ネットワーク

2000年に，中国の3G市場をめぐる大競争に備え，TD-SCDMA，WCDMA，

CDMA 2000という3つの国際標準規格に代表される3大勢力は中国で「相互対峙」の3大陣営を形成した（**表4**）。

この3大陣営はいくつかの共通の特徴がある。まず1つは，各陣営の主体は中国情報産業省傘下の「中国電信科学技術研究院」，あるいは中国国家重点実験室が置かれている東南大学をそれぞれ中核として，大唐電信集団，東方通信集団といった有力な国有企業と中国移動や中国連通の電気通信事業者の連合から構成され，それに欧米ベンダーが加わっている。言い換えれば，中国の「産・学・研（企業，大学，研究機関）」は「官」の主導のもとに第3世代移動通信の研究開発を「全方位」で取り込んでいる。そして欧米ベンダーはこの「官」の主導する「産・学・研」の体制に取り込まれる立場にある。

次の特徴は，各陣営ともお互いに浸透し，「敵中有我，我中有敵（敵のなかにわが者がおり，わが陣営には敵がいる）」ということである。移動体通信市場が第2

表4　第3世代移動通信方式と中国の3陣営

	TD-SCDMA	WCDMA	CDMA 2000
開発機関	中国電信科学研究院	欧州電信研究所	クアルコム
支持母体	シーメンス	欧州・日本ベンダー	米国ベンダー
大学／研究機関	中国電信科学研究院 華南理工大学 重慶理工大学 広州移動通信研究所	中国電信科学研究院 国防科学技術大学 中国電子科技大学 東南大学	東南大学移動通信 国家重点実験室
中国メーカー	大唐通信 中興通信 華為 中国普天信息産業	波導集団南京研究所 中興通信 大唐通信	大唐通信 中興通信
キャリア	中国移動 中国聯通 中国鉄通 中国電信	中国移動	中国聯通
外国メーカー	シーメンス ノキア モトローラ クアルコム ノーテル 富士通	エリクソン ノキア NEC	クアルコム モトローラ ノーテル 三星 LG

資料：筆者作成．

第7章　知識生産の競争：米国の知的財産権 vs 中国の国際標準規格　　　　249

世代から第3世代へと「世代進化」する際，3つの3G国際標準規格のうち，中国は最終的にどの方式を採用するかまったく予想できないので，「代替リスク」に直面している欧米ベンダーは WCDMA 方式，あるいは cdma 2000 方式の中国における展開をそれぞれ準備している一方，中国の TD-SCDMA 方式を無視できず，前述したように，中国の国際標準規格に関する研究開発と産業化にも参加している。「世代進化」をチャンスと見て中国移動体通信市場の主導権を獲得しようとする国有企業軍団は TD-SCDMA 方式の研究開発を推進すると同時に，WCDMA 方式と cdma 2000 方式の中国における展開の可能性も否定できず，そのビジネスチャンスも放棄したくないので，この2つの方式に関する研究開発も行っている。中国は当初，2001年に3Gのどの方式を採用する決定を公表する予定であったが，現在，その決定の公表時期を 2002 年までに延ばし，TD-SCDMA 技術の産業化のために時間を稼ぎ，同時に巨大市場を武器に，欧米ベンダーに TD-SCDMA 技術の研究開発と産業化に協力させて，第3世代移動体通信市場で TD-SCDMA 技術の優位性を確立しようとしている。

　前述したように，電気通信分野における中国初の国際標準規格 TD-SCDMA 方式の研究は 1995 年に，「中国電気通信科学技術研究院」が米国シリコンバレーから2人の華人通信専門家を迎え，その無線通信のスマートアンテナ技術を導入したことからスタートし，シーメンスの華人通信専門家の協力で推進されてはじめて軌道に乗ったものである。言い換えれば，TD-SCDMA 方式の誕生は最初からシリコンバレー華人ネットワークと深い関係がある。2001 年 5 月，北京ハイテク産業国際週間で，シリコンバレーを本拠地とする華人系ベンチャーファンド「中経合集団」が資金の面から中国 3 G 産業の発展を支援するため，1億ドル規模の「中国 3 G 電気通信ファンド」を大唐通信と共同で提案して設立した。こうしてシリコンバレー華人ネットワークが技術の移転とベンチャーファンドのという両面から中国の第 3 世代移動体通信産業の発展を促進するようになっている。

　一方，台湾では，台湾工業技術研究院，台北市コンピュータ協会，台湾区電気電子協会，エイサー・コミュニケーション，インベンテック，大覇電子，広達電脳など業界団体や有力企業も TD-SCDMA 方式に興味を示し，「TD-SCDMA 技術フォーラム」に参加し，TD-SCDMA 技術の設備と携帯端末の共同研究について

大唐通信と提携しようとしている。華人ネットワークの強力な支援の下で，第3世代移動体通信市場で，中国の国際標準規格であるTD-SCDMA方式が欧州のWCDMAと米国のcdma 2000を凌駕することができるであろうか。

| 第8章 | 中国の国際競争力：製造力からイノベーション力へ |

China will likely be the center for both demand and supply of tech products（中国はハイテク製品の巨大市場となると同時に，ハイテク製品の供給者ともなる）。

ソロモン・スミス・バーニー社『China：A Rising IT Star』より

1. 巨大市場に牽引される世界3位の情報通信産業

　この数年間，中国の移動体通信市場は年平均80％の急拡大を見せている。これに伴って中国の通信産業も年平均50％以上の伸び率で成長している。2000年に，中国の情報通信産業は年平均32％で成長し，生産高が1兆人民元を超え，工業経済を牽引する最大の柱となっている。2001年4月，中国情報産業省は企業の経営利益と純利益に基づいて全国の情報通信産業の企業を評価し，「中国第15回電子情報分野100強（トップ100ランキング）」を公表した。「巨・大・中・華」を代表とする通信関連の企業は「電子情報分野100強」の3割強を占め，情報通信産業全体を牽引していることがわかった。

　これからの5年間に，情報通信産業は中国のリーディング産業として，年平均20％の伸び率で成長していくと予想される。言い換えれば，中国のGDP伸び率（年平均7％）の3倍の速度で成長していくということである。中国の情報通信産業の生産高は，1980年にはわずか100億人民元であったのに対し，2000年には1兆人民元に達し，20年間で100倍にも拡大してきた。しかも今後，中国の情報通信産業は5年ごとに倍増し，05年には2.5兆人民元，10年には5兆人民元に

表1　中国情報産業生産高の推移と予測 (1980〜2010年)

時　　期	1980年	2000年	2005年	2010年
情報産業生産高(元)	100億	1兆	2.5兆	5兆
情報製品の輸出額(ドル)	—	550億	1,000億	1,500億

資料：中国情報産業省データより作成．

達すると予測されている (**表1**)。中国情報産業省の「10・5計画 (2001〜05年)」によると，05年には，情報通信産業の GDP に占める割合は7%となる。

まず電気通信分野では，電気通信業者の営業利益が年平均23%の伸び率で成長し，2005年に1兆人民元に達し，固定電話設備の容量が2億8,000万回線で，移動体通信交換設備容量が3億6,000万人のユーザに対応でき，電話の普及率は40%に達する。現在，情報インフラの面では，中国は先進諸国と比べて，整備が相当に遅れている。しかしこれを逆手にとって一気に最先端の情報インフラを構築することが可能となる。例えば，ブロードバンド分野で，中国は米国より進んだ技術を活用してネットワークを構築している。05年には，中国の光ファイバーネットワークの総延長は250万 km，ブロードバンドユーザが800万戸に達すると予測されている。

次に，情報産業分野では，2001〜05年の5年間で，5,000億ドルにのぼる投資が計画されており，05年には携帯電話の生産台数は1億台，パソコン生産台数が1,800万台，集積回路の生産量が200億個，電子部品の生産量が5,000億個，ソフトウェア売上高が2,500億人民元に達すると計画されている。

中国情報産業省の「10・5計画 (2001〜05年)」が実現される場合，米国の投資銀行ソロモン・スミス・バーニーが分析しているように，中国は世界の「ハイテク製品の巨大市場となると同時に，ハイテク製品の供給者ともなる」。実際には，2000年には，中国はすでに世界の情報産業基地といわれる台湾を抜いて世界第3位の IT・ハードウェアの生産国となり，世界のハイテク製品の供給者として頭角を現している (**表2**)。中国のパソコン生産の世界のパソコン生産に占める比率は1996年の16.8%から2000年の36%に上昇しており，これから IT・ハードウェアの生産で，中国が日本を追い抜いて世界2位に躍り出すのは時間の問題であると考えられる。

表2 2000年,世界主要国・地域のITハードウェア産業の生産高ランキング

(単位:億ドル,%)

ランク	地域	ハードウェア産業の生産高		伸び率
		1999年	2000年	
1	米国	951.62	1034.41	8.7
2	日本	440.51	454.68	3.2
3	中国	184.55	255.35	38.4
4	台湾	210.23	232.09	10.4
5	ドイツ	132.85	138.77	4.5
6	イギリス	118.42	124.88	5.5
7	韓国	88.62	99.25	12
8	シンガポール	88.06	82.18	−0.1
9	メキシコ	75.06	81.46	7.4
10	マレーシア	75.36	80.84	7.3

資料:新華通信社11月24日記事より作成.

表3 2000年(1〜11月),中国輸出のIT製品「トップ5」

(単位:万ドル,%)

順位	品目	輸出金額	前年同期比
1	自動データ処理設備・部品	1,522,240	45.5
2	視聴と通信設備の部品	407,000	43.1
3	集積回路とモジュール	268,717	41.6
4	録音機と音響機器	258,233	23.6
5	移動通信設備	249,296	254.5

資料:中国対外貿易経済合作省・機電司の統計資料より作成.

　従来,中国から輸出される製品の主要品目といえば,繊維・服装や靴などの労働集約産業の製品が思い出されるが,現実には,ハイテク製品がすでに中国輸出品の主役となっている。例えば,2000年に,機械電子製品の輸出総額は初めて1,000億ドルを突破し,中国全輸出総額に占める割合が1995年の29%から43%までに上昇し,4年連続で繊維・服装を抜いて中国の最大の輸出品目となった。2005年には,機械電子製品の輸出総額が1,800億ドルに達すると予想されている。

　ここで,特に指摘すべきは2000年に「自動データ処理設備・部品」,「視聴機器と通信設備の部品」,「集積回路とモジュール」,「録音機と音響機器」,「移動通信設備」の5大品目が中国輸出のIT製品の「トップ5」となり,しかも移動体通信設備の輸出金額が前年比255%増を記録したことである(表3)。2000年に,

中国移動体通信産業の高成長を示す指標はこれだけでなく，最も重要のは従来，「欧米のクラブ」といわれる電気通信の国際標準規格の分野で，中国の第3世代移動体通信（3G）の標準規格 TD-SCDMA 方式が欧州の WCDMA 方式，米国の cdma 2000 方式と肩を並べ，3G の 3 つの国際標準規格となったことである。要するに，中国の移動体通信産業が欧米ベンダーの「下請け」として，単にグローバル企業のために安価な労働力を提供する時代から，独自の知的所有権を基礎に欧米ベンダーと競争できる時代を迎えている。国内の市場シェア，国際標準規格の 2 つの分野で，中国移動体通信産業の「ゼロ記録の打破」は，市場の拡大をもって産業の発展を促す戦略が功を奏した結果であり，鄧小平の「863 計画」とその実施にもたらした最大の成果でもあるといえる。

中国は，欧米ベンダーの市場競争に「場」を提供し，そのハイテク製品，新しいサービスの中国市場への導入を加速させることができる。中国市場を制覇するため，欧米ベンダーが欧米諸国とまったく同じの技術と製品のサイクルに従って，最先端のハイテク製品や新しいサービスを中国市場に導入している。これはまた中国市場のレベルアップとさらなる拡大に大きく貢献している。

次に，「技術イノベーション」では，中国は国家の「863 計画」とハイテク成果の商品化を促す「863 計画」産業基地を中心に，「独自の知的財産権」を所有する技術・製品の開発を行い，国有企業ベンダーの競争力を向上させる。情報通信市場の主導権をめぐる競争は知的財産権や標準規格に左右されるものである。そこで，中国は「中国の国際標準規格」づくりに力を入れ，知的財産権の分野で欧米と対抗し，遂に電気通信の国際標準規格の領域で欧米と肩を並んで，欧米ベンダーから市場の主導権を奪還する土台をつくりだした（図1）。

中国移動体通信産業の発展モデルは「市場開放と技術イノベーションが産業の集積と発展を導く」という独自性をもっている。言い換えれば，2000 年に通信設備の輸出が前年比 255％ 増となった事実は通信製品の「メイド・イン・チャイナ」の能力を示しているのである。この能力はけっして外国のベンダーが中国の安価な人件費を活用するため，通信製品の生産を中国に移管してもたらしたものではなく，中国が技術イノベーションを基礎に移動体通信産業を発展させた成果である。

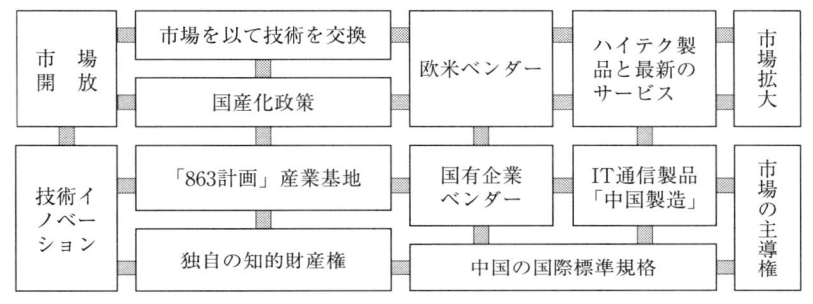

第8章　中国の国際競争力：製造力からイノベーション力へ　　　255

図1　中国移動体通信産業の発展モデル

```
┌──────┬──────────────┬──────────┬──────────┬──────┐
│市 場 │市場を以て技術を交換│欧米ベンダー│ハイテク製品│市 場 │
│      ├──────────────┤          │と最新の   │      │
│開 放 │国産化政策    │          │サービス   │拡 大 │
├──────┼──────────────┼──────────┼──────────┼──────┤
│技術イ│「863計画」産業基地│国有企業  │IT通信製品│市場の│
│ノベー├──────────────┤ベンダー  │「中国製造」│主導  │
│ション│独自の知的財産権│中国の国際標準規格│          │権    │
└──────┴──────────────┴──────────┴──────────┴──────┘
```

資料：筆者作成.

　前述したように，中国移動体通信産業の発展，特に独自の知的財産権をもつ技術と製品の研究開発には，知識型経済の華人ネットワークが重要な役割を果たしており，この点は台湾のITハードウェア産業の発展と共通している。知識型経済の華人ネットワークが台湾のITハードウェア産業を支えている基盤であるといってもよい。しかし，台湾海峡両岸のハイテク産業はそれぞれ異なる発展プロセスをたどっていた。中国大陸は移動体通信産業の形成において，巨大市場，豊富な人的資源，基礎研究力といった優位を活かして，「市場カード」を使って研究開発の中国展開に伴う技術移転を欧米ベンダーに迫ると同時に，「産官学」一体の技術イノベーションにより，独自の知的財産権を所有する技術，国際標準規格を研究，開発することにも力を入れている。これにより，通信分野では，強力な技術の移転に伴う技術の蓄積および産業集積のプロセスが中国大陸で行われることになっているとある米国の学者は分析している。

　通信産業が情報通信産業に占める割合が35％に達し，しかも独自の知的財産権を所有することができている中国大陸と対照的に，市場と人的資源で優位をもたない台湾はITハードウェア産業において，OEM生産で海外市場を開拓する路線を選び，独自のマーケティング力と商品化の経験を生かしてグローバル展開を実現したのである（図2）。例えば，台湾の情報産業では，ハードウェア生産が85％を占めており，ソフトウェア，ネットワーク・通信の占めている割合はわずか15％である。しかも，ハードウェア分野では，ノート型パソコン，モニタ，デスク型パソコンの3品目が全体の67％を占めている。ハードウェアの主力を

図2　知識型経済の華人ネットワークと台湾海峡両岸の先端産業

中国大陸	市場を以て技術を交換	欧米の知的財産権	R&D展開・人的資源
	技術イノベーション	独自の知的財産権	移動体通信産業を形成

知　識　型　経　済　の　華　人　ネ　ッ　ト　ワ　ー　ク

台湾	OEM生産で市場を開拓	米国の知的財産権	ITハードウェア産業
	マーケティング力	商品化の経験	グローバル展開

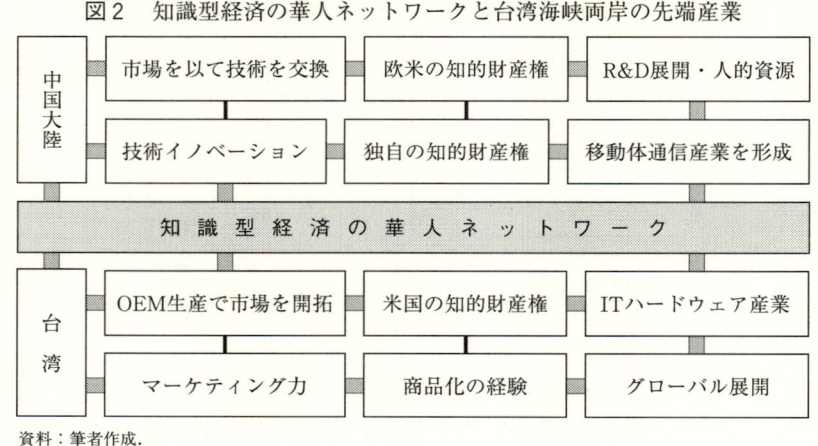

資料：筆者作成.

構成している3品目は独自の知的財産権やブランドを所有するものがなく，ほとんどコンパック，デルコンピュータ，IBM，などの米国メーカーのためのOEM生産によるものである。今後，中国大陸の巨大市場，豊富な人的資源，基礎研究力といった優位と台湾のマーケティング力と商品化の経験などの優位は知識型経済の華人ネットワークにより結び付けられると考えられる。

2. 米国市場における中国IT製品の競争力

　中国大陸における情報通信産業の蓄積のプロセスにおいて，米中間のハイテク製品貿易の拡大，および米国グローバル企業の中国戦略の実施との間には深い関連があることを指摘しなければならない。2000年に，米中間の貿易額は745億ドルに達したが，日中間の貿易額（832億ドル）よりやや少ない。しかし，2005年には，米中間の貿易額が1,280億ドルに達し，米国が日本を抜き，中国の第1の貿易相手国となり，しかもハイテク製品の貿易が米中間の貿易の主要品目となると，中国の学者が予測している。一方，米国政府の「中国貿易関係ワーキングチーム（China Trade Relation Working Group）」は1990～98年には，米国ハイテク

第8章 中国の国際競争力：製造力からイノベーション力へ

表4 2000年，中国コンピュータ製品輸入先国・地域の上位5地域

(単位：億ドル，％)

	輸入先（国・地域）	1999年の実績	2000年の実績	伸び率
1	米　　　　国	18.3	23.7	29.5
2	日　　　　本	14.1	16.1	14.2
3	台　　　　湾	7.7	11.6	50.6
4	シンガポール	8.8	8.9	1.1
5	韓　　　　国	3.0	6.2	20.7

資料：中国対外経済貿易協力省，情報産業省関連資料より作成．

図3 中国のコンピュータと部品の輸入先国・地域と米国のシェア

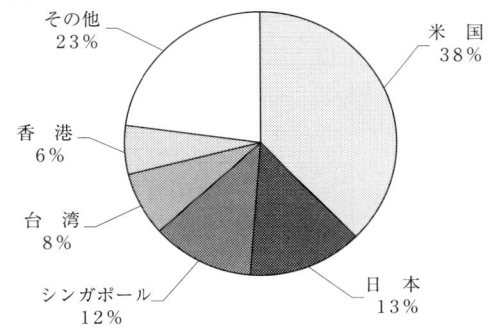

- その他 23％
- 米国 38％
- 香港 6％
- 台湾 8％
- シンガポール 12％
- 日本 13％

資料：香港貿易発展局『中国電脳市場ガイドブック』より作成．

産業の対中国輸出は500％増，特に対中国電気通信設備の輸出は900％以上にも増加したと報告している．また中国対外貿易経済協力省の発表によると，2000年，中国コンピュータ製品輸入先の上位5位の国・地域で，米国が第一位となり，米国から輸入したコンピュータ製品の金額が前年比30％を増えた（表4）．しかも，同年，米国から輸入したコンピュータと部品の同品目の輸入総額に占めている割合が38％に達し，ハイテク製品の貿易において米中関係が緊密化していることがわかる（図3）．

2000年には，中国のコンピュータ製品の輸出入額が56％増加し，輸出のみでは55％増となった．中国にとっては，米国がコンピュータ製品の最大の輸出国であり，同年に，対米国のコンピュータ製品の輸出額の伸び率が前年比47％増を記録した（表5）．近年，米中貿易には量の拡大と同時に質の変化が目立っている．例えば，2000年に，中国の機械電子製品の10大海外市場には，米国が第1

表5 2000年,中国コンピュータ製品輸出の上位5地域
(単位:億ドル,%)

	輸出先(国・地域)	1999年の実績	2000年の実績	伸び率
1	米国	34.1	50.2	47.2
2	香港	18.1	40.8	22.5
3	オランダ	11.5	19.7	71.3
4	日本	11.5	15.9	38.3
5	シンガポール	7.1	9.5	33.8

資料:中国対外経済貿易協力省,情報産業省資料より作成.

表6 中国機械電子製品の10大海外市場(1999年)
(単位:%)

ランク	中国機械電子製品の海外市場(国家・地域)	中国機械電子製品輸出総額に占める割合	伸び率(前年同期比)
1	米国	26.3	17.3
2	香港	17.8	13.9
3	日本	12.3	8.5
4	ドイツ	5.2	14.9
5	オランダ	3.9	9.2
6	シンガポール	3.5	20.1
7	イギリス	3.1	7.9
8	韓国	2.9	32.9
9	台湾	2.6	5.6
10	フランス	1.8	11.7

資料:中国『世界電機・経済貿易情報』2000年3月号より作成.

表7 中国機械電子製品輸出市場の変化(1992年と1999年)
(単位:%)

順位	1992年		1999年	
	国家・地域	輸出市場に占める割合	国家・地域	輸出市場に占める割合
1	香港	60.3	米国	26.3
2	米国	9.3	EU	18.8
3	EU	6	香港	17.8
4	ASEAN	4.5	日本	12.3
5	日本	4.2	ASEAN	7.6

資料:中国『国際貿易』2000年8月号より作成.

位を占め,中国の機械電子製品の輸出総額の中,米国向けの輸出額のシェアは25%に達している(表6)。これと対照的に,1992年に,中国の機械電子製品の輸出総額中,米国向けのシェアはわずか9.3%であった(表7)。

一方,ハイテク製品の貿易の拡大により,米国市場における中国製品のポジ

第8章 中国の国際競争力：製造力からイノベーション力へ

表8 米国の輸入先国（上位5位）とそのシェア，伸び率
(単位：億ドル，%)

順位	輸入先国	1996年	1997年	1998年	1999年	2000年	伸び率
1	カナダ	19.6	19.2	19	19.4	19.7	18.7
2	日本	14.5	13.9	13.4	12.8	12.2	15.2
3	メキシコ	9.3	9.9	10.4	10.7	11.2	26.8
4	中国	6.5	7.2	7.8	7.9	7.5	21.5
5	ドイツ	4.9	4.9	5.5	5.4	4.9	10.0

資料：中国対外経済貿易協力省，情報産業省資料より作成．

表9 米国が中国から輸入している上位10品目
（1999年，品目別） (単位：100万ドル，%)

ランク	輸入品目	金額	伸び率
1	電子機械と設備	15,051.9	17.9
2	玩具とゲーム機	11,079.7	5.0
3	電力設備	10,174.0	33.6
4	靴	8,434.1	5.3
5	衣服	5,774.8	1.8
6	家具	5,548.0	40.6
7	皮革と旅行用品	3,006.5	2.8
8	プラスチェック製品	2,471.2	18.4
9	医療器械	2,302.4	3.4
10	鉄鋼	1,607.3	17.1

資料：中国『世界電機・経済貿易情報』2000年3月号より作成．

表10 中国の主要な輸出製品の米国市場に占めるシェアとその変化
(単位：億ドル，%)

2000年 市場順位とシェア	輸出製品	1999年 市場順位とシェア
1位（30.4）	スピーカ	1位（27.4）
2位（16.1）	音響・視聴機と部品	3位（15.1）
2位（14.4）	女性と子供の服装	1位（16.4）
2位（24.6）	家具	2位（20.7）
4位（10.5）	有線電話・電報器と部品	3位（13.5）
4位（9.4）	印刷回路	5位（7.5）
5位（10.1）	自動データ処理機と部品	5位（7.8）
6位（3.8）	記録媒体	6位（4.9）

資料：台湾対外貿易発展協会データより作成．

図4　中国IT製品の米国市場に占めるシェアとその推移

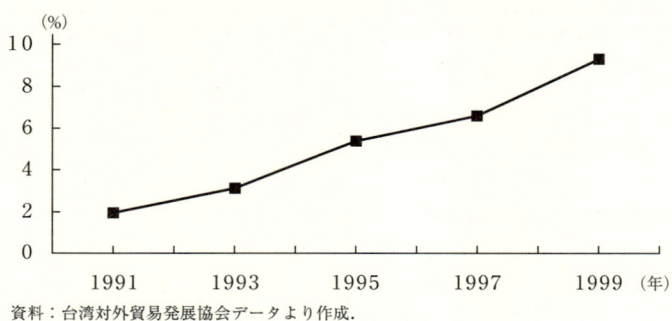

資料：台湾対外貿易発展協会データより作成.

ションも変わっている。米国にとって，中国は第4位の輸入先国であり，2000年に米国の輸入総額に中国の占める割合が7.5%であるが，その伸び率は21.5%に達している（表8）。米国が中国から輸入している上位10品目では，電子機械と設備，電力設備といった技術集約型の製品が玩具，靴，衣服といった労働集約型製品を抜いて主要な輸入品目となっている（表9）。

米国が中国から輸入している製品の品目は従来の労働集約型の製品を中心としたものから技術集約型の製品へと急速に変わっているが，全体から見ると，米国市場で高いシェアをもつメイド・イン・チャイナの製品は依然として労働集約型のものを中心としており，自動データ処理機と部品や記録媒体といった技術集約型の製品の米国市場に占めているシェアはまだ10%未満である（表10）。にもかかわらず，米国グローバル企業の中国戦略の実施，および中国情報産業の発展により，中国IT製品の米国市場に占めるシェアは1991年の約2%から1999年の約10%に増加し，今後，そのシェアがさらに拡大されると予想されている（図4）。

3. 「メイド・イン・チャイナ」と米国グローバル企業の戦略

中国のハイテク製品の米国市場における競争力の向上は，中国が米国ハイテク企業の中国展開からもたらした2つの「恩恵」を受け取った結果であるともいえ

第8章　中国の国際競争力：製造力からイノベーション力へ

る。まず1つは，米国ハイテク企業のグローバルR&Dネットワークが中国に展開していることによって，中国の技術イノベーション能力がアップしているという「恩恵」である。もう1つは，米国ハイテク企業主導の「オープン的・競争的サプライチェーン」が中国に拡大することによって，情報通信産業の集積が加速されているという「恩恵」である。要するに，米国主導のR&Dネットワークとオープン・競争的サプライチェーンの中国展開は，中国に製造力とイノベーション力を向上させる条件をもたらし，中国はこの条件を巧妙につかんで活用したということである。ここでは，米国ハイテク企業の中国戦略を分析し，中国のハイテク製品の競争力と米国ハイテク企業の中国戦略との関連性を検証してみよう。

(1) 米国企業の対中投資とその戦略

　「堅実な中国戦略がないと，企業のグローバル化を実現することはできない」。GEはこのような考え方に従って「R&D展開」と「現地調達の拡大」の両面から中国ビジネス戦略を展開している。米国の学者は米国と中国大陸・香港・台湾からなる「チャイナ・サイクル」と投資，貿易の実態を考察する著作『チャイナ・サイクル』で，米国企業の戦略を3つの段階から分析している。まず，第1段階では直接投資を通じて，チャイナ・サイクルにおける存在基盤を確立し，次に，第2段階では華人企業やそのネットワークとの間に広範な連携関係を構築し，そして第3段階では，チャイナ・サイクルの生産ネットワークの技術能力を大幅に上昇させ，それを米国に主導されている「オープンで・競争的サプライチェーン」に貢献させることである。これは米国のチャイナ・サイクルへのアプローチであると理解される。

　ここで，まず第1段階で，米国企業が直接投資を通じてチャイナ・サイクルでの存在基盤を確立する動向をとってみよう。米国の直接投資により，香港，台湾での米国の存在基盤はすでに確立され，1990年代後半から，中国大陸における存在基盤の構築に力を入れるべく中国大陸への直接投資を増加させている。2000年，米国が2年連続で日本を上回り，対中直接投資の第1位の国となっていることはこれを物語っている（図5）。

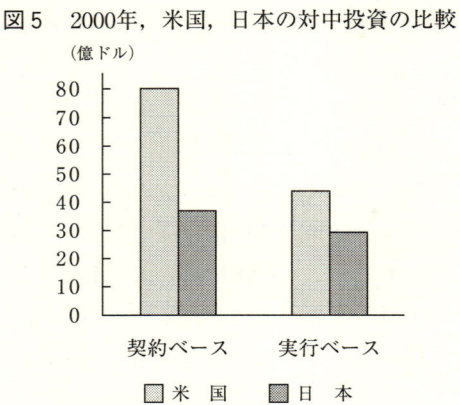

図5　2000年，米国，日本の対中投資の比較
(億ドル)

契約ベース　　　実行ベース

☐ 米 国　　■ 日 本

資料：中国対外経済貿易協力省データより作成．

　中国に進出している米国企業から構成される「中国アメリカン商会（The American Chamber of People's Republic of China）」は毎年，中国における経営状況，経営の問題点，今後の事業計画，これからの展望について，会員メンバーを対象とするアンケート調査を実施し，「米国企業の中国ビジネス白書」をインターネット上で公表している。同商会の「2000年白書」によると，米国企業の中国進出の主要な理由は「市場規模とそのポテンシャル」(54%)，「グローバル戦略の一環」(20%)，「ユーザにサービスを提供するため」16%，「戦略的先行投資」(10%) である。市場参入は米国企業の対中投資の最も重要な理由である一方，グローバル戦略の展開や戦略的先行投資など，企業戦略の視点から中国を重視する姿勢も見られる（図6）。

　2001年5月，「中国アメリカ商会」により発表された「2001年白書」によると，2000年に，中国に進出している米国企業のうち，62%の企業は純利益率が1999年より改善したと答え（図7），75%の企業が2001年にはさらに高まると予測している（図8）。対中直接投資の「王座」を確保している米国企業がグローバル戦略に基づいて中国ビジネスを順調に展開し，存在基盤を確立しつつあることがわかる。また，「2001年白書」によると，中国に進出している米国企業のうち，90%の企業が今後5年間の中国ビジネスを楽観的に展望し（図9），しかもこの楽観論は中国のビジネスをさらに拡大していく原動力となっている（図10）。

第8章　中国の国際競争力：製造力からイノベーション力へ　　263

図6　米国企業の対中投資の主な理由
- ユーザにサービスを提供 16%
- 戦略的先行投資 10%
- グローバル戦略の一環 20%
- 市場の規模と潜在性 54%

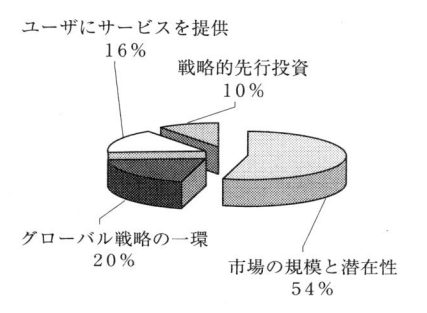

図7　2000年，中国に進出している米国企業の純利益
- 未回答 7%
- 大きく悪化 2%
- 悪化 8%
- 変わらない 19%
- 大きく改善 18%
- 改善 46%

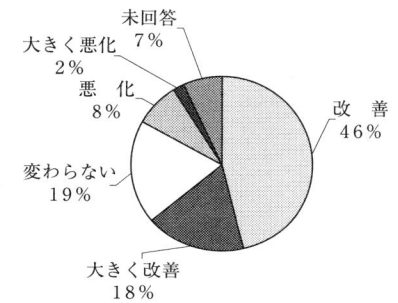

図8　中国に進出している米国企業の2001年純利益への予測
- 悪化する 8%
- 変わらない 17%
- 大きく改善される 14%
- 改善される 61%

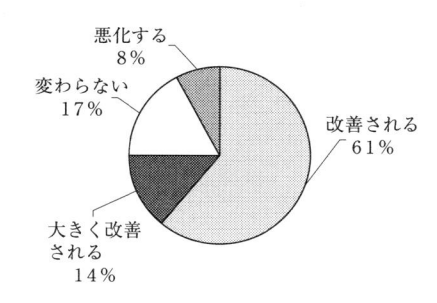

図9　中国に進出している米国企業の今後5年間の中国ビジネスへの展望
- やや悲観的 1%
- 未回答 8%
- 楽観的 45%
- 慎重な楽観的 46%

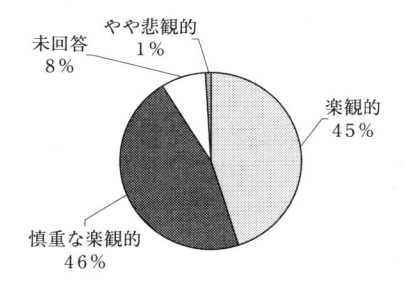

図10　中国に進出している米国企業の今後5年間の中国ビジネス計画
- 観望する 5%
- 撤退する 1%
- 変わらない 9%
- 速やかに拡大する 24%
- ゆっくり拡大する 61%

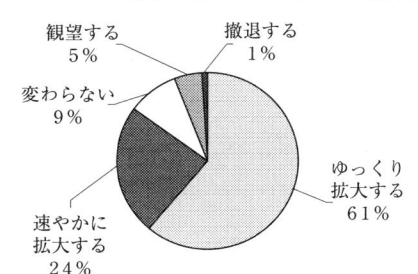

資料：中国アメリカン商工会議所
　　　「2000年中国アメリカン商工会議所
　　　会員アンケート調査」より作成．

(2) R&D ネットワークの中国における展開とイノベーション能力の移転

すでに紹介したように，米国ハーバード大学の教授ルイス・M. ブランコムは『新世紀，米国のイノベーション政策』で，グローバルイノベーションチャンスを活用することは米国のイノベーション政策の最も重要な1つであると強調し，さらに「米国政府は，米国の企業がグローバル規模の技術・知識資源から最大の利益を獲得することができるように，米国企業に主導される国内外のイノベーション活動を支持すべきである」と指摘している。米国グローバル企業にとって，人的資源が豊富で，市場も巨大化しつつある中国は「グローバル規模の技術・知識資源から最大の利益を獲得する」ための重要な存在であることにまちがいはない。本書の第3章で考察したように，米国企業のグローバル R&D ネットワークの中国展開は中国の豊富な人的資源の活用を目的としたもので，もちろん，中国の巨大市場を開拓する目的もある。一方，「863 計画」などの国家イノベーション計画を推進している中国にとって，米国ハイテク企業のグローバルの R&D ネットワークの中国展開はイノベーション能力の中国への移転という効果をもたらし，まさしく「双方とも受益」ができる絶好のチャンスであるともいえよう。

いままで，米国企業の中国進出は「現地生産」，「関連技術の移転」，「応用開発の展開」というプロセスをたどっていて，1990 年代後半から「基礎研究の展開」も視野に入り始めた。本書の第3章で分析しているように，95 年からインテル，マイクロソフト，IBM，ルーセント・テクノロジーなど各社の中国における R&D 展開は，米国グローバル各社の対中進出がすでに「応用開発の展開」と「基礎研究の展開」といった段階に入っていることを示している（図11）。

「現地生産」と「関連技術の移転」は主に「生産能力の移転」であり，これに対し，「応用開発の展開」と「基礎研究の展開」は「イノベーション能力の移転」の性格をもつものである。技術・知識の発信と受信の視点から分析すると，「現地生産」と「関連技術の移転」の段階では，グローバル企業が投資先国に技術・知識を提供し「片方向の展開」を行う。これに対し，「応用開発の展開」と

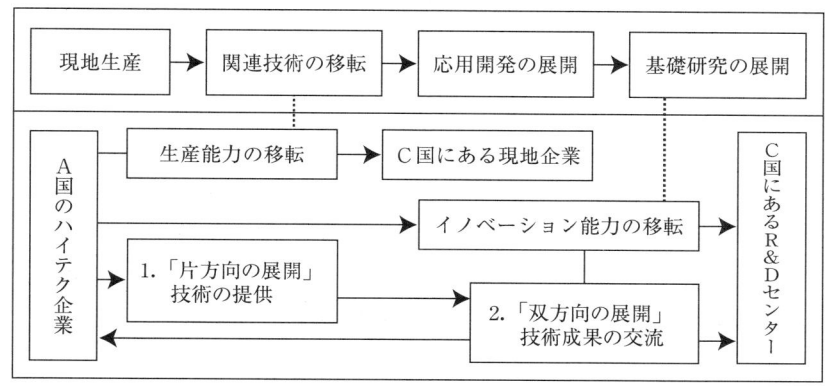

第8章　中国の国際競争力：製造力からイノベーション力へ　　　　265

図11　R&Dグローバルネットワークの展開とイノベーション能力の移転

資料：筆者作成.

「基礎研究の展開」の段階では，グローバル企業と投資先国にある自社のR&Dセンター，あるいは現地の大学など共同研究のパートナーとの間で，技術・知識をめぐる「双方向の交流」を行うことができる。技術と知識をめぐる「双方向の交流」の実現こそは，米国企業が「グローバル規模の技術・知識の資源から最大の利益を獲得する」ことを可能にするものである。マイクロソフトのグローバルR&Dネットワークでは，マイクロソフト中国研究所と米国本土にある研究所との間で，「双方向の交流」を通じてイノベーション活動が行われ，マイクロソフト中国研究所の研究成果がマイクロソフトの新しい事業戦略に大きく貢献している。またルーセント・テクノロジーのベル研究所とベル研究所中国基礎研究所との間にも，技術イノベーションの「双方向の交流」が実現されている。一方，中国は米国との技術イノベーションをめぐる「双方向の交流」を自国のイノベーション体系の構築に巧妙に取り込み，技術イノベーションのノウハウを最大限に吸収することができる。

(3) 「チャイナ・サイクル」戦略と「オープンで，競争的なサプライチェーン」

　米国企業によるチャイナ・サイクルへのアプローチの第2段階は華人企業やそのネットワークとの間に広範な連携関係を構築し，米国とチャイナ・サイクルとの分業体制を形成することである。ここでいう華人企業は台湾のITメーカ，香港の華人企業グループ，中国大陸の国有企業の3者を含めている。米国の学者の分析によれば，米国企業と華人企業との広範な連携が米国主導の「グローバルの生産ネットワーク」の形成に役立ち，このネットワークのなかではアジア太平洋地域のすべての企業（日本企業，韓国企業，華人企業など）がコスト，品質，市場アクセスで厳しい競争を行う1つのプラットフォームを形成する。米国はこのネットワーク内部の分業と激しい競争から巨大な付加価値を獲得することができる。

　チャイナ・サイクルへのアプローチの第3段階は，米国が「チャイナ・サイクル内部の生産ネットワーク」の技術能力を大幅に向上させ，グローバル向けのIT製品を供給する基地としての重要な責任をこのネットワークに負わせることである。具体的に言えば，米国企業主導のグローバル規模の「オープンで・競争的なサプライチェーン」の構築にあたって，華人ネットワークを最大限に活用することである。

　米国「国際経済円卓会議」の研究員マイケル・ボルスは「情報通信分野における米国企業が勝ち取った成功は，中華経済地域，シンガポール，韓国にあるアジアを拠点とする生産企業の技術競争力の上昇によるものが多い」と指摘している。マイケル・ボルスによれば，米国企業にとって，オープンで，競争的なサプライチェーンの形成と維持は何よりも重要である。周知のように，情報通信産業は常に技術イノベーション，コストダウン，効率向上といった圧力を受けており，グローバル規模のオープンで・競争的サプライチェーンがこれらの圧力を緩和する有効な手段の1つである。

　ここで，米国企業が特に注目したのは華人ネットワークである。中華経済圏に

第8章 中国の国際競争力：製造力からイノベーション力へ

おける華人企業の取引，請負，転請負のネットワークはオープン的で，市場の変化に対応して絶えずに変化していくものである。ハイテク取引に従事する台湾と香港の華人企業は米国企業の仕様に従って設計，生産を行うノウハウを有し，市場に要請されたスピード，規格に基づいて生産を行い，技術の快速な変化に対応できる柔軟な体質をもっているのである。特に香港はグローバル企業と中国大陸とのハイテク取引で重要な役割を果たしている（図12，13）。

マイケル・ボルスは中華経済地域を中心とする取引・生産ネットワークの活用は米国企業に以下の3つの効果をもたらしていると指摘している。まず1つは部品技術，生産能力の面で，米国企業の日本企業への依存度が減り，競争の圧力が緩和されることになった。米国主導の取引・生産ネットワークは従来，日本企業

図12 香港の対中国大陸のコンピュータと部品の輸出伸び率とその推移

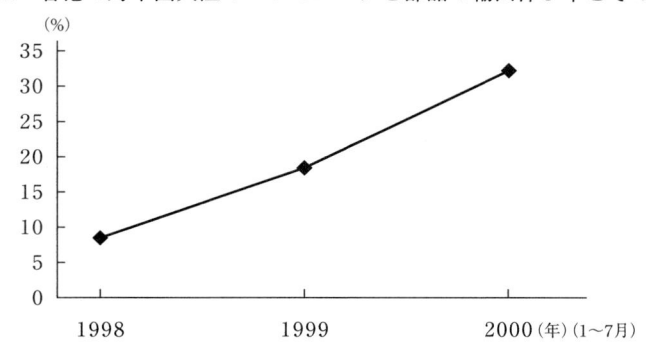

資料：香港貿易発展局『中国電脳市場ガイドブック』2000年10月より作成．

図13 グローバル企業が香港を通じて中国IT生産基地からの調達とその比率

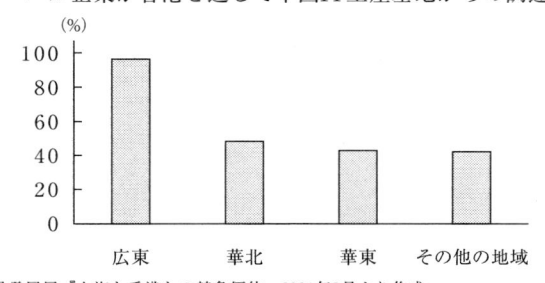

資料：香港貿易発展局『上海と香港との競争優位』2001年3月より作成．

にコントロールされていた取引・生産基地に代って、オープンで・競争的なサプライチェーンとして機能している。もう1つの重要な結果はチャイナ・サイクルを中心とする取引・生産ネットワークの形成が米国企業に取引コストと製品コスト、製品の機能と品質の面での主導権をもたらし、米国企業がコスト低減、技術と製品の開発サイクル時間の短縮に対応することで余裕ができ、技術の急速な進歩に対応するための技術イノベーションに専念することが可能となった。そして最後の重要な結果は米国企業が従来、日本企業に主導される主要な市場（例えば、半導体、電子部品、モニター）で、日本企業と直接に競争できる有力な競争相手を育成し、これらの主要な市場において米国企業が日本企業へ一方的に依存する状況を一変させることができたということである。

一方、米国企業がオープンで・競争的なサプライチェーンを構築しながら、IT市場の特質に対応できるように、自身の生産組織の変化も成し遂げた。ボルスによれば、米国企業の生産組織の変化とは伝統的な一体化的な組織の形態からネットワーク化の組織の形態への変化を指している。

他方、米国企業はまた「オープンで・競争的」という方針に基づいてチャイナ・サイクルを中心とする取引・生産ネットワークを活用すると同時に、この取引・生産ネットワーク内部の経営資源の再配置に強い影響を与えている。言い換えれば、米国企業はオープンで・競争的なサプライチェーンを有効に運営するため、台湾、香港、中国大陸の3者の間で、取引と生産の機能の移転を特徴とする分業体制の再構築を推し進めている。例えば、近年、中国のコスト競争力を活用するため、米国のグローバル企業には中国大陸における生産を条件として台湾企業にOEM生産の発注を行っていることが急増えている。

4. アジア太平洋地域の産業地図を塗り替える

2000年から顕著になっている台湾IT企業の中国大陸への進出ブームは、台湾島内の経済と産業の事情や中国大陸市場の吸収力、大陸現地生産のコスト競争力（人件費、土地使用料など）に導かれたものである。しかし、台湾IT企業の対中進

出は米国企業のグローバル戦略の一環として推進される部分があることも見落としてはならない。

チャイナ・サイクル内の分業体制の再構築はすでに変化を見せている。すなわち情報通信産業のOEM（相手先のブランドで生産を行うビジネスモデル），EMS（電子機器の受託生産事業，多数のメーカーから生産を請け負い，大量生産体制を組んで安価なものをつくるビジネスモデル）の主流を台湾から中国大陸へと移転させている。例えば，アジア太平洋地域のITハードウェアのOEM,EMSにおいて，台湾と中国大陸の受け取った注文の割合は1999年，それぞれ53％と33％であるが，2000年に，45％と41％となり，01年に台湾が35％，大陸が51％となると予測されている（図14）。

このように，米国企業主導で，アジア太平洋地域の主要なOEM，EMS生産業者が中国大陸に集中し，珠江デルタと長江デルタでITハードウェアの2大基地を形成している。これに伴い，情報通信産業において，生産移管，技術ノウハウの移転，生産能力向上，サプライチェーン・マネジメント，産業の集積といったプロセスも中国大陸で急速に行われている。この傾向が続くと，アジア太平洋地域における産業勢力地図が塗り替えられることだけでなく，この地域内の経済貿易構造も大きく変わることは間違いない。

図14　ＩＴハードウェアのOEM，EMSの主流が台湾から中国大陸へ

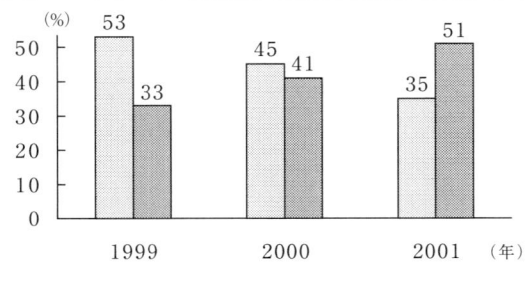

□ 台湾　■ 中国大陸

年	台湾	中国大陸
1999	53	33
2000	45	41
2001	35	51

資料：『The Silicon Valley Journal-Chinese Wall Street Reports on New Economy』2000年6月18日報告より作成。

第9章 伝統とイノベーション：アジア華人ネットワークの新しいチャレンジ

　アジア経済危機の打撃と影響を受けた国々は経済の再建を図ろうとしているが，ちょうどこの時期に，情報化が世界的範囲で広がりはじめた。世界中のすべての国家，民族が同じプラットフォームにあり，同等の成長チャンスを得ることができるわけである。この成長のチャンスを発見できないものは淘汰されるであろう。……華人は情報技術の分野で重要な役割を果たすことができる。全世界の華人の財力資源，科学技術の能力，アジア・米州・欧州をカバーするビジネスネットワーク，中国大陸の人的資源と基礎研究の能力を統合すれば，華人が知識型経済の発展で，世界の最も重要な勢力を形成することを確信に予測することができる。

インドネシア・力宝グループ会長　李　文正

1. イノベーションに投資するアジアの華人ネットワーク

　「第1世代のインターネットの研究と応用では，アジア諸国は遅れてしまった。しかし，次世代のインターネット（Internet 2）の研究開発と導入では，われわれと欧米との格差はあまり大きくないと信じている。情報技術はわれわれの生活と密接に関係している。第3世代移動通信や次世代インターネットの導入はわれわれの生活を変えていくので，情報技術の研究開発とそのビジネスへの実用はわれわれにとって1つの重要，かつ新しいチャレンジとなっている」。2000年9月，アジアの代表的華人企業家，香港長江実業グループの会長李嘉誠は中国の名門大学である清華大学の「未来インターネット技術研究センター」のオープンセレモニーで，こう述べ，中国における第3世代移動体通信と次世代インターネットの

研究開発を支援する姿勢を示した。

この「未来インターネット技術研究センター」は李嘉誠基金会，長江実業グループ傘下の和黄グループ，中国国家教育省，清華大学の4者が提携して共同で建設される中国の次世代インターネット研究開発基地である。中国はこれを1つのプラットフォームとして「中国教育と科学研究計算機ネットワーク（CERNET）」を通じて全国範囲で次世代インターネットの研究を展開することが可能となる。李嘉誠は次世代インターネットの研究開発を推進する費用として清華大学に1,000万ドルを寄付し，これのよって中国のイノベーションに投資する。

「華人は知識型経済のなかで，世界の最も重要な勢力を形成することができる」。インドネシアの「力宝グループ」の会長李文正は2000年6月中国青島で開催された「2000年世界華人論壇」で，「知識型経済へのチャレンジ」をテーマとして講演し，デジタル時代に，「全世界の華人が歩むべき路線」について，このように述べた。「華人は以下のことを全力で行われなければならない。すなわち，① 教育の情報化を推進し，研究開発の実力を高める。② 人材資源を開拓する。③ ベンチャーファンドとインキュベーションファンドを創立し，情報産業への長期的な投資を考える。④ 企業の情報化を推進する。⑤ 次の世代の華人が情報技術，バイオ，ナノ技術に関する研究と開発に参加することを奨励する。⑥ 家庭から着手し，子供のコンピュータ，インターネットを用いた勉強とその活用を誘導する。⑦ 電子商取引に対する認識を深め，企業経営の情報化を実現する」。不動産，金融，流通・小売りなどの産業をビジネス基盤として発展してきたアジアの華人企業家とそのネットワークはグローバル範囲で広がっている情報革命の大潮流に乗り出し，発展路線の転換をはかろうとしている。そして伝統とイノベーションは華人企業家とそのネットワークの直面している共通の課題となっている。

ここでいうアジアの華人ネットワークのイノベーションとは以下の3つの意味を含んでいる。まずはシリコンバレーを本拠地とする知識型経済の華人ネットワークとの融合をはかることであり，2つ目は金融・不動産・商業といった伝統的な産業基盤を維持しながら，イノベーションに投資し，情報技術産業・市場へと事業を拡大していくことである。そして3つ目は急速に成長している中国の情報通信市場，特に電子商取引市場に参入することである（図1）。1980年代初期

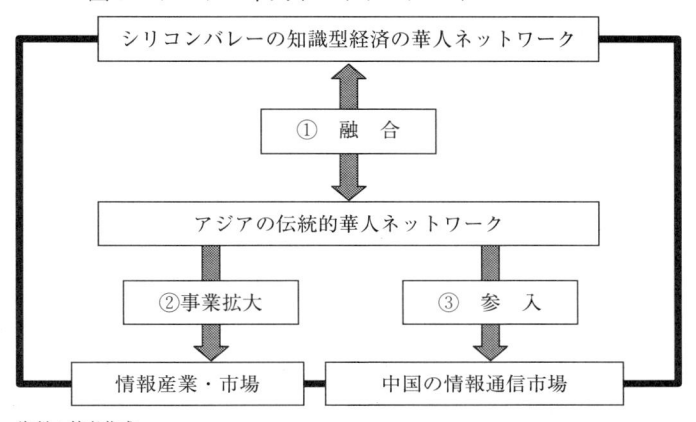

第9章　伝統とイノベーション：アジア華人ネットワークの新しいチャレンジ　　*273*

図1　アジアの華人ネットワークのイノベーション

```
┌─────────────────────────────────────────┐
│   シリコンバレーの知識型経済の華人ネットワーク   │
└─────────────────────────────────────────┘
                    ↕
              ┌──────────┐
              │ ① 融　合 │
              └──────────┘
                    ↕
┌─────────────────────────────────────────┐
│      アジアの伝統的華人ネットワーク           │
└─────────────────────────────────────────┘
        ↓                        ↓
   ②事業拡大                  ③ 参　入
        ↓                        ↓
┌──────────────┐        ┌──────────────┐
│ 情報産業・市場 │        │ 中国の情報通信市場 │
└──────────────┘        └──────────────┘
```

資料：筆者作成．

からアジア金融危機が発生した1997年までの10数年間に，アジアの華人企業は外国資本の対中国投資の主役として，豊富かつ廉価の労働力を活用するため，中国の労働集約型産業に投資して巨大な利益を獲得した。情報革命がアジアを巻込んでいる現在，アジアの華人資本はイノベーションへの投資に向かうことになり，人的資源が豊富である中国の大学，ハイテクパーク，留学生創業企業に投資し，中国の情報通信産業という成長が最も速い分野に投資している。もちろん，このような投資はアジアの華人資本と中国の人的資源との融合を促し，中国の情報化に役立てるだけではなく，アジアの華人企業自身の変革を促す効果もあるわけである。

2. 伝統的な国際金融・貿易センターから中華経済圏の電子商取引ハブへ

アジアの華人ネットワークのイノベーションはアジアの大変革を基礎としてはじめて実現されると考えられる。この点について，香港を例として見てみよう。

筆者は『鳳凰涅盤：金融危機とアジア経済の新局面』（香港・明報出版社，1998

年版）で，アジア金融危機を経験した香港は，いかに経済のグローバル化と情報化という背景のもとに，従来の優位を維持し，経済発展の新しいモデルをつくりだすかについて，このように書いている。「香港は既存の優位性を生かして情報サービス業を全力で育成し，中華経済圏の電子商取引ハブとなる目標をはっきりと打ち上げるべきである。情報サービス業は香港経済の新しい牽引車となり，中華経済圏の電子商取引ハブは香港の『中国窓口』としての新しい価値をもたらすことができる。しかも，情報サービス業の発展や中華経済圏の電子商取引ハブの形成は香港の国際金融センターと国際貿易センターのレベルアップにつながってくる。……香港が情報サービス業を育成しようとすれば，情報技術人材の不足という問題に直面するわけであるが，米国のシリコンバレーや中国大陸から華人情報技術人材を誘致することで，この問題に対応することができる。香港にとって，最も重要なのは既存の社会・経済インフラ，行政と法律，ビジネスサービス業に情報技術という新鮮な『血液』を注入することである」。「香港は電子商取引の法制度を早急に整備し，法律と制度体系の面から中華経済圏の電子商取引ハブとなる目標の実現をバックアップすべきである。もし，香港が中華経済圏の電子商取引ハブとなる計画を明確に打ち出せず，積極的な行動をとらなかったら，中華経済圏と国際社会との電子商取引「窓口」の役割は同じ華人社会で，かつ「双語優勢（英語と中国語の両方ができる優位性）」をもつシンガポールにより果たされるであろう」。

　『鳳凰涅盤：金融危機とアジア経済の新局面』が出版されてから3年後の2001年には，香港はすでに中華経済圏の電子商取引ハブとして頭角を現し始めている。本来，香港はそのライバルであるシンガポールに比べ，IT戦略の展開は遅れたものの，中国大陸の国家情報化戦略の実施を背景に，情報インフラの建設と電子商取引法制度の整備が急速に進展し，現在，一気にアジア有数の情報技術サービス先進地域へと変化してきている。

　香港は伝統的な金融・商業都市からアジアのトップレベルの情報インフラを基盤とする中華経済圏の電子商取引ハブへと転換するために，以下の4つの重要な戦略的なプロセスを展開してきた。すなわち，①「中国の窓口」としての役割の転換，② 米国シリコンバレーとの連携，③『デジタル21（Digital 21）』戦略の策

第9章　伝統とイノベーション：アジア華人ネットワークの新しいチャレンジ　　275

定とその実施，④ IT 分野でのシンガポール・台湾といった華人地域との連携である。ここで，その4つの重要な戦略的なプロセスについて考察してみよう。

　まず，「中国の窓口」としての役割の転換をとってみよう。1980年代初期から，香港は中国ビジネスを展開しようとする外国企業，世界経済と連携しようとする中国の双方にとって，「窓口」あるいは「架け橋」の役割を果たし，金融と貿易の両面から中国の改革・開放を支えてきた。しかし，経済のグローバル化と情報化の進展，特に中国の WTO 加盟に伴う市場開放により，香港の「中国の窓口」としての役割の見直しが迫られている。現在香港は，① 外国ハイテク企業による対中投資のパートナーとしての役割，② 中国のハイテク市場をサポートする役割，③ 国際金融センターとして中国のハイテク産業に融資を行う役割という3つの新しい役割への転換を通じて「中国の窓口」としての付加価値を高めている。例えば，1999年11月からスタートされた香港「創業市場」が，中小ハイテク企業の「揺りかご」のような機能を果たし，中国大陸の中小ハイテク企業にとってハイテク資金調達に最適な場となっている。

　次は香港と米国のシリコンバレーとの連携である。情報技術サービス業の育成と発達のキーポイントは米国の IT 技術と，華人人材の活用，および中国大陸の協力にあり，特に海外の華人技術専門家を吸収し，人材不足の問題を解決しなければならないと考えられる。技術と人材の両面でシリコンバレーの資源を導入するため，1999年，香港特別行政区董建華長官のシリコンバレー訪問を契機に，香港とシリコンバレーの架け橋として「香港—シリコンバレー協会」が創設された。同協会は香港特別行政区政府のバックアップを受け，シリコンバレー在住の香港出身の華人技術専門家と企業家により設立されたもので，情報技術，ベンチャー投資，法律などの分野で香港とシリコンバレーとの交流を強化する役割を果たしている（図2）。

　さらに，香港の『デジタル21』戦略を分析してみる。1998年に，香港特別行政区政府は，デジタル時代に国際金融センターと国際貿易センターの地位を維持し，競争力を強化するために情報技術を活用することの重要性を認識し，情報サービス業を育成，発展させるため，「情報技術・放送省（Information Technology and Broadcasting Bureau）」を設立し，また，同省内に，情報技術政策の立案，実

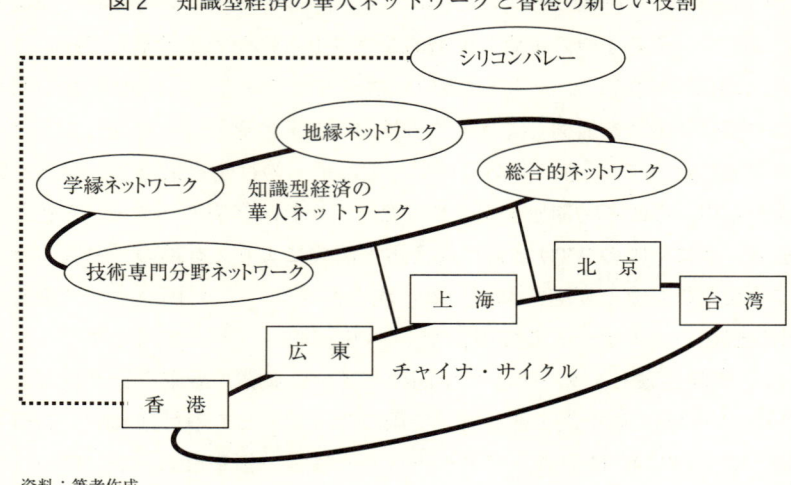

図 2　知識型経済の華人ネットワークと香港の新しい役割

[図：シリコンバレー、地縁ネットワーク、学縁ネットワーク、知識型経済の華人ネットワーク、総合的ネットワーク、技術専門分野ネットワーク、北京、上海、広東、台湾、香港、チャイナ・サイクル]

資料：筆者作成.

施などを担当する「情報技術サービス局 (Information and Technology Service Department)」を設置した。同年，香港特別行政区政府は香港を世界最先端のデジタル都市に転換させる戦略『デジタル21』を発表し，情報インフラの構築と情報サービス業の育成を基礎として電子政府と電子商取引を重点的に推進する目標と施策を打ち出した。香港『デジタル21』のIT戦略は主に以下の4つの内容から構成されている。

① 高速・大容量電気通信ネットワークの構築：香港をアジア太平洋地域のインターネット通信ハブとして，「公共サービスの電子化」計画を実施するためのインフラを整備する。

② 安全かつ信頼できる電子取引の環境づくり：電子商取引に関する法制度を整備し，認証機関（CA機関）を設立し，標準の中国語インターフェースを確立する。

③ IT人材の育成と海外からの誘致：「IT教育5ヵ年計画」を実施し，中国大陸や米国シリコンバレーから華人情報技術人材を誘致する。

④ 電子商取引ハブの建設：「サイバーポート (Cyberport, 第1期は2002年完成，全体としては2007年に完成する予定)」を香港の情報インフラ整備の先導プロジェクトとし，先端のIT企業とIT人材を吸し，香港をアジアの電子商取引ハブにす

第9章 伝統とイノベーション：アジア華人ネットワークの新しいチャレンジ

る。

　香港『デジタル21』に基づいて，2000年1月に，香港の「電子トランザクション条例」が制定され，香港初の認証局香港郵政署（Hong Kong Post）が正式に設立され，これに伴って，市民，民間企業，政府部門向けのデジタル証書（Digital certificate）と公開キー暗号（Public key）の暗号化サービスを開始した。同年12月から，香港特別行政区は「公共サービス電子化プロジェクト」を実施し，毎週7日，毎日24時間による市民向けの公共サービスをオンラインで提供しはじめた。これと同時に，電子商取引を安全に行うためのオープンで，共通のプラットフォームも建設されることになった。この電子商取引のプラットフォームは民間企業によるオープンな情報インフラの利用に役立てるだけではなく，香港と中国大陸との電子商取引のチャネルとして大きく活用されることも可能となる。

　最後に情報技術分野での香港とシンガポール，台湾といった華人地域との連携を考察してみる。情報技術分野において，情報技術サービス業を大きく育成しようとする香港と，情報技術のハードウェア産業で強みのある台湾との間には競争的関係よりも，むしろ補完的関係が形成されている。これに対し，アジアの主要な金融センターと貿易センターでありながら，情報技術の導入による競争力の向上をはかっている香港とシンガポールとの間では，やはり競争的な関係が補完的関係より強いわけである。にもかかわらず，香港，台湾，シンガポールの3者の電子商取引のアジアの華人地域における展開には共通の利益がある。

　2000年7月，香港，シンガポール・台湾は政府のバックアップを受けている民間のネットワーク企業によりアジア最初の電子商取引連盟を結成した。香港の「貿易通電子商取引有限公司」（ユーザ数52,000社），台湾の「関貿ネットワーク有限公司」（同15,000社），シンガポールの「シンガポールネットワークサービス有限公司」（同25,000社）の3社は電子商取引に関する提携協議を締結した。この提携協議は技術者の交換と技術協力，アジアビジネス貿易ネットワークの構築，華人地域における販売促進サービスの提供，3地域の認証機関による電子書類の認証に対する相互確認，共通のプラットフォームによる3地域の輸出入業者，港運会社，銀行，保険会社の連結，すべての貿易・ビジネス書類に対するワン・ス

トップ型のサービスの提供などについて，戦略的提携を行うことを明確に定め，華人地域における電子商取引の普及を共同で加速しようとしている。

香港と中国大陸との補完関係も同様に変化しており，例えば，香港と北京との経済協力はハイテク分野での協力へと発展してきた。1999年10月，香港貿易発展局，香港中華厰商連合会，香港工業科学技術中心，香港中華総商会，香港中国企業協会が北京市政府と共同で「優位性を補完し，イノベーションを共同で行い，香港と北京のハイテク産業を推進する」ことをテーマとした第3回香港・北京経済協力会議を開催した。人的資源の開発と交流，研究開発資源の共有化，ベンチャー企業の育成，研究成果の商品化に関する協力を検討し，香港の金融，法律の優位と北京の人材と基礎研究の優位性をそれぞれ発揮し，補完関係を深め，グローバル市場での競争力の向上をはかる。

3. 伝統からイノベーションへ：電子商取引にチャレンジするアジアの華人企業

香港がITという新鮮な「血液」を注入して，伝統的な国際金融・貿易センターから中華経済圏の電子商取引ハブへの転換を実現することにより，「血縁」，「地縁」によって結成されたアジアの伝統的な華人ネットワークにイノベーションを行うための，よりよい環境を提供することができた。アジア金融危機を経験したアジアの華人企業家は経済のグローバル化と情報化の大潮流から従来の事業を維持，発展させるために情報技術の活用の重要性を痛感し，近年，不動産，金融，小売りと流通業，貿易，製造業など伝統産業から蓄積してきた資本を情報通信といったハイテク産業に続々と投入し始めている。これに伴って，アジアの華人ネットワークも「デジタル化」によりその従来の機能に新しい価値が生じている。

ここでは，アジアの伝統的な華人ネットワークのイノベーションを考察するため，そのネットワークで重要な役割を果たしている李嘉誠の長江実業グループ，李兆基の恒基兆業地産グループ，郭氏3兄弟の新鴻基地産グループ，鄭裕彤の新

第9章　伝統とイノベーション：アジア華人ネットワークの新しいチャレンジ　　279

世界発展グループという香港の代表的な華人企業グループを例として分析してみよう（次ページ表1）。

(1) 李嘉誠の長江実業グループとその情報通信産業の発展戦略

　不動産投資と不動産開発を本業として富を築き上げ，香港ビジネス界のスーパーマンと呼ばれる李嘉誠は早い段階から事業の多角化を推進してきたが，情報技術分野への本格な進出はごく最近のことである。李嘉誠は長江実業グループの「旗艦」たるハチソン・ワンポアを通じて欧米の移動体通信市場に進出し，欧州のキャリアと手を組んで欧州諸国における第3世代移動体通信の営業ライセンスの入札に参加し，世界の電気通信市場で独自の勢力範囲を拡大しつつある。これと同時に，中国のWTO加盟に伴う電気通信市場の開放を備え，中国市場に参入する足場を固め，ハチソン・ワンポアによる中国連合通信への4億ドルの投資も実現されたばかりである。

　移動体通信市場のほか，ハチソン・ワンポアの情報技術サービス市場への進出も目立っている。香港特別行政区政府の「公共サービス電子化プロジェクト」の公開入札に参加するため，ハチソン・ワンポアは米コンパック社と手を組んで「Timbo Star」という会社を設立し，香港特別行政区政府から10の部門，計37の公共サービスを電子化させる案件を受注した。ハチソン・ワンポアはまた電子商取引のビジネスを取り込み，「ハチソン・ワンポアE・コマース」という電子商取引専門の会社を設立し，同グループ内の電子商取引業務をこの会社に集約させ，不動産，小売り，流通，電気通信など，現在，同グループが手がけるすべての事業部門で電子商取引を進めようとしている。そしてハチソン・ワンポアの電子商取引のビジネスは中国大陸へと拡大している。

　2001年3月，ハチソン・ワンポア，中国天然ガス股分有限公司，中国石油天然ガス集団の3社が石油と天然ガス産業を対象とする電子商取引ポータルサイトを共同で開設した。中国石油天然ガス股分有限公司は中国最大の石油天然ガス関連の上場企業であり，同社の年間の調達額は約500億人民元で，年間の販売額は約1,700億人民元である。同社はハチソン・ワンポアの運輸，物流に関する電子

表1 香港の華人企業グループとそのハイテク事業への事業展開

華人企業家名	企業グループ名	主要な事業内容	ハイテク事業とその内容
李嘉誠	長江実業集団	不動産 インフラ建設 電気通信 港運 小売・流通	清華大学で「未来インターネット技術研究センター」を設立 電子商取引（傘下の「和黄集団」により，米コンパック社と共同で香港政府の電子政府プロジェクトを受注） 「和黄Eコマース」により既存事業の情報化，電子商取引ビジネスを展開 ISP（傘下の「Tom.Com」により，ISP事業を展開） 中国石油天然ガス有限公司と共同でB2B業務を展開，中国建設銀行，高盛（アジア） 中国移動体通信（中国連合通信に資本参加） 欧州の移動通信（3G事業） バイオテクノロジー事業に進出 ハイテク投資（次男李沢楷の「Cyber Works Venture」により中国，香港のハイテク事業に投資）
李兆基	恒基兆業地産	不動産 都市ガス	「中国網通」に戦略投資 チャイナ・ネットコムに出資 「恒基数碼科技」によりデータベース事業，無線通信事業，TVインターネット事業など，情報・通信ビジネスを展開 「中華ガス」のユーザ，恒基兆業地産の入居者を対象に情報サービスを提供 中国最大の有色金属の電子商取引サイト「China Metals Net.com」を共同で設立
郭氏3兄弟	新鴻基地産	不動産	ベンチャービジネス（1,000万ドルを投資して北京政府の投資会社「北京控股」と共同でベンチャーファンド設立） ベンチャーキャピタル AsianJava Venture Capital を米SUN社と共同で設立 「数碼通電信集団」により電気通信のビジネスを展開 「天安中国」により，中国大陸のハイテクに投資 チャイナ・ネットコムに出資 光ファイバーネットワークの構築 金融の情報化（ネット金融） 電子商取引（「Asian E 2 E.com」により電子部品，プラスチェックの電子商取引を行う） ISP（傘下の「新意網」によりISP事業を展開 傘下15万世帯の不動産を高速インターネットでつなぎ，ネットコミュニティ建設

第 9 章　伝統とイノベーション：アジア華人ネットワークの新しいチャレンジ

鄭裕彤	新世界発展	不動産	情報サービス（傘下の「新世界数碼基地」が北京大学系の「北大青鳥」と共同でＢ２Ｂ事業とソフトウェア開発，SI 事業を行う） 米ベリサイン，台湾エイサーと共同で電子商取引認証機関「ハイトラスト（HK）」を設立し，サービスを展開 中国語ポータルサイト運営会社の設立，運営 電子商取引（米 Lifetech Enterprise Inc. と共同で中国医薬の電子商取引事業を展開） 移動通信（傘下の「新世界電話」により，香港で移動通信サービスを展開，３G 設備に 15 億香港ドルを投資） インターネット事業（「China.Com（米ナスダック上場）」に資本参加 ハイテクの投資会社を設立，新華通信社と共同で「中国情報データバンク」を設立 「新世界数碼基地」と「新世界中国集団」が「CyberChina」を共同で設立 「新世界数碼基地」が北京大学青鳥ソフトウェアシステム有限公司と提携し，「北大青鳥新世界情報技術発展ファンド」を共同で設立し，北京大学の基礎研究と研究成果の商品化に投資する 「新世界数碼基地」が中国の電子商取引市場に進出するため，１億人民元を投資し，全国をカバーするビジネスネットワークを構築
陳啓宗	恒隆集団	不動産	ハイテク投資（傘下の「晨興集団」により，中国大陸のハイテクに投資 今後，20 億香港ドルによるハイテク投資を計画
郭鶴年 （マレーシア華人）	嘉里集団	不動産 ホテル	電子物流（欧州エリクソン社と共同で電子物流市場を中国で展開） 「ChinaWeb.Com」を設立し，中華経済圏の金融情報を中国語と英語で提供 「チャイナ・ネットコム」に出資
霍英東	霍英東集団	不動産 流通業	香港科学技術大学と共同で，広東省南沙で「ソフトウェアパーク」を建設 電子商取引（息子霍震環の「新世紀情報」により，中国貿易，黄金取引の電子商取引事業を展開）
孔祥勉	第一浙江銀行	銀行	香港の華人系銀行を連合してＢ２Ｂサービスを行う「Net Alliance」を結成，事業を展開 長男孔令遠の「菱控電子」により電子商取引のソリューション事業を展開

資料：筆者作成．

商取引業務のノウハウを取り入れ，今後，調達額と販売額の50%をネット上で取引することを計画している。

中国のインターネット市場に参入し，電子商取引と関連ソフトウェアの開発業務を投資するため，長江実業グループは1999年に「Tom.com Ltd」を設立した。言い換えれば，「Tom.com Ltd」は長江実業と和黄集団の中国インターネットビジネス，電子商取引とソフトウェア開発業務を展開するための「ツール」である。2000年，「Tom.com Ltd」は北京と上海で全額出資の企業を設立し，現地の人的資源を活用してコンピュータソフトと情報システムの開発，製造を行っている。同社は通信，コンピュータ，情報システム分野への投資を行うため，北京で投資会社の設立を計画し，これにより中国におけるハイテクビジネスの戦略を全面的に推進しようとしている（図3）。

一方，李嘉誠の次男，李沢楷は「Cyber Works」を事業基盤として香港テレコムに対する大型買収を果たし，アジアのビジネス界を驚かせた。今度，李沢楷も電子商取引ビジネスに手を伸ばし，香港「電信盈科」傘下の電子商取引企業「Mart POWER」を通じて中国の電子商取引市場への進出をはかろうとしている。

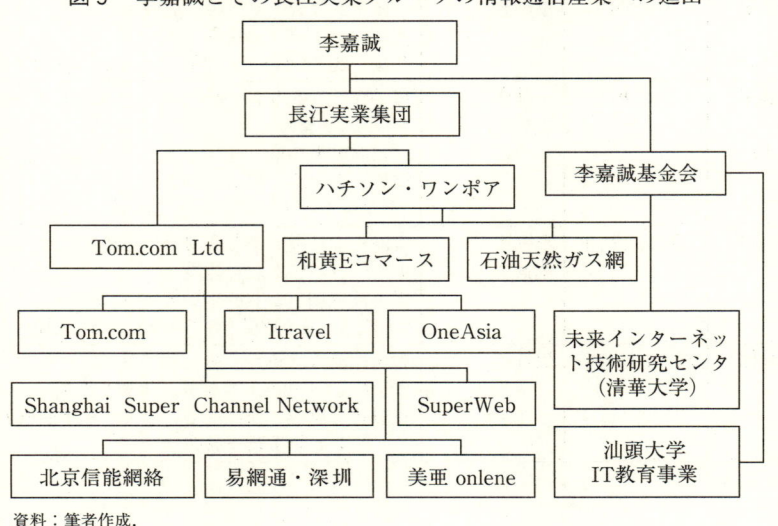

図3　李嘉誠とその長江実業グループの情報通信産業への進出

```
                          李嘉誠
                            │
                        長江実業集団
                            │
                    ハチソン・ワンポア ─── 李嘉誠基金会
                            │                │
  Tom.com Ltd ── 和黄Eコマース   石油天然ガス網
       │
  Tom.com   Itravel   OneAsia        未来インターネッ
       │                               ト技術研究センタ
  Shanghai Super Channel Network   SuperWeb  （清華大学）
       │                               │
  北京信能網絡  易網通・深圳  美亜onlene    汕頭大学
                                        IT教育事業
```

資料：筆者作成．

「Mart POWER」はアジア電子商取引のハブ機能を果たすため，アジア地域で水平型の電子商取引プラットフォームビジネスを展開し，電子調達，サプライチェーンマネジメント，ビジネスコンサルティングなどのサービスを提供している。2001年5月，「Mart POWER」は中国の電子部品取引ネット」と提携し，香港，台湾，中国大陸の電子部品業者を対象に電子商取引プラットフォームを利用して中国電子部品市場に参入するチャンスを与える計画を発表した。

中国の電子部品市場規模は2001年の351億ドルから05年の800億ドルに急増すると予測されている。中国国家情報推進弁公室が電子部品の電子商取引を促進するため，「中国電子部品取引ネット」を「全国の電子商取引モデルサイト」と指定している。現在，同サイトの会員メンバーは3万社に達し，サイトの毎月の取引金額は700万元に達している。「Mart POWER」は「中国電子部品取引ネット」との提携を通じて，3万社の会員メンバーに電子商取引の付加価値サービス（決済，物流）を提供することができ，台湾や香港の華人企業もこれによって中国大陸の電子部品業者とのコンタクトが可能となる。

(2) 李兆基の恒基兆業地産グループと不動産事業の情報化

シリコンバレーの新しい世代の華人企業家と握手し，中国の情報通信市場に投資することはアジアの華人企業家がイノベーションをはかる「最も有効な手段」の1つである。2001年4月，恒基兆業地産の李兆基会長，新鴻基地産の郭氏三兄弟，嘉里集団のロバート・クォックが米国デルコンピュータの創始者マイケル・デル，オーストラリアのニューズ・コープのルパート・マードック会長と手を組んで戦略投資家として，中国の4大通信会社の1つである「中国網通（チャイナ・ネットコム）」に出資し，中国の情報通信市場に参入する足場をつくりだした。「中国網通」の会長田溯寧は米国でハイテクビジネスを起こした経験をもつ新しい世代の華人企業家である。1993年，田溯寧は米国で中国人留学生数人と共にインターネットのベンチャー企業「亜信（AsiaInfo）」を創立し，5年後の98年に，ハイテクビジネスを祖国へ拡大し，中国の情報インフラ建設の「大手企業」に成長し，中国のインターネットインフラ建設の60%を請け負ったという。

2000年に、「亜信」の米ナスダック上場を果たした田溯寧が中国政府の要請で「中国網通」の会長に就任することになっている。「中国網通」がブロードバンドビジネスを大きく成長させるため、海外の戦略的投資家を導入する過程で、恒基兆業地産の李兆基会長などの華人企業家が急成長している中国の情報通信市場に参入する好機と見て戦略的投資を行ったわけである。アジアの華人企業グループの対中投資が不動産、道路・橋、発電所の分野から情報インフラの分野へと拡大していることをこの事実は物語っている。

恒基兆業地産グループは「恒基数碼科技有限公司」（恒基兆業地産による66.8%持ち株）を電気通信と情報サービス業に参入する「旗艦」とし、既存事業の情報化から着手してハイテク事業の開拓をはかろうとしている。既存事業の情報化としては、「恒基数碼科技」は恒基兆業地産の傘下にある「中華ガス」が有する130万の家庭ガスユーザと恒基兆業地産の約6万戸の不動産の入居者（両者を合わせると香港の人口の60%に相当する）を対象に情報通信サービスを提供している。そして、ハイテク事業として、「恒基数碼科技」は傘下の「恒基データベース」により、香港で3つのデータセンターを建設し、また「インターネットビジネスセンター」を通じて、香港の中小企業にネット上の資源とサービスを提供している。1999年に、恒基兆業地産グループから分離上場した「恒基数碼科技」は情報技術関連のハイテク企業に対する投資も行っている。

一方、恒基兆業地産グループの中国ビジネスの「旗艦」たる「恒基中国集団」も従来の中国における不動産投資と不動産開発からハイテク投資へと事業を拡大しつつある。「恒基中国集団」を率いている李家傑は北米に留学してコンピュータを勉強した経験をもち、恒基兆業地産グループの第2世代の経営者としてハイテクビジネスにチャレンジしている。「恒基中国集団」は電子商取引を突破口として事業を転換する戦略を打ち出している。2001年2月、「恒基中国集団」は北米のハイテク企業や中国有色金属総公司と組んで、中国最大の有色金属の電子商取引サイトである「China Metals Net.com」を設立し、有色金属の電子商取引を展開し始めた。

第9章　伝統とイノベーション：アジア華人ネットワークの新しいチャレンジ　　*285*

(3)　郭氏3兄弟の新鴻基地産グループとハイテク投資

　不動産投資と開発を事業の主軸とする新鴻基地産グループは既存事業の情報化を推進するため，いち早く米マイクロソフトとの戦略的提携を実現し，新鴻基地産によって開発された商業ビルなどにマイクロソフトの製品（高速インターネットや電子商取引のシステム）を導入して，テナントへのサービス向上をはかっている。これと同時に，新鴻基地産グループは「数碼通電信集団」と「新意網集団」を2つの「旗艦」として，電気通信と情報技術の2大新しい分野にそれぞれ参入している（図4）。

　まず，電気通信分野への進出としては，新鴻基地産グループが傘下の「数碼通電信集団」を通じて香港のGSM,PCS移動体通信ネットワークによる通信サービスを展開し，実績を上げている。「数碼通電信集団」はまた香港特別行政区政府の「生産性促進局」と提携し，「無線通信科学技術センター」を共同で設立し，ソフトウェアの開発や認証サービスの提供を行っている。最先端の技術を導入し，最高のサービスを提供するため，「数碼通電信集団」は2000年にブロードバンド無線インターネットサービスを提供し始め，また移動体通信による銀行サービスを含めた電子商取引サービスの提供も実用の段階に入っている。電気通信ビジネ

図4　郭氏3兄弟の新鴻基地産グループとその情報通信事業

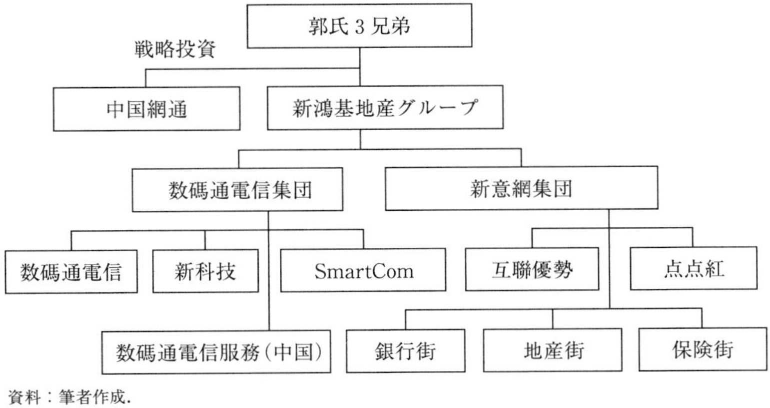

```
                        郭氏3兄弟
         戦略投資    ┌──────┴──────┐
         ┌─────────┐  ┌─────────────┐
         │ 中国網通 │  │新鴻基地産グループ│
         └─────────┘  └──────┬──────┘
                    ┌────────┴────────┐
              ┌───────────┐    ┌──────────┐
              │数碼通電信集団│    │ 新意網集団 │
              └─────┬─────┘    └─────┬────┘
        ┌────┬────┬────┐      ┌────┬────┐
     数碼通  新科技 SmartCom  互聯優勢 点点紅
     電信
          │
     数碼通電信服務（中国）   銀行街  地産街  保険街
```

資料：筆者作成．

スの中国への展開をはかるため,郭氏3兄弟が戦略投資家として「中国網通」に対する戦略的投資を行い,「数碼通電信集団」は傘下の「数碼通電信服務(中国)」を通じて中国市場を開拓しようとしている。

次に,情報技術の分野では,新鴻基地産グループが「新意網集団」を通じて情報インフラの建設,衛星保安監視システムの据えつけとメンテナンス,インターネットサービス,情報技術プロジェクトの投資などのビジネスを展開している。「新意網集団」は2000年3月,新鴻基地産から分離上場したもので,同集団は1999年に,全額出資の企業「互聯優勢(アイアイドバンテージ)を通じて香港の「観塘データセンター」をオープンさせ,情報産業に進出する基盤をつくりだした。その後,中国大陸の北京,上海など4都市に事業を拡大し,これらの地域における新鴻基地産の開発物件を対象にインターネットによるデータセンターサービスを提供している。香港では,新鴻基地産の開発物件に入居している15万世帯の家庭を高速インターネットでつなぎ,ネットコミュニティを建設した。

同集団はまた,シンガポール華人企業と提携してインターネットデータセンター(IDC)を共同で建設,運営している。電子商取引のビジネスでは,同集団が1999年に,電子商取引の会社「点点紅(レッド・ドッツ)」を設立し,インターネット市場への初参入を果たし,2001年2月に,中国国家観光局と提携し,「新意アジア観光者網」を設立し,中国大陸の観光業者にアジアの観光情報を提供するビジネスを展開している。同集団はまたアジアB2Bのプラットフォームも建設し,「銀行街」,「地産街」,「保険街」などのインターネットサービスを通じて既存事業の情報化を推し進めている。

ハイテク分野への投資は新鴻基地産グループの情報通信分野参入のもう1つの重要な手段である。同グループはすでに7つのベンチャーファンドに投資し,また米国と中国大陸で創立された情報技術,通信,バイオ分野のベンチャー企業にも直接に投資している。

(4) 鄭裕彤の新世界発展グループ電子商取引戦略

新世界発展グループの情報技術事業の「旗艦」たる「新世界数碼基地」はアジ

アの華人企業が伝統産業からハイテク産業に転身した典型的な例であるともいえる（図5）。「新世界数碼基地」の前身は新世界発展グループ傘下の不動産投資と物件管理を主要な事業とした「保華地産」である。1999年5月，情報通信産業への参入を契機に，不動産事業から撤退し，ハイテク事業を全力で推進し始めた。99年に，「新世界数碼基地」は北京大学のハイテク企業「北大青鳥」，アメリカの華人技術専門家により創立されたベンチャー企業「亜信」，「中華網」に対する戦略的投資を行い，ハイテク産業を育成するための基盤を構築した。同年11月，「新世界数碼基地」は北京大学青鳥ソフトウェアシステム有限公司と提携し，「北大青鳥新世界情報技術発展ファンド」（投資額1億ドル）を共同で設立した。このファンドは北京大学の基礎研究項目における重要な技術に投資し，研究成果の商品化に資金を提供することを主要な目的とするものであり，香港と中国大陸とのハイテク分野における協力を推し進める。新世界発展グループ側はこのファンドの運用を通じてハイテク事業を拡大するため，北京大学から一流の人材を獲得することを期待している。

「新世界数碼基地」はまた新世界発展グループの中国ビジネスの「旗艦」たる「新世界中国集団」と提携し「CyberChina」を共同で設立して，中国の情報通信

図5　鄭氏の新世界発展グループとそのハイテクビジネス

```
                          鄭裕彤
                            │
                        新世界発展集団
                            │
         ┌──────────────────┴──────────────────┐
    新世界数碼基地有限公司                   新世界中国集団
         │                                       │
  ┌──────┼──────────────────┐                    │
Prcyouth.com  AVL（衛星ブロードバンドネットワーク）  CyberChina
  │
China.com   安佳情報科技   DWL（eHongKong.com）
  │
アジア情報   北大青鳥   北大青鳥新世界情報技術発展ファンド
```

資料：筆者作成．

産業への投資を拡大している。「新世界数碼基地」は2002年に，中国大陸，香港，ニューヨークなど国際大都市で，10のデータセンターを建設しユーザに情報サービスを提供しようとしている。これと同時に，企業に電子商取引サービスを提供するため，電子商取引インフラのプラットフォームを建設することも計画している。

　2001年4月，「新世界数碼基地」が北京で，中国の電子商取引市場と共同で成長してゆく戦略を発表した。それによると，「新世界数碼基地」は中国の電子商取引市場に進出するため，1億人民元を投資し，全国をカバーするネットワークを構築した。これにより，「新世界数碼基地」は企業と政府機関，金融機関に電子商取引インフラの建設からアプリケーションシステムまでの全面的な技術ソリューションとサービスを提供できるようになり，中国の電子商取引市場での優位を確立しようとしている。

4.　「アジアのシリコンバレー」構想と知識人材の競走策

　新世紀の初頭に，米国のITバブルを経験したシリコンバレーの華人ハイテク企業とそのネットワークは中華文化の伝統に回帰する道をたどりつつある。伝統とイノベーションがシリコンバレーの華人ネットワークとアジアの華人ネットワークとの融合に原動力をもたらしているのである。巨大市場を有し，イノベーションによりハイテク産業を成熟させている中国はこの2大華人ネットワークの融合と新しい発展に大舞台を提供している。

　一方，シンガポールの総理呉作棟は中国の豊富な人材に着目して「アジアのシリコンバレー」を構築する構想を打ち出している。2000年4月，呉作棟総理は中国の北京，上海と香港を訪問して，経済競争は人材競争であり，アジアが知識型経済を発展させる場合，まず，人材の米国への流出を阻止すべきであると主張し，華人人材をアジアに留めさせ発展させるために「アジアのシリコンバレー」構想が有効であると，中国側に提案した。呉作棟総理によれば，「アジアのシリコンバレー」は「地理上の固定された場所ではなく，1つの概念である。すなわ

ち，中国の優秀な大学卒業生が米国に行かなくてもアジアに居ながらにして成功のチャンスがあると感じさせる環境をつくること」である。その「アジアのシリコンバレー」はシンガポール―北京―上海―香港から構成される空間であり，この4つの地域が共同で構成するものであるとイメージされている。北京で，清華大学を訪問した呉作棟総理は米国で働いている清華大学の卒業生が約1万人にものぼり，しかもその半分がシリコンバレーにいるとの説明を受けて，「もったいない」，「非常に残念と思う」と述べた。さらに「もし，われわれがよい環境をつくりださないと，われわれの人材が流失してしまう。しかもこれらの人材は米国に留めると，米国の経済競争力を強化させて，逆にわれわれに迫ってくる」と，中国の優秀な人材をめぐる競争に危機感を表している。

　21世紀，知識型経済をめぐるグローバル大競争は知識人材をめぐる大競争そのものである。北米とチャイナ・サイクルをつないでいる知識型経済の華人ネットワークはこの大競争の行方を左右する最も重要な勢力となるであろう。

参 考 文 献

英　語

A. Saxenian『REGIONAL ADVANTAGE: CULTURE AND COMPETITION IN SILICON VALLEY AND ROUTE 128』Harvard University Press, 1996.

Henry Etzkowitz『UNIVERSITIES AND THE GLOBAL KNOWLEDGE ECONOMY』Arrangement with Pinter, 1997.

Laurence J. Brahm『CHINA'S CENTURY: THE AWAKENIG OF THE NEXT ECONOMIC POWERHOUSE』John Wiley & Sons (Asia) Pte Ltd, 2001.

Manuel Castells『THE RISE OF THE NETWORK SOCIETY』Blackwell Publishers Ltd. 2000.

The World Bank『China and the Knowledge Economy : Seizing 21 st century』2002.1

日本語

ジェトロ貿易白書『世界と日本の貿易　2001年版』日本貿易振興会，2001年10月。

ジェトロ投資白書『世界と日本の海外直接投資　2001年版』日本貿易振興会，2001年3月。

文部科学省『科学技術白書　平成13年版』文部科学省，2001年8月。

経済産業省『通商白書　2001』経済産業省，2001年5月。

日本社会生産性本部『労働生産性の国際比較』日本社会生産性本部，2001年11月。

中国語

Joseph E. Stiglitz『Economics (経済学・中国語版)』中国人民大学出版社，2001年3月。

王建章他『情報産業「10・5」発展展望』中国電子工業出版社，2001年3月。

蒋冬生『第四回中国北京ハイテク産業国際週間・フォーラム論文集』中国国際技術貿易市場情報編集部，2001年5月。

李順東他『電子商取引と国際貿易』中国人民郵電出版社，2001年5月。

楊衛東『中国電子商取引研究報告』中国電子商取引協会，2001年4月。

李建軍『中国の大学のハイテク産業』中国北京郵電大学出版社，2000年5月。

欧廷高『中国のハイテク企業のインキュベータ』中国北京郵電大学出版社，2000年5月。

徐建龍『中国電脳製造業の秘密』中国北京郵電大学出版社，2000年5月。
国家統計局『中国発展報告　2000』中国統計出版社，2000年8月。
国家情報中心『次世代移動通信技術発展戦略国際研討会論文集』中国国家情報中心，2000年。
史清奇『中国産業：技術イノベーション能力の研究』中国軽工業出版社，2000年12月。
新華社『情報産業発展国際フォーラム論文集』中国情報産業省・新華社，2000年8月。
清華大学『知識と資本の対話』中国清華大学，2001年1月。
官鳴他『海峡両岸の科学技術資源研究』中国社会科学出版社，2000年5月。

著者紹介

蔡　林海（Cai Linhai）

　1957年生まれ，79年中国上海放送・テレビ技術研究所入所（助理工程師）。89年筑波大学大学院・社会科学研究科留学。95年同大学院博士課程修了。社会学博士号取得。1995年（株）日立総合計画研究所入所。現在，アジアビジネスグループリーダ・主任研究員。

　中華人民共和国対外経済貿易協力省・国際経済貿易研究院特別研究員，青島大学アジア研究所客員教授などを兼任。

　著書『金融危機とアジア経済の新局面』（香港・明報出版社），『アジア危機に挑む華人ネットワーク』，『市場と文明のパワーゲーム：日本の産業競争力 VS 米国の市場独裁』（共に東洋経済新報社）。グローバル企業経営の論文，寄稿多数。

中国の知識型経済──華人イノベーションのネットワーク

2002年4月1日　第1刷発行

定価（本体 3200 円＋税）

著　者　　蔡　　林　海
発行者　　栗　原　哲　也
発行所　　株式会社 日本経済評論社

〒101-0051　東京都千代田区神田神保町 3-2
　　　　　電話 03-3230-1661　FAX 03-3265-2993
　　　　　　　　　　　　　　　　装丁・OPA
　　　　　印刷・新栄堂　　製本・協栄製本

©CAI Linhai, 2002　　　　　　　　　　　Printed in Japan
ISBN 4-8188-1412-1　　　　落丁本・乱丁本はお取替いたします。

本書の全部または一部を無断で複写複製（コピー）することは，著作権法上での例外を除き，禁じられています．本書からの複写を希望される場合は，小社にご連絡下さい．

塩見治人編著	改革・開放政策に伴い中国自動車産業は市場経済化にいかに対応しているのか。日本型企業システムの影響，経営機能（労務管理，会計他），政策課題を各企業の事例を通して分析する。（2001年）
移行期の中国自動車産業 A5判 350頁 3300円	

エコノミスト編集部編	高度成長期とはどのような時代であったか。当時各界を代表していた証言者がいわゆる現場でいかなる行動をとったかを赤裸々に語る。1984年刊行本の復刊。（1999年）
高度成長期への証言（上・下） A5判 総886頁 各3700円	

L.マンデル著　根本忠明・荒川隆訳	クレジットカードはいつ，どこで，どのような理由で生まれたか？ダイナース・クラブなどの創業から今日に至るまでの技術革新と発展の歴史を詳細にたどる。（1999年）
アメリカクレジット産業の歴史 四六判 330頁 2800円	

ニコラエヴィチ・ルーディック著　岡田進訳	いま，所有権や労働権に基づく労働者の管理参加が改めて注目されている。産業民主主義の源流から現代の多様な理論と実践を解説し，その可能性を探る。（2000年）
現代の産業民主主義 ―理論・実践・ロシアの諸問題― 四六判 280頁 2500円	

王　保林著	中国が改革・開放路線によって市場化を進めてきた時期に，中国独特の経済現象として現れた「市場分断」を，自動車産業の実証的分析を通じて体系的に解明，その是正方策を示す。（2001年）
中国における市場分断 A5判 228頁 4200円	

宋　立水著	これまでアジアNIEsの検証から抜け落ちていた資本・技術形成の実態を，台湾を事例に詳細に検討する。歴史的要素，国の強力な介入も加わり台湾経済はどう展開したのか。（1999年）
アジアNIEsの工業化過程 ―資本と技術の形成― A5判 286頁 3800円	

鈴木啓介著	経団連に永らく勤めた著者が，戦後の対ソ経済交流の欠落部分を埋めるべく，類書なきこの世界を明るみにだす。「シベリア開発協力」の経緯は著者の万感の思いがこもる。（1998年）
財界対ソ攻防史 ―1965～93年― 四六判 390頁 2900円	

山岡茂樹著	急激な需要の増大により今や世界の注目の的になった中国の自動車。中国における自動車技術のあり様をトラック，オートバイ，乗用車等について具体的に物語る。（1996年）
開放中国のクルマたち ―その技術と技術体制― A5判 384頁 3600円	

四宮正親著	日本の自動車産業が，戦前戦後を通して政府の産業育成政策と密接な関わりを持ちながら産業として独り立ちし，国際競争力の強化に突き進んでいった過程を描く。（1998年）
日本の自動車産業 ―起業者活動と競争力：1918～70― A5判 304頁 6000円	

林　燕平著	1978年の経済改革，92年の市場経済の導入は急速な経済発展をとげたが，一方で深刻な地域間格差をもたらした。産業・人口・教育の膨大なデータと実証研究から，その要因を解く。（2001年）
中国の地域間所得格差 ―産業構造・人口・教育からの分析― A5判 270頁 4000円	

忽那憲治・山田幸三・明石芳彦編	経営，技術革新，雇用，金融，地域経済などの側面から，成長初期段階のベンチャー企業の実態を実証的に分析し，その独自性，役割と限界を明らかにする。（1999年）
日本のベンチャー企業 ―アーリーステージの課題と支援― A5判 248頁 3300円	

表示価格に消費税は含まれておりません